携诗远行
畅情怀

苏青 著

湖南科学技术出版社

序

自我和他者形象的交辉互映

苏青先生是我在北京相识最早、关系最好的朋友之一。主政单位，他体恤部属，平等待人，提携后学，成人之美，受人爱戴。走进社会，他与人为善，换位思考，助人为乐，善解人意，受人尊重。他坚持原则立场，但又不固守条条框框，知晓并践行实事求是；他深懂世俗人情，又保持了朴素纯粹，没染官场上的圆滑世故；他待人温文谦逊，做事却有冲劲干劲，敢于创新开拓担当作为。

苏青勤学又勤写，脚头和笔头都超级勤快，个人微信公众号文章皆为原创，而且常见常新。他遍走大江南北，每到一处，都会留下一诗一文，诗以抒情，文以叙事。他的抒情深挚饱满自然，他的叙事朴实活泼简练。所以，他的文字既耐读又好读。

本书中的许多文章都蕴含丰瞻而新进的知识，涉及许多学科。苏青先生理工科出身，又酷爱文科，他文理兼修，特别让我佩服并嫉妒；因为我是学文出身，比较偏科，理科的知识差不多都还给了初中老师。本书中的文章包含理工科诸多学科门类的知识，比如数学、物理学、化学、力学、航天学、天文学、地质学、地震学、生物学和医学等等，而且大都是当今比较高精尖的知识，不少还是我闻所未闻的。尽管如此，这些内容我基本上都能读懂。这要归功于苏青深入浅出的讲述能力。他自己先把那些艰深的知识吃透，然后再用像我这样几乎科盲都能懂得的语言转述出来；因此，不管读者是什么样的学科背景，都能从本书中了解到很多尖端的而又有意思的科学知识。

与传授知识相比，苏青更注重写知识人，即生产、转换尤其是刷新、创造知识的学者。本书中更多的文章讲述的是科学家的故事，尤其是苏青本人与他们交往的故事，涉及到这些专家学者的专业、脾气和喜好等诸多方面。这些文章塑造了一批立体化的、活生生的科学家群像，不仅让我们知悉他们所从事的工作业务、所取得的卓越成就，而且让我们近距离感知他们在日常生活中、在人际交往中的生动样貌和独特个性。比如，书中就精彩地描述了赵忠贤院士的睿智与风趣、郝柏林院士的执著与严谨，以及屠呦呦研究员的严肃与较真。

本书不仅写他人，也借写他人反衬了作者自己。苏青不局限于客观地叙写他人，而是从自己个人的视角去观察他们、认识他们、揣摩他们、评价他们，讲述他和他们之间的交往和交情，从叙述交往的细节中显现彼此间的友谊、彰显每个人的个性。苏青本人的勤谨、亲和力、主动性甚至执拗性格都体现在这些生动细致体贴的叙述之中。他相信以善易善的处事原则，乐意赏人之美、赞人之美、成人之美，由此我们可以感知、体会到他的真诚、善良、包容、谦和与大度。

苏青先生同情弱者，憎恶强暴。对于社会上比较普遍存在的那些邪恶行径和丑陋形象，他能金刚怒目，毫不留情地剖析、抨击、鞭挞。他是一个爱憎分明、刚柔相济、以柔克刚的人。他不仅勇于表达自己的真实思想，更加难能可贵的是：他敢于公开为别人的似乎是不合时宜但符合人性之常理的观念和行为帮助解释、进行辩护。他是一个具有浓厚人文情怀和高度人文修养的人。

　　苏青先生是一位诗人。这既是一部文集，也是一部诗集，而且，文与诗——相扣、印证、互明。就文体而言，全书可谓无诗不成文，无文没有诗。在我的文友中，苏青对诗歌的感情最诚挚、最持久、最纯真。从青春年少到桑榆花甲，他始终无怨无悔地、无私无求地挚爱着缪斯女神，而且默默支持着诗歌事业。比如，他在担任科学普及出版社社长期间，曾热情襄助我时任学术顾问的北京地铁"四号诗歌坊"公益文化项目，不仅资助项目本身，出版精美大气的《走进珊瑚筑成的宫殿——"地铁4号诗歌坊"精粹》，还组织举办了大型科学诗歌朗诵会和专题研讨会，从诗歌的角度为首都高雅的精神文明建设做出了独特的贡献，显现了他高远宏大的公益情怀。

　　苏青写诗，新、旧体兼擅。他的新诗感情细腻真挚，辞句明白晓畅。我尤其喜欢他的旧体诗，特别是填的词，能抓住关于一时一地一人一物的瞬间断想和真实感受，既蕴藉恰切，又工稳和谐。

　　我相信，广大读者能和我一样，从苏青的这些最新诗文中既学到丰富的科学知识，又享受到清雅的审美情趣，还能体会到作者那颗热爱生活与艺术的滚烫的心。

　　刚刚退休的苏青先生，已经在德、功、言三个方面都确立了自己的不俗成就，备受亲朋好友赞誉，是不折不扣的人生赢家。他嘱我写序，令我惶恐。但我想，他是要借我的秃笔来记载、纪念我们之间一生一世的崇高而又淡泊的友谊。也因此，我恭敬不如从命。祝愿苏青兄继续身笔双健、大作涌现！

北塔

——2021年9月22日夜于京郊营慧寺

注　北塔，诗人，曾任教于北京理工大学外语系，出版有诗集、文学译著、学术专著约30种。

目录
MULU

【第一篇】

科学·人文

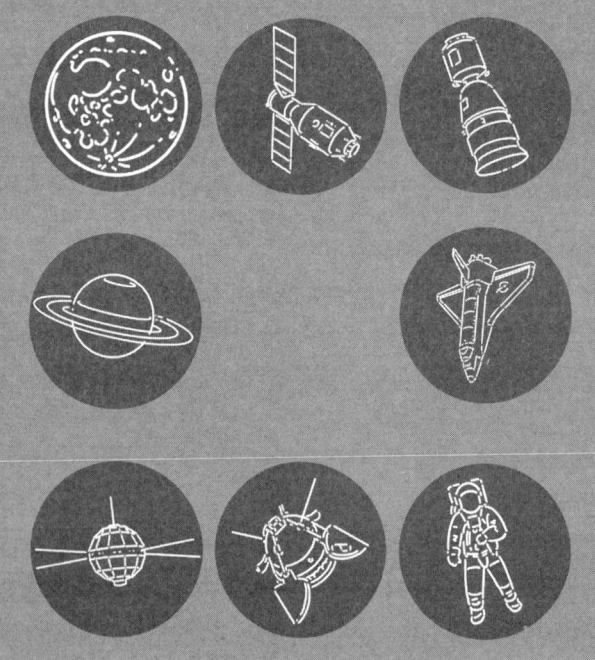

金砖烧制始黄泥

小桥流水映花径,灵秀苏州数园林。

低调御窑藏陆墓,密实方砖赛黄金。

苏州园林甲天下,但苏州的御窑及其烧制的金砖却鲜为人知。

2021年7月9日,借应邀出席在苏州市相城区举行的首届"赛先生"科学和医学公共传播奖颁奖大会之际,我特意参观了苏州御窑金砖博物馆,试图一窥珍稀金砖的真容,探求御用金砖的神秘。

苏州御窑金砖博物馆位于相城区阳澄湖西路95号,这里原属江苏吴县陆墓镇,相传陆墓地名因唐朝宰相陆贽葬于此地而得,后人因觉不吉利便更名为陆慕镇。据悉,明成祖朱棣迁都北京后,开始大兴土木建造紫禁城;在选择地面用砖时,明代著名建筑匠师、出生于吴县鱼帆村、工部掌管紫禁城工程的蒯祥,看中了陆墓镇砖窑烧制出的方砖。陆墓窑砖质地细腻、断之无孔,敲声若金、铿锵有力,成祖朱棣察验后大喜,遂赐名陆墓窑为御窑。

金砖博物馆建造在当年御窑的遗址上,占地面积近4万平方米,建筑面积1.5万多平方米,是中国首个以展示"御窑金砖"为主题的博物馆。整个博物馆包括主展馆、御窑遗址、残窑遗址群、当代艺术交流中心、游客中心、配套服务区等设施,其中主展馆为博物馆核心建筑,按"开物———一块砖的修炼""成器———一块砖的旅程""致用———一块砖的时代"三个展览单元依次展开,通过文物陈列、场景复原、科技模拟、互动游戏等手段,详细呈现了金砖从生产成型、运输至京到铺设使用的全过程,并揭示了其中所蕴含的深厚历史文化内涵。

所谓"金砖",实际上是边长分别为 73 厘米、67 厘米、56 厘米 3 种规格大方砖的雅称,它是明清时期皇家宫殿建筑专门使用的一种高质量铺地方砖。之所以被称为"金砖",据说一是因为其质细而硬实,敲之有金石之声;二是因为制造工艺繁复,造价昂贵如金;三是因为当年只供京城皇宫专用而名"京砖",因"京""金"谐音,后演变成"金砖";四是"金"在阴阳五行学说中表示坚固、凝固之意,将皇宫宝殿地面铺设用材命名为"金砖",昭示皇家基业安稳、江山永固。

制作金砖的原料取自阳澄湖畔特有的黄泥黏土,金砖生产过程分打探洞、取土、选泥、练泥、制坯、阴干、装窑、点火、烧窑、熄火、窨水、出窑、磨光、泡油、检验等 10 多个步骤,每个步骤又有多道工序,如取土就分掘、运、晒、椎、舂、磨、筛等 7 道工序,炼泥也有澄、滤、晾、晞、勒、踏等 6 道工序,制坯要经过揉、托、装、碾、刮、搋、翻、筑、遮、晾等 10 道工序。整个工艺流程和操作方法十分完整、规范、严格,且全部为手工,每道工序环环相扣,并与 24 节气的气候变化高度契合,一工不达,则前功尽弃,一序滞后,则前事俱废。因此,金砖既是泥土经自然与时光融合、汇聚的精华,又是工匠历心血与技艺打磨、呵护的结晶。

每座御窑一次生产的金砖通常不超过 7000 块,生产周期却长达近两年。金砖的成品"或三、五选一,或数十而选一,必面背四旁,色尽纯白,无燥纹,无坠角,叩之声震而清者,乃为入格"。入格的金砖呈青灰色,颜似墨玉,光润耐磨,每块砖上均刻有烧制年号、窑场名号和制砖人、监造者的姓名,以便出现质量问题时可以溯源、问责。成品率如此之低,质量如此之好,金砖自然珍稀、贵重、高端,因而只有威权至高无上的皇宫才配使用,只有集天下财富于一身的皇帝才用得起。但是,即使如此,整个紫禁城使用的金砖也十分有限,只有东、中、西三条主道,以及皇帝经常光顾的太和殿、中和殿、保和殿才用金砖铺设。

2017年10月30日,"御窑"窑火重新被点燃,曾经已失传的金砖制作技艺获得新生,苏州金砖开始批量生产并被广泛运用。在游客中心,我看到摆放的各种规格金砖明码标价出售,但价格惊人,非寻常百姓能够享用。实际上,自清朝覆亡后,金砖已不仅仅作为铺地材料使用,文人雅士将收集到的金砖视为一种典雅的文化陈设,赋予了它新的生命。如今,博物馆开发的金砖文创产品可用来练习书法,也能当棋盘下棋,经过雕琢后还可成为精美的砖雕工艺品。在京城,每天参观故宫的游客尽可踏着悠闲的步伐,行走在铺设金砖的干道和三大殿的地面。

参观苏州御窑金砖博物馆,感慨于古代工匠的聪慧才艺、历代百姓的辛劳苦楚、封建王朝的盛衰更替、人世风景的繁华变迁,特填《风入松》词一首,以表情怀。

金砖烧制始黄泥。工序繁奇。精筛细碾经风雨,揉练熟,模入成坯。窑内高温烘烤,全凭掌控精宜。

千里呈献悦皇仪。御料珍稀。万千巧匠辛劳付,谁知晓,血汗抛滴。宝殿金銮踏物,如今匹庶行嬉。

神秘兵工启尘封

　　1952 年 9 月 3 日，中国人民解放军总司令朱德视察庆华工具厂，对该厂刚仿制生产出来的新中国第一款国产 50 式 7.62 毫米冲锋枪赞不绝口，临走前特意向厂里要了一把刚下线的新枪留作纪念。如今，陈列展览在庆华军工遗址博物馆、编号为"003"的这支 50 式冲锋枪被定为国家一级文物。

　　庆华军工遗址博物馆位于黑龙江省北安市，是全国首家系统展示中国枪械研发、生产的遗址类博物馆。博物馆依托原庆华工具厂 208 车间改建而成，建筑面积 6400 平方米，以"共和国枪械的摇篮"为主题，设有"历史陈展区""过渡区""遗址区""反恐自卫馆和靶场"4 个展区，现有展品 6000 多件（套），其中国家一级文物 22 件、二级文物 77 件，可谓展品与文物结合、历史与现实连接、参观与体验互动、教育与娱乐融合。

　　我大学和研究生学的都是军工专业，就读的北京理工大学与庆华工具厂都曾隶属兵器工业部，因而对该博物馆情有独钟，两次到北安市出差，都曾到这里参观。北安是抗战胜利后中国共产党在北满建立的五大根据地之一，享有"塞北延安"之美誉，庆华军工遗址博物馆不仅是正宗枪械博物馆，展现了我国枪械工业从小到大、从弱到强、从万国品牌到模仿生产、从自主研发到创新引领的艰难发展历程，可谓人民兵工发展历史的一个缩影，因而也是名副其实的爱国主义教育基地和国防教育基地。

"历史陈展区"全面展示了庆华工具厂的辉煌历史。该厂前身为张作霖1921年创办的"东三省兵工厂";"九一八事变"后,日伪把持的伪满洲国政府将其更名为"奉天造兵所";抗战胜利后,接管的国民党又改名为"兵工署第九十工厂";1948年11月沈阳解放,我东北军区遂更名为"沈阳兵工总厂",着力建设人民兵工重要基地;朝鲜战争爆发后,工厂由沈阳迁至北安,定名为庆华工具厂,对外保密代号626厂;2006年,企业改制后实施政策性破产。

庆华工具厂曾是中国最大的枪械厂,鼎盛时有职工2万余人、家属7万余人,被誉为共和国枪械的摇篮。北安地区一度曾流行"姑娘姑娘快快长,长大嫁到庆华厂"这么一句脍炙人口的顺口溜,据此你就知道庆华厂当年是多么地牛。56年间,庆华工具厂共仿制、研制8个系列82种枪械,生产各类枪械总计9006116支,可装备800个步兵师,为保卫国家安全做出了突出贡献。曾大量列装部队、军迷们所熟悉的50式冲锋枪、54式冲锋枪、56式冲锋枪、54式手枪、57式信号枪、64式手枪、80式冲锋手枪等经典枪械,均由庆华工具厂研制生产。

为满足朝鲜战争志愿军作战需要,庆华工具厂科研人员曾昼夜奋战90天,成功仿制苏联波波沙-41冲锋枪,并由毛泽东主席亲自命名为50式冲锋枪。改进后的50式冲锋枪采用焊接、铆接等一次成型工艺,降低了生产成本、减轻了整枪重量;同时将弹鼓改为弧形弹匣,提高了兼容性,降低了供弹故障率。1951年6月,庆华工具厂生产的第一批2628支50式冲锋枪被秘密装上军列,紧急运往朝鲜前线。自1951年6月至1953年12月,庆华工具厂共向朝鲜战场运送50式冲锋枪358261支;该枪因操作简易、性能可靠、火力强大、深受志愿军喜爱,被称之为"功勋枪"。

"过渡区"由"伟大设计""大型沙盘""英雄机床"3个既独立又

相互联系的板块组成,游客可以据此了解不同时期的军工历史。

"遗址区"实际上是一个两边静静排列有 128 台机床设备的大型车间,这里曾经是 56 式冲锋枪和 54 式手枪的生产线。展区的指示牌显示,56 式冲锋枪仅枪机框一个零件的加工,就有"磨杆部外圆""高速车外圆切手柄""定中心""铣两侧平面""铣凹槽""铣凸肩""高速铰枪闩室孔""高速铰簧孔""铣尾部槽"和"铣手柄上形减量槽"等 10 道工序,老一代军工人一丝不苟、精益求精的工匠精神成为后人宝贵的精神财富。目睹一台台历经沧桑的老式机床,穿行于仍保留原样的"质检室""军代表室"……仿佛回到了 20 世纪那"火红的年代",热火朝天、你追我赶的生产场面顿时浮现在眼前。

"反恐自卫馆和靶场"展区是普及国防知识、进行射击训练的重要基地。在这里,游客既可亲手拆卸 56 式冲锋枪和 54 式手枪,熟悉两种枪械各个部件及其作用原理,还可持真枪实弹射击,或持激光枪模拟射击训练,足实过一把打枪的瘾。

如今,庆华工具厂神秘的面纱已被揭开。参观庆华军工遗址博物馆,感怀人民兵工对我国国防事业所做出的重大贡献,不胜感慨,特赋诗一首,以表敬意,以抒情怀。

中华枪械第一城,抗美援朝立殊功。

九百万支列部队,五十六载立碑丰。

壮丽青春献庆华,工匠精神传子孙。

改制破产成遗址,神秘兵工启尘封。

东方红乐唱星空

2020年4月24日,是中国第一颗人造地球卫星"东方红一号"成功发射50周年纪念日。50年前的这一天,"东方红一号"发射升空,播放的《东方红》乐曲响彻太空,由此开创了中国航天史的新纪元,使中国成为继苏、美、法、日之后世界上第五个独立研制并发射人造地球卫星的国家。

这一天,中国科技馆与中国宇航学会、光明网共同开发的"星耀寰宇 箭震五洲——纪念'东方红一号'卫星成功发射50周年航天科学家精神网络展",同步在中国数字科技馆、中国宇航学会官网和光明网上线。展览旨在通过讲述"东方红一号"研制背后的航天科学家感人故事,弘扬"热爱祖国、无私奉献、自力更生、大力协同、艰苦奋斗、严谨务实、勇于攀登"的航天精神,让广大公众尤其是青少年铭记历史,学习、传承"两弹一星"元勋的科学精神和崇高品质。与此同时,线下实体展览正在加紧布展、施工,预计疫后中国科技馆恢复开馆后将在二层恐龙广场展出。

有感于斯,填《江城子》词一首,以表对研制"东方红一号"科技工作者的敬佩之情。

东方红乐唱星空,送佳音,舞春风。号外雪飘,禹域遍欢腾。自力更生勤创造,彰国势,破锁封。

五十冬夏过匆匆,忆殊功,仰碑丰。两弹一星,伟绩聚情浓。科技强国甘奉献,效前辈,守初衷。

"东方红一号"卫星具有"上得去、抓得住、听得到、看得见"的特点。卫星重173千克，比苏、美、法、日四国首颗卫星质量的总和还要重近30千克，被我国自行研制的"长征一号"运载火箭成功送上太空。科技人员以无线电观测为主，光学观测为辅，确保在任何气象条件下都能对卫星进行跟踪测量。播放《东方红》乐曲的装置为卫星上一独立系统，它是通过电子线路产生复合音而不是用收音机来播放乐曲。研究人员通过在末级火箭上安装一个观测裙，使卫星直径从原来的一米增至三米多以扩大反光面积，同时把卫星表面设计成72面的球体便于从各个角度反射光线，使得人们在地球上仅凭肉眼就能看得到它。

展览设计人员还挖掘了"东方红一号"卫星研制背后大量的科学家感人故事，以图片、文字、影视资料相结合的方式，再现了以钱学森、任新民、屠守锷、黄纬禄、梁守槃、郭永怀、赵九章、钱骥、姚桐斌、王希季、孙家栋、杨嘉墀、戚发轫、谢光选、王永志等为代表的老一辈科学家的风采，让航天精神在新时代得以大力弘扬。

"两弹一星"元勋钱骥是"东方红一号"方案总体负责人，领导了卫星总体、结构、天线、遥测、电源、环境模拟等关键技术研究。1965年，既是他事业最辉煌的一年，也是他人生步入一段黑暗时期的开端。这一年，他完成了《我国第一颗人造卫星方案设想》并在重要专门会上专题报告，为"东方红一号"研制、发射定下了技术基调。同年，他被打成"走资派""反动学术权威""特务"，从卫星设计院领导岗位被赶了下来，开始"靠边站"。"东方红一号"发射成功后，登上天安门城楼的庆功人员中没有他，他只能坐在自家阳台上仰望天穹，默默地搜寻那熟悉的卫星轨迹。

为了给"东方红一号"卫星研制任务积累经验，1959年，中国科学院启动了研制探空火箭计划。火箭发动机试车过程会产生有毒气体、高温火焰,甚至有爆炸、起火的危险,试车台必须有防爆、防毒、防火措施。但是,当时的实验条件却异常简陋,"两弹一星"元勋、时任探空火箭总设计师的王希季带领团队四处选址,最后找到了一座当年国民党军队废弃的碉堡,把它改造成勉强具备防爆、防毒、防火条件的试车台,并先后在碉堡里进行了 40 多次火箭发动机热试车。

2020 年 4 月 24 日,还是第五个中国航天日,国家航天局在这一天公布了中国行星探测任务名称和任务标识。中国行星探测任务被命名为"天问",首次火星探测任务被命名为"天问一号"。"天问"源于古代爱国诗人屈原的长诗《天问》,表达了中华民族对真理追求的坚韧与执着,体现了对自然和宇宙空间探索的文化传承,寓意探求科学真理征途漫漫,追求科技创新永无止境。

"天问一号"2020 年将择机通过长征五号运载火箭(昵称"胖五")发射,将一次实现火星环绕、着陆、巡视探测三大任务。第一次火星探测就要完成以上三大任务,这在世界航天史尚属首例。据悉,"天问一号"发射后,需要经过 7 个月左右时间的飞行,方能抵达火星。

有感于我国航天工程新成就,填《虞美人》词一首,以表情怀。

屈原求索发天问,今古航天梦。科研接力探太空,真相火星未露尚朦胧。

天问一号整装待,胖五择机载。问君欣往欲如何? 环绕着陆巡测任责多。

注　本文写作于 2020 年 4 月。2020 年 7 月 23 日,"天问一号"成功发射并进入预定轨道,开启火星探测之旅。2021 年 2 月,"天问一号"抵达火星附近;6 月 27 日,国家航天局发布"天问一号"火星探测任务着陆和巡视探测系列实拍影像,其中的"祝融号"火星车火星表面移动过程视频是人类首次获取火星车在火星表面的移动过程影像。

创作出版结良缘

科学文艺一线牵,创作出版结良缘。

卅载情谊弥珍贵,两代编辑谱华篇。

叶永烈先生以科普创作起步、成名、享誉,科学普及出版社自然与他多有交往,作为曾经的社长,写文章讲述这期间的美好故事,既是哀思悼念情怀的抒发,更是出版历史记录的责任。

科学普及出版社是我国出版科普图书历史最长、品种最多、规模最大的出版社,离退休人员中许多都是业界的传奇人物,如王麦林、郑公盾、金涛、宋宜昌等。我 2010 年 4 月到社履新后不久,遂逐一拜访离退休老领导,期盼深入了解社史,挖掘更多出版资源。次年春节期间,拜访了原副总编辑白金凤老师,她已退休十几年,在职时曾两获全国"三八红旗手"称号,是一位德技双馨的出版前辈。交谈中得知,1978 年 10 月,全国少儿读物出版工作会议在庐山召开,白金凤与叶永烈会上相识,因同为北京大学校友,故相谈甚欢。第二年,叶永烈将他写的《论科学文艺》一书投稿,白金凤为责任编辑,该书于 1980 年 6 月出版发行。

白老师告诉我,那是叶永烈在科学普及出版社出版的第一部图书。我觉得这是一条非常有价值的信息,遂建议她恢复与叶先生的联系,争取得到他对出版社新的支持。那段时期,白老师身体很不好,还患有严重的抑郁症,经常要去医院看病拿药,和叶先生的联系一直无暇顾及。年底有一天,白老师来到我办公室,拿出她起草给叶永烈的信函征求我意见。我遂把总编辑颜实请来,大家一同商定了函件的内容。

我们的想法是,叶先生早已远离科普创作,继续让他惠赐科普新作已不现实,不妨让他在《论科学文艺》的基础上,修订、增补成《科学文艺概论》,先与我社续上前缘,再争取出版他的其他著作。我们甚至设想,倘能如愿,可选定社里一两位优秀中青年编辑,在白老师的指导下做《科学文艺概论》责任编辑,把这种友谊传承下来。

叶永烈先生非常重情义,收到白老师信后很快回复,表示乐意继续与我社合作,并将家庭住址和电子信箱等信息详细告知,欢迎我社派人来沪商谈。2012年3月29日,颜实总编辑和基础教育图书事业部主任徐扬科专赴上海,登门拜见了叶先生。双方商谈顺利,叶先生欣然接受我社高级学术顾问聘请,应允将其新作《行走世界》《相约名人》两书交由我社出版,并答应尝试重写《科学文艺概论》。据颜总介绍,那天叶先生格外高兴,中午还和夫人在楼下一家本帮菜馆专门宴请了他和徐扬科。

叶先生非常讲信用,不久就把《行走世界》《相约名人》两部书稿交给我社。徐扬科和吕鸣两位优秀中年编辑被指定担任责任编辑。1998年,科学普及出版社出版《宝葫芦丛书》(共30册),其中收入了叶永烈的优秀长篇科学童话《"小溜溜"溜了》,责任编辑就是吕鸣,而丛书的主编就是白金凤和耿守忠两位老师。

徐扬科和吕鸣将这两套图书分为4册,策划列入《科学·文化与人经典文丛》。之后的工作就变得非常简单了,吕鸣后来与《知识就是力量》青年编辑孔祥宇合写了一篇文章《成功从来不简单——为写作而生的叶永烈》,发表在2013年第一期《知识就是力量》上,里面专门谈到了与叶先生打交道的感受:"凡与叶先生合作过的编辑都知道,他做事效率极高,极有条理性。凡他接下的约稿任务,不但交稿快,而且质量高,他的'齐、清、定'是真正的'齐、清、定',前言、后记、内容提要、作者简介、目录、正文、插图,全都一次成型,连篇章页上适合用的竖版照片,他都会特意备好。遇上这样的作者,编辑真的是'三生有幸'。"

2012年6月1日,我在银川举办的第22届全国书博会上邂逅叶永烈夫妇,他是应上海交通大学出版社时任社长韩建民邀请出席其新作《"看世界"丛书》首发式。中午,宁夏回族自治区科协时任副主席李晓波请我和同事吃饭,我赶紧叫上叶先生夫妇和韩社长,借花献佛在附近一家小饭馆请他们做客。责任编辑徐扬科和发行部主任孙建军正好都在场,席间,我们和叶先生商谈了《行走世界》《相约名人》的编辑出版细节以及后续营销方式等,并继续磋商《科学文艺概论》出版事宜。

这一年的8月19日,我社在上海书展上举办"叶永烈:《行走世界》《相约名人》读者见面会暨新书签售仪式",科普作家、现任《科普时报》总编辑的尹传红应邀做嘉宾主持,把场面弄得红红火火、轰轰烈烈。《行走世界》是叶永烈晚年热衷于"行走文学"创作中的精选之作,《相约名人》是他采访社会各类名流的特写专集,两书充分彰显了叶先生深厚的历史、文化底蕴,以及宽广的视野、独到的见识和全方位的才情。据当时组织签售仪式的社长助理杨虚杰介绍,签售场面气氛热烈,等待签售的读者排成了长龙,带去的300套图书很快售罄,更有一位读者带了一整箱共计100本叶永烈不同时期写的各类图书让他签名。

2012年10月9日中午,借中国科普作家协会第六次全国代表大会在京召开之际,我和颜实总编辑设便宴招待叶永烈夫妇,以及郭曰方、卞毓麟、任福君、李建臣、尹传红、郑培明、刘泽林、周立军等科普大咖——他们都是我社的老作者或坚定支持者。时值国庆中秋佳节,老朋友相聚,其乐融融。白金凤老师特意赶来与叶永烈夫妇会面,30多年转瞬已逝,当年风华正茂,如今飞雪满头。两位老人十分激动,热情相拥,共述情谊,合影留念,把相聚气氛推向高潮。徐扬科、吕鸣两人现场摄影作证,叶永烈先生与我社两代编辑的出版合作,成就了科普出版史上的一段佳话。

《行走世界》《相约名人》率先出版后,极大地促进了《科学·文化与人经典文丛》其他选题的出版进度,随后,金涛、郭曰方、卞毓麟、陈芳烈等科普大家的原创科普著作先后出版,成为科学普及出版社科学人文图书出版的一道靓丽风景线。

2020年1月10日,白金凤老师不幸因病去世,令人不胜唏嘘。同年5月15日下午,又惊悉叶永烈先生病逝。是日,北京气温骤降,寒风四起,嫩叶欲摧,花容减色,令人不胜感伤。填《忆秦娥》词一首,内藏"叶永烈"三字,以表对先生的哀悼、怀念、敬仰之情。

西风烈,寒摧叶落惊悲切。惊悲切,牡丹失色,杜鹃泣血。

才情注笔书披却,声名悠永怎超越?怎超越,瑶池续墨,候君恣写。

招幌揽客妙思聪

千里莺啼绿映红，水村山郭酒旗风。

南朝四百八十寺，多少楼台烟雨中。

唐代诗人杜牧所作的这首七言绝句，不仅描绘了江南临水有村庄、依山建城郭的独特风貌和酒店生意好、寺庙香火旺的繁华景象，还写尽了和风细雨、烟雨朦胧、莺啼鸟鸣、鲜花盛开、绿树成荫的南国秀美风光。

酒旗，又称酒幌、酒望、酒帘、招子、幌子、望子等，是旧时用竹竿高挑软布悬挂在酒店门前招揽客人的一种招牌形式。与酒旗相对应，传统商铺门前上方通常还悬挂有木制、石制或铜制的招牌、匾额，用来标示商铺的名称、记号或经营范围、种类，同样用作吸引客人、招揽生意。招牌和幌子由此成为商场、店铺最早的一种宣传广告。

台儿庄古城位于山东省枣庄市，地处鲁苏豫皖四省交界地带，坐落在贯穿南北、延绵 1794 千米京杭大运河的中心点。古城肇始于秦汉，发展于唐宋，繁荣于明清，被乾隆皇帝赐有"天下第一庄"之美誉。作为大运河重要的货物集散、转运之地，这里一度商贾云集、车水马龙、游人如织、商铺林立、酒店扎堆，汇聚了南商北贾形式多样、风格各异、声形具备、种类繁多的招幌。中国运河招幌博物馆建在此地，可谓实至名归、相得益彰。

博物馆从传统商铺的招幌入手，以近代京杭大运河商业发展历史为画卷,按传统经商行业为单元,分序厅、坐贾门市招幌、行商市井招幌、传承华商精神 4 个展区,通过展陈民国前各式传统招幌 500 余件、招徕市声 60 余种、馆藏招幌专业文献史料 544 册,对运河沿线一带驰名中华老字号进行场景复原,再现了京杭运河沿线地区昔日绚丽多姿的商业民俗文化风情。

鉴于旧时很多民众都目不识丁,早期的招幌大都为商品实物或实物模型,以便据此可一目了然知晓店铺所售为何物。例如,一张煎饼叠成半张大小,下端系一条红布用以作幌,表示该店为煎饼铺;看到门前悬挂着一篮棉花或一束麻线,人们就知道这是棉麻铺;门前悬挂的药壶意蕴"悬壶济世",定是药铺无疑。当铺门前的招幌是一串倒扣的空碗模型,表示人一旦穷得连饭碗都空了,就只能靠跑当铺典当家什过日子了。

古城青年讲解员刘珍对中国运河招幌博物馆展品如数家珍,在一个叫"聚魁园"的饭铺展品前,她对不同幌子含义的讲解让笔者眼界大开。"聚魁园"用罗圈幌作招幌,幌子的颜色和悬挂数量大有讲究,清真饭铺门前挂的是蓝色幌,挂红色幌则为汉民饭铺;挂一个幌子表示饭铺菜品单一,如只卖馄饨、面条或水饺;挂两个幌子,表示除经营主食外,还有菜肴可点;挂四个幌子,则表示南北大菜、冷菜热菜都能烹饪。挂四个罗圈幌的饭铺如果做不出客人点的菜品,客人就可以摘幌子,让四个幌子只剩下三个。北方人把"三"念作"仁","三幌"自然被念成与"撒谎"近音的"仁幌",剩三个幌子就表示店家撒谎,不讲诚信。因此,旧时各个饭铺都非常忌讳挂三个幌子。

至于酒幌,它的升挂与降收,还是让客人知晓店家有酒或无酒、营业或打烊的一个重要暗号。清晨,买卖开张,酒店备酒充足,酒幌升起,高挂揽客;到了傍晚,酒已售罄,店家便降下酒幌,关门歇业。有学问的店家还会在酒幌上巧施文胆、匠心,用夸张的文字吸引客人的眼球。《水浒传》第二十三回写武松上景阳冈前,"望见前面有一个酒店,挑着一面招旗在门前,上头写着五个字道'三碗不过冈'。""三碗不过冈"由此成为烈性好酒的代名词,山东省阳谷县如今就建有三碗不过岗酒厂,专打"三碗不过岗"白酒品牌。

博物馆还展示了各式行商游贾的音效招幌,走街串巷的商人通过制造声响、利用听觉来吸引顾客。例如,卖香油的敲木梆子、贩香草的抖空竹、挑货担的摇拨浪鼓、算命的打竹板,各显"招徕市声"神通。另有行商用吆喝声兜售商品,如卖小鸡的吆喝"卖小鸡啦呵,卖小鸡啦呵",字正腔圆,声音洪亮,充满韵味;卖老鼠药的则边打竹板边数来宝叫卖:"老鼠药,药老鼠,大的小的都逮住,小的吃了不能动,大的吃了蹦三蹦。您不信,俺不卖,留着老鼠谈情爱,谈的多,生的多,一年都生好几窝。"

中国传统招幌与老百姓的生活息息相关,常采用约定俗成的大众文化符号拉近商业与民众的距离,引导人们消费,带动市场竞争,推动经济发展,促进文化繁荣,成为民俗文化的重要组成部分。参观中国运河招幌博物馆,感慨万分,不禁填《浪淘沙》词一首,以表情怀。

酒望荡迎风,商匾夺瞳。招幌揽客妙思聪,买卖公平明告示,生意兴隆。

博馆网当红,多趣雅浓,世情民俗内容丰。北往南来一饮快,行色匆匆。

火星使命探天际

"太空中一艘飞船飞驶过来,进入火星轨道。着陆舱与飞船分离后,一个橙红色的星球火星进入画面。中国第一个载人火星探测器的着陆舱,向着火星大气层绕圈俯冲。"

这是《火星使命》剧本的第一组分镜头文字。经过一年多的精心筹备,由中国科学技术馆与"我们的太空"新媒体中心联合出品,优秀青年藏族导演松太加执导,国内首部以航天科技为题材的科普巨幕电影《火星使命》,2020 年 8 月 20 日在甘肃省金昌市启动开机仪式。

金昌地处河西走廊东段,祁连山北麓,阿拉善台地南缘,为古"丝绸之路"必经之地,也是"一带一路"重要节点城市。在我看来,载人航天就是在编织人类探索太空的"一带一路",火星探测则是开辟太空"一带一路"的勇敢探索,把金昌作为《火星使命》的重要拍摄基地,不仅是历史的机缘巧合,也给打造以火星为题材的科普影视作品带来了无限的遐想。

《火星使命》以我国蓬勃发展的航天事业为大背景,以中国载人航天昂首步入空间站时代为主基调,以中国航天员科研训练中心大型试验项目"绿航星际"试验为素材,以虚实结合、科幻与现实交融的方式,讲述中国航天员在选拔、培养、训练和执行任务过程中的幕后精彩故事及感人事迹,旨在展示我国航天事业科技成就,弘扬载人航天精神,彰显航天人的爱国情怀,激励广大民众为建设世界科技强国、实现中华民族伟大复兴的中国梦拼搏奋斗。

作为国家级综合性科技馆,中国科学技术馆肩负着弘扬科学精神、普及科学知识、宣传科学方法、传播科学思想、提升公民科学素质的历史使命,为广大公众提供优质科普影视产品是其义不容辞的责任。《火星使命》的拍摄、制作得到了中国航天员科研训练中心等单位的大力支持,航天员教员全飞舟博士将出演女主角,退役航天员潘占春出演"'火星使命'3人545天受控生态生保系统集成试验"总指令长——"545天"为目前人类从地球至火星往返所需要的最短时间。

全飞舟是我国首位女航天员刘洋的训练教员,2016年作为唯一的一名女性进舱乘员,与另外3名男性乘员一同参加了由中国首次主导、多国参与、面向未来开展深空探测和星际驻留任务的"绿航星际"试验。4名乘员进入面积370平方米的模拟太空密闭舱,开展为期180天的受控生态生保技术试验验证,全飞舟据此创作出版了《飞舟日记》一书。潘占春1998年1月与航天英雄杨利伟等13人一同入选我国"神舟"飞船载人计划首批航天员,退役后担任深圳市绿航星际太空科技研究院理事长一职,致力于青少年航天科普宣传。

2018年,金昌市引资在距离市区40千米,地形地貌及自然条件与火星颇为相似的荒漠上,建造了一个既可还原火星场景,又能真实模拟航天员训练生存,开展太空科学研究、实验和模拟训练的大型科普基地——火星1号,《火星使命》的许多重要戏份和场景拍摄都将在这里完成。

作为《火星使命》的重要策划、制作单位,中国科学技术馆之所以选择中国航天事业发展题材制片,主要是基于以下三方面的考虑。

一是希望给青少年的梦想插上科技的翅膀。2020 年 7 月 23 日,"天问一号"火星探测器顺利升空,标志着中国航天事业开始向深空探测稳步迈进,我国航天领域取得的辉煌成就越来越受世人瞩目。《火星使命》将激发青少年对科学的兴趣,对真理的追求,对未知世界的向往,为梦想插上科技的翅膀。

二是希望为青少年践行社会主义核心价值观提供生动榜样。航天科技成就最能代表一个国家的科技水平和综合国力,最能激发国人的民族自豪感,《火星使命》将展示我国航天员的拼搏精神和奋斗风采,激励青少年自觉践行社会主义核心价值观,立志创新开拓、为国争光。

三是希望弥补我国科普特效影片发展短板。相对于我国航天事业发展成就,我国航天科普影视作品的创作质量和水平还存在较大差距,主要反映在科普场馆播出的特效影片大多为国外引进,航天题材的影视作品大多以反映美国、俄罗斯等发达国家的航天科技成就为主,《火星使命》将从这两个方面来弥补相应的短板。

我们相信,在各方的共同努力下,《火星使命》将打造成为一部弘扬时代精神、彰显科技魅力、绽放艺术华彩的科普力作,2021 年公映时作为建党一百周年的献礼。有感于斯,填《清平乐》词一首,贺《火星使命》开机拍摄。

火星使命,勇探天无际。溢彩骊轩张双臂,揭幕开拍大戏。

航宇成就辉煌,科普影视弘扬。激励孩童奋进,创新开拓担当。

注 本文写作于 2020 年 8 月。2021 年 4 月,《火星使命》完成全部摄制工作,截止 2021 年 10 月底,还在报国家电影局审批。

条峰圣火耀河东

每天上午八九点钟,马文海仁兄总会通过微信,给我发来他写家乡的诗作——自 2020 年 9 月 14 日我们相识至今,一天也没中断过。这不,今天发来的是《永济普救寺》七言诗句一首。

大唐蒲州峨嵋平,塔矗云端润蟾鸣。

白马飞将济城困,同窗杜救张生莺。

西厢实甫钟灵慧,跌宕天撮月下逢。

拷红风靡六百载,眷成姻缘启河东。

普救寺位于山西省运城市下辖的永济市蒲州镇西厢村塬上,始建于唐武则天时期,原名西永清院,是一座佛教十方禅院。元代王实甫所著《崔莺莺待月西厢记》,讲述的"红娘月下牵红线,张生巧会崔莺莺"的动人爱情故事就发生在这里,千百年来不知道感动了多少少男少女。我也没本事脱俗,遂和《咏普救寺》诗一首,以作回应,与马文海共同颂唱这一"有情人终成眷属"的人间佳话。

青春年少面容娇,干柴烈火逢旺烧。

待月西厢佳话颂,拷红东窗媒妁骁。

许诺毁诺彰功利,爱美救美呈英豪。

有情相恋成眷属,婵娟普照古今朝。

马文海大哥是运城市盐湖区人,长我 4 岁,他少年参军入伍,曾任解放军某军事学院办公室主任、空军某单位政委、军事科学院特约高级研究员、国际军事战略研究中心研究员等职,空军大校军衔,长于军事理论研究,是我军智能型战斗精神理论提出者,并就此理论撰有专著出版。文海兄退役后,现担任北京市十一省驻京商会联合党委书记,为振兴家乡经济穿针引线、修路搭桥、忙碌奔波。

2020年9月中旬,应北京理工大学和中国青少年科技辅导员协会邀请,我随两单位专家学者同赴运城市调研考察该市中小学"强基提素"情况,并开展相关科普教育、培训活动。经北京理工大学原党委书记焦文俊教授介绍,我认识了博学多才的马文海先生,两人志趣相投,遂成文友,开始了频繁的笔墨交往。

鹳雀楼,因唐代著名诗人王之涣的一首千古绝句"白日依山尽,黄河入海流。欲穷千里目,更上一层楼",而享誉天下。该天下第一名楼地处永济市,紧靠山西南部屏障中条山,位于晋、秦、豫三省交界处,与普救寺毗邻,远眺尽收北岳西岳中岳美景,近观饱览黄河涑水佳境。马文海发给我的《登鹳雀楼》全诗如下。

临夏喜登鹳雀楼,河东如画一望收。

鹰翔万里蓝天远,白鸽细步享清悠。

神州千年强国梦,黄河风浪惠五洲。

感念天下多少事,点滴真意暖心头。

运城,古称"河东",河东文化博大精深,河东子弟家学渊源,文海兄诗意高远,尽显雅士风采、家国情怀。我游运城,观沧海桑田,历史转瞬;察地质运动,地覆天翻;看斗转星移,时代变迁;思物是人非,候雁如旧;登高楼神游华夏,咏名篇梦会先贤,唏嘘不已,感慨无限,步文海兄诗韵,和诗一首,以畅情怀。

京城遥望永济收,慕名神游鹳雀楼。

挥手拥揽三省阔,眺目穷巡二河悠。

季凌诗章传千古,关羽誉望贯九州。

唐尧虞舜传教化,沧海桑田雁过头。

运城最有名的历史名人当属三国时期名将关羽。作为退役军旅文化学者,马文海对家乡感情深厚,对义薄云天的关云长更是情有独钟,他写的这首赞颂关羽神勇、忠义、豪壮的《咏解州关帝庙》诗,自豪、敬佩之感跃然纸上。

莫言身后万事空,义秉乾坤缅关公。

征恶扬善吕熊死,温酒剑下华雄崩。

单刀赴会立勇毅,铁血肝胆挺智忠。

春秋美髯赢天地,条峰圣火耀河东。

关羽,字云长,河东郡解梁常平里(今运城市解州镇常平村)人,年少时,因怒杀横行乡里的恶霸吕熊而亡命天涯。流落至幽州涿郡,与刘备、张飞桃园结义后,关羽开始了辅佐玄德、屡建奇功、匡扶汉室的辉煌人生,成为名垂青史的一代武将。在《三国演义》里,关羽有温酒斩华雄、过五关斩六将、单刀赴会、水淹七军等辉煌战绩,也有降曹操、走麦城、兵败被杀等糗事、败绩。有意思的是,这样一位功过分明的赳赳武夫,历朝历代皇帝却都倾情拔高封赐,关羽由此得以"将而侯,侯而王,王而帝,帝而圣,圣而天",最后竟达到了与文圣孔子并驾齐驱的地位。

我的祖上和关羽无亲无故,自然希望更加客观、理性地评价关羽以及其身后的封赐现象。在我看来,关羽与刘备走散后,屈居曹营并被封汉寿亭侯,对刘备已是不忠;华容道阻曹后又私自放曹,对主公更是不义。历朝历代封建王朝都将关羽视为忠义化身,无非是想对民众进行愚忠愚义教育,以巩固其封建专制统治地位。因此,我回应文海大哥的诗,很可能让马大哥不爽,令山西朋友不快,还望诸位海涵。

侯王帝圣天拔封,造神范例属关公。

过关斩将千古颂，事刘降曹二心怂。

白马解围丰勇猛，皓雪失蹄寡慧聪。

忠义高帜帝皇举，惟愿天下皆愚从。

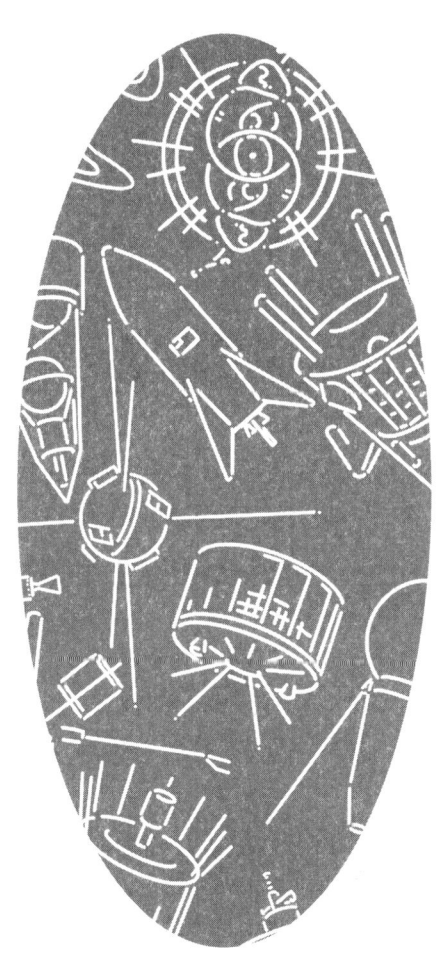

镍都发展欣昂首

　　我是第一次到甘肃省金昌市，到机场接机的市科协副主席黄培俊在车上讲述的"孔雀石"故事，让我对这个城市一下子就产生了好感和憧憬。

　　1958年10月7日，甘肃省永昌县河西堡大炼钢铁指挥部，这里正在举行群众报矿成果展。两年前刚从北京地质学院毕业、时任祁连山地质队一分队技术员的汤中立，眼睛扫过一大堆各色各样的石头，很快就被一块布满孔雀石的绿色矿石标本所吸引。他和4位同事马上找到报矿人唐东福，当天就赶到这块奇石的发现地——位于龙首山的白家咀，立刻进行现场勘探、采样、测绘。

　　随后，在大队技术负责人陈鑫和苏联专家扎库敏涅的指导下，经化验证实，这块"孔雀石"中的铜、镍均达品位，其中镍的含量高达0.90％。自此，这个位于河西走廊东段、沉睡了14亿多年的古老矿床，被一群年轻的中国地质队员揭开了神秘的面纱，中国"镍都"就此诞生。这真是：

　　龙首山中宝藏储，英才慧眼识明珠。

　　稀贵金属喜发现，河西走廊诞镍都。

　　1959年1月，地质队开始在白家咀钻探；同年6月，冶金部决定成立永昌镍矿；2001年，镍矿定名为金川集团有限公司。之后的勘探结果表明，此地的镍储量亚洲第一、世界第三，铜、钴储量全国第二，铂、钯、锇等稀贵金属储量居全国之首，真可谓"龙首藏宝，聚金汇川"。1981年2月,因矿建企、因企设市,一座新兴的资源型工业城市——金昌,在巍巍龙首山下的茫茫戈壁诞生。

也就是说,在这之前,甘肃省的地图上还没有金昌这个地名。查阅市科协党组书记王应忠同志送给我的《金昌市志》和《永昌县志》,早在4000多年前,这里已有人类居住;自商周经春秋战国至大秦,先后为羌人、西戎、月氏族牧地。为抵御匈奴和其他北方外敌,汉、明两朝都曾在此大规模兴建长城,至今仍留有遗迹。历史上,这里是西域要地,丝绸之路名城,先后取名鸾鸟、番和、骊靬、显美、焉支、永昌。1936年12月,西路军曾在永昌建立苏维埃政权,与马步芳部鏖战40余天,2000余名红军将士长眠此地。

据市委宣传部部长陈华介绍,自建市以来,一代代金昌人秉持"艰苦奋斗,和谐进取"的城市精神,凭借得天独厚的资源优势、历久弥新的文化传承,敢闯敢干,奋勇争先,企业发展兴旺,城市进步巨大,金昌市先后荣获"全国文明城市""国家卫生城市""国家园林城市""全国质量魅力城市"等荣誉称号。

我是因出席中国科技馆主导拍摄的巨幕科普影片《火星使命》开机仪式,于2020年8月中旬出差到金昌的,短短2天多的行程,充分感受到了这座新兴现代化工业城市的人文之美、文明之美和创新之美。

金昌是甘肃省第一个获评的"全国文明城市",金昌人的文明守纪已深入骨髓,让我们这些来自首都北京的客人也自叹不如。整个城市朴实无华,绝少高楼,但道路整洁,秩序井然。从金昌饭店步行到人民文化广场,要穿越一条宽阔的主马路,我们每一次过去,来往的汽车距行人两米开外就会停车礼让,甚至电动车和自行车也会刹车让行,令人十分感动。在金昌,机动车礼让行人已成为每位司机的下意识动作和自觉习惯。

金昌人讲文明、讲卫生的良好习俗随处可见。新冠肺炎疫情暴发后,许多城市开始推行桌餐使用公筷。在金昌人看来,公筷和私筷长相一样,很容易混淆,夹大块食物时还费劲,推行效果并不理想。于是,聪明的金昌人就发明了小型分餐夹。这种分餐夹形如一把 U 形大镊子,下窄上阔,夹食物的圆弧上端还镂有小孔,可以过滤汤汁,使用起来张合自如,极为灵巧便利。

最让我们赞叹的是这里的垃圾箱设计。金昌的垃圾箱都是埋在地下,按"可回收物"和"其他垃圾"分类,分别用绿色和红色方形铁板做箱盖密封,脚踩铁盖上凸起的圆珠或齿轮,垃圾箱盖就会打开,并自动播放"爱护环境,垃圾分类"等宣传语音。市科协科普部部长王静告诉我们,金昌地处沙漠戈壁地带,四季风多风大,露天放置的垃圾桶被风刮倒后,垃圾随风乱飞,容易造成二次污染;当地一位叫王力的环保工作者非常有心,就设计了这种地埋式垃圾箱,彻底解决了露天垃圾桶二次污染的问题。

短访金昌,行色匆匆,城市风貌,管中窥豹,可见一斑,即兴填《满庭芳·金昌颂》词一首,以抒情怀,以表褒赞。

西域名城,骠骑丝路,祁连关隘封喉。羌戎牧放,骠骑北拒匈奴。明汉长城苍舞,秦冷月,兵戈千秋。悲情忆,红军征战,热血染沙丘。

春风昌古邑,金川兴建,镍都昂首。促发展,高新科技添油。卫生文明绿化,奋拼创,殊誉频收。山川秀,明珠璀璨,宝地喜轻游。

传承薪火赤基因

气爽天高,金秋九月,中关荟萃群英。八十华诞,争表校友情。皓首阅检才俊,观后浪、超越欢欣。成果硕,誉享海内,面貌焕然新。

自然科学院,延安创立,志在中兴。沐硝烟,国防兵器扬名。导弹雷达坦克,披靡向、疆固军精。征程启,再书宏卷,不负美光阴。

2020 年 9 月 19 日,参加北京理工大学在中关村校区举行的建校 80 周年纪念大会;会后,回到曾就读的机电学院与师生座谈,听原系主任马宝华教授讲课,冯长根学长发言,与老师、学长同叙情谊,不禁感慨万千,遂填上述《满庭芳》词一首,以表情怀。

1939 年 4 月,为促进陕甘宁边区工农业生产,为抗战救国培养技术干部和专门技术人才,中共中央决定创办自然科学院。翌年 1 月,时任陕甘宁边区政府主席林伯渠亲自率队勘选延安南门外的杜甫川为校址;9 月,建于此地的自然科学院开学,由此开创了我党高等理工科教育先河。抗战胜利后,延安自然科学院先后易名为晋察冀边区工业专门学校、华北大学工学院;1949 年 8 月学校迁京,1950 年 10 月,中法大学校本部、图书馆和数学、物理、化学三个系并入;1952 年 1 月更名为北京工业学院,1988 年 4 月定名北京理工大学。

历史上,母校北京理工大学曾为我国高等教育做出过重要贡献：1952年，学校的航空系调出，参与组建北京航空学院（今北京航空航天大学）；采矿工程系调出，参与组建中南矿冶学院（今中南大学）；冶金系调出，参与组建北京钢铁学院（今北京科技大学）。1961年7月，学校的火炮、自动武器、炮弹等专业整编为太原机械学院（今中北大学）。

我1978年考入北京工业学院，当时母校还是一所以研制常规兵器、培养兵器工业专门人才为主的国防工业院校，我填报的志愿是"特种装备与控制工程系"，接到的录取通知书写的却是"8系84专业"，让人倍感神秘。其时，学校不是按学科而是按照军工产品设置专业，我们系共设火箭战斗部、引信、爆炸技术与装药、火工品共4个专业，我所学的84专业为火工品专业，主要研制、生产军民两用、具有一次性点火、起爆、传爆等功能的元器件和装置。

记得开学第一堂课是专业教育课，授课人陈福梅教授是我国火工品专业创始人之一，日后也是我们这个专业全国第一位博士生导师，还是全校第一批两个女博士生导师之一。她说火工品专业说简单也简单，说复杂也复杂，火柴就是最简单的火工品，常见的火工品有子弹的底火，炮弹中的火帽、雷管、传爆管等，复杂的有运载火箭和航天器上的爆炸螺栓、特种弹里的爆炸开关、爆炸逻辑电路等。我大学毕业论文就是做爆炸螺栓装药设计，4年后，我是全班第一个也是那年唯一一个考上硕士研究生的，有幸成为陈先生的学生，接受她耳提面命的指导，从事雷管与导爆药柱之间爆轰传递规律研究。近7年的母校学习、深造，对我日后的人生成长影响深远。

北京理工大学80周年校庆的主题为"特立潮头，开创未来"，校庆宗旨为"传延安薪火，承时代使命"。校庆标志颜色选取"党旗红"，彰显学校始终传承红色基因，与党和国家同向同行的奋斗精神。标志采用挺拔硬朗的纵向直线,呈现出向上伸展的动势与力量,传达出母校学人坚毅的品质、团结的力量、拼搏的朝气和进取的精神,以及肩负富国强军固国防的使命担当。校庆标志融入的"80"字样,如同两扇开启的大门,象征着学校走过的八十年砥砺奋进之路,迈向建设中国特色世界一流大学的新征程!

建校 80 年来,这所从延安抗战烽火中诞生、中国共产党创办的第一所理工科大学,培养了一大批矢志科技报国的领军人才,走出了一条中国共产党创办和领导中国特色高等教育的"红色育人路",一条矢志国防、服务战略的"强军报国路",一条开放包容、交叉融合的"创新发展路"。

在校庆纪念大会上,无线电工程系 1961 届毕业生、国家最高科学技术奖获得者王小谟院士代表校友发言。他表示,在母校"延安根、军工魂"红色基因的熏陶和培养下,"红色国防工程师"成为自己一生的写照;他期望年轻一代北理工学子珍惜在校时光,努力学习奋斗,做到德智体美劳全面发展,为把母校早日建成中国特色世界一流大学而努力奋斗。

2020 年 11 月 10 日,我因在房山区参加由中科院老科学家科普演讲团和房山区科协共同举办的"特殊形势下科学传播与普及高端研讨会",顺便造访了北京理工大学良乡校区。目睹母校巨大变化,不禁感慨万千,遂填《西江月》词一首,以表情怀。

抗战延安创建,国防特色扬名。春秋八秩育精英,兵器扬眉邦定。

特立潮头开创,高歌砥砺前行。传承薪火赤基因,不负光阴使命。

闪烁明星升亮眼

"青春究竟是什么？青春没有标准答案，每个人都在用实际行动书写自己对青春的诠释。"在 2020 年 12 月 3 日举办的"中国科技馆第二届十佳新锐青年"宣讲会上，科研管理部助理研究员刘琦发布了自己的青春感悟。

"中国科技馆十佳新锐青年"评选活动始于 2018 年，作为馆团委创建的一项品牌文化活动，旨在通过推荐、宣讲、评选、宣传"新锐青年"，为广大青年提供交流学习的机会，搭建展现风采的平台，建立发现人才的机制，激励广大青年爱岗敬业、勇于担当、锐意进取、奋发有为，为助推中国科技馆事业发展贡献青春和力量。

宣讲会上，20 名入围候选青年依次讲述自己的奋斗历程、工作收获、人生感悟、新锐故事，展现风采亮点，抒发心得体会，为个性张扬的青春岁月谱写绚丽篇章。李嘉琪是入职刚两年多的新员工，先后在影院管理部艺术设计与宣传推广岗和展览教育中心科技辅导员岗工作，利用专业特长积极参与馆里重大活动，既是科技辅导员、讲解员、微信推送写手，又做平面设计师、插画师、摄影师，同时客串编剧、演员、影视剪辑师，还抢着干展览设计总监、文创设计师的活儿，自称"斜杠青年"，展现了一专多能才华。

不负韶华好时光，披星追月迎朝阳。

置身事外何其易，躬身入局是担当。

位卑未敢忘忧国，青春华彩正激昂。

乘风破浪逐梦去，复兴华夏当自强。

后勤保障部给排水管理主管王政也是典型的"斜杠青年"，他同时兼任馆团委委员、馆工会委员、党小组组长、馆篮球队长，还曾担任馆扶贫工作专员、国旗队队长。在他看来，年轻人干事情就应该"凡事有交代，件件有着落，事事有回音"，做新时代的靠谱青年。网络科普部宋岳龙持有同样理念，他的青春宣言是"功成不必在我，我必力促功成。"

展览设计中心的魏蕾其时正在重庆探望父母，通过视频与大家分享了她的创意设计故事。2018年，魏蕾因公出国首赴马来西亚，参观槟城圆顶科学馆时注意到，该馆面积虽小，设计思想却很独特：它是由一个圆顶室内体育场改造而成，圆顶建筑的基础结构为六边形，设计师就选取六边形为基本元素，将它运用到馆标、布展墙、图文板、多媒体界面等整个展馆的设计当中，使整个展馆的设计风格极为统一。后来，魏蕾在设计馆里的"机器人与人工智能"常设展览项目时，也借鉴了这种设计方法，通过顶层设计、统一标准、把控细节，确保了整个展览形式统一、风格一致。

新冠肺炎疫情刚一暴发，中国科技馆立即启动了应急科普工作，网络科普部才女赵铮在《科普时报》"媒眼看世界"栏目上撰文，发出了"疫情来了，媒体就是战士"宣言，吹响了媒体抗疫的集结号。参加宣讲的这些青年都冲到了抗疫一线。为购买防疫物质，后勤保障部预备党员李勇与同事一道开着私车几乎跑遍了北京城上百家专业门店；安全保卫部共产党员邢阳春节期间坚守工作岗位，每天24小时在馆值守。

疫情刚好转，中国科技馆发展基金会办公室的范家旭就奔赴甘肃、四川、江西等地，参与"中国科协科普经费绩效评价"调研，手机通讯大数据行程卡截图上的文字显示："您于前14天内到达或途经:江西省赣州市,湖南省长沙市,甘肃省陇南市,四川省成都市、广元市、绵阳市,北京市。"9天的劳累奔波不算,还得来回切换健康码,小范为此自嘲:"这是疫情防控下的'人在囧途'。"

在展示才艺环节,影院管理部皇甫姜子率领团队制作的定格动画《刺小猬的胶片穿越之旅》,展览教育中心杨楣奇高山滑雪的勃勃英姿,办公室王淼充满青春活力的热舞,展览设计中心李瑞婷感人肺腑的演唱,财务资产部赵姜颖讲述"数字"背后的艰辛,展览教育中心刘芷廷精湛的琵琶演奏,科普影视中心李竞萌流利的英语演讲,安全保卫部帅哥贾智超"抓小偷"的故事,都给与会者留下了深刻印象。

令人遗憾的是,展览设计中心范亚楠设计并荣获第一届中国国际科普作品大赛一等奖的展品——"有趣的传递",人力资源部张小素传说已久的精彩拳术均没有演示,展品技术部胡晓艳因故由他人代为宣讲而未露真容,都给下一届"十佳新锐青年"评选留下了悬念。

在我看来,尽管最终有10位青年入选第二届"中国科技馆十佳新锐青年",但所有的宣讲青年都非常优秀,都是赢家,希望入选者再接再厉、再创佳绩,其他青年不要气馁、继续努力。有感于斯,填《破阵子》词一首,以表情怀,以示褒奖。

科馆青年新锐,才华嘉采迷人。意气风发拼聚首,演讲英姿精气神,生龙活虎腾。

开拓创优奉献,热情率性纯真。闪烁明星升亮眼,茂盛繁花溢美芬。扬鞭再启程。

塞北延安升旭日

手提红灯四下看,上级派人到隆滩。

时间约好七点半,等车就在这一班。

这是现代京剧《红灯记》第一场"接应交通员"中李玉和亮相的唱腔词。《红灯记》祖孙三代抗日的故事发生在 1939 年深秋,后人考证,故事原型所在地一说就在位于今黑龙江省五大连池市的龙镇火车站;而在当时,龙镇还属北安县辖管。

2020 年 12 月 8 日,时隔两年后,我再次来到北安考察该市科技馆建设情况,对这块红色热土产生了更加浓厚的兴趣。

北安市是黑龙江省黑河市下属县级市,市名取"北方平安"之意,历史上该地曾两度设为省会城市:1939 年是伪满洲国设立的 19 个省之一的北安省省会,1945 年为中共黑龙江省省会驻地。从《红灯记》讲述的故事可知,北安曾是抗日烽火风起云涌、抗击倭寇英雄辈出之地。1937 年 3 月 7 日,东北抗日名将赵尚志率抗联部队在今北安市通北林业局下辖的冰趟子林场一带设伏,指挥了著名的"冰趟子战斗"(也称"黑风口阻击战"),毙伤日伪军 300 多人,缴获大批枪支弹药、军用粮草物资,打击了日本侵略者的嚣张气焰。1938 年下半年,李兆麟等抗联将领率领东北抗日联军,从松花江下游地区西征来到北安开辟游击区,以此为依托出没兴安山地,纵横松嫩平原,远征内蒙草原,灵活机动打击敌人,极大地鼓舞了抗战军民斗志。

1945 年 8 月,抗战胜利后,党中央提出要建立东北根据地,为夺取全国革命胜利构建战略后方基地,作为北满根据地的五大中心之一,北安从此揭开了书写红色辉煌历史的序曲,拥有了"塞北延安"之美称。之后,党中央、东北党委会先后共派出数百名优秀干部来到北安,积极开展伪满政权接收、红色政权建立和战略后方基地建设工作。同年 11 月中旬,中共黑龙江省工作委员会、省政府和省军区在北安相继成立,下辖 26 个县,近 300 万人口。随后,抗日军政大学总校、东北工兵学校、黑龙江省军政干部学校、黑龙江军区卫生学校等十余所红色学校在此办学,为中国革命解放事业培养了数万名各类干部骨干和专业人才。黑龙江省委、省政府驻北安期间,制定、颁布了一系列重要方针政策,领导全省胜利完成了建党、建政、建军、土改、剿匪、支前等工作,成为巩固的后方基地和新中国土地改革的试验田,为支援东北乃至全国解放做出了突出贡献。

走进坐落在黑龙江日报社旧址的北安博物馆,可以读到这样的文字:1945 年 12 月 1 日,黑龙江报社在北安成立,创刊号《时事新闻》出版;1946 年 1 月,更名为《黑龙江日报》。这是黑龙江省公开出版的第一张中国共产党的报纸,党的声音通过它源源不断在东北地区人民中传播开来。

据《北安市志》介绍,解放战争期间,以北安为重要解放区根据地的黑龙江省,仅自 1947 年初至 1948 年末的两年时间里,就向我主力部队输送新兵 9.5 万人,出动民工 1.6 万人次,提供粮食 80多万吨、谷草 4.7 万吨、担架 3200 多副、骡马 5600 多匹、大车 1200多辆,还有大批其他军需物资,为整个东北和全国的解放事业提供了巨大支持。

1950 年 10 月,朝鲜战争爆发前夕,原驻沈阳的"五一兵工厂"

枪厂迁至北安,后更名为庆华工具厂。庆华厂曾是新中国最大的枪械厂,被誉为共和国枪械的摇篮,至 2006 年改制破产共生产各类枪械 900 多万支,为保卫祖国安全、维护民族尊严立下了殊功。

如今的北安,市域面积 7149 平方千米,人口 40 多万,已成为我国最北部铁路公路交通运输枢纽、黑龙江省北部传统商品集散地、中国内陆通往俄罗斯及东欧国家商旅大通道必经中转站,被列为"龙江丝路带"哈-绥-北-黑产业聚集带和哈-大-齐-北-绥西环城市圈的重要节点城市、第三批国家新型城镇化综合试点地区、全国质量强市示范城市等,彰显出生机勃勃的美好发展前景。

北安市委、市政府始终重视科普事业,早在 2010 年就开始筹建科技馆,从无到有,从小到大,从科普教育基地发展到科技场馆,2014 年 7 月建成,成为黑河市辖属 6 市(县、区)的第一个科技馆。我们专门考察了异地新建、正在装修的北安市科技馆,新馆建筑面积 3500 平方米,设儿童乐园、机械与运动、航天世界、生命健康和科技之光 5 大展区,共有展品 400 余件(套),计划 2021 年初将建成使用。

新建成的北安市科技馆将成为全省面积最大的县级科技馆,在提高当地公民科学素质、推动社会事业发展中将发挥重要作用。我相信,红色北安为此将青春焕发、面貌更新。这正是:

抗倭勇士沐硝烟,驱寇北安建政权。

省会两设彰地要,号令一报重民宣。

军政工卫促才育,支前造枪助战援。

塞北延安升旭日,边陲黑土展新颜。

未际邀游想象惊

2021 年 2 月 14 日,中国科学技术馆辛丑年开馆第一天,全天共接待观众 15097 人次,创造了新冠肺炎疫情发生以来两次闭馆、重新开馆后的又一个接待高峰。这除了每年新春佳节科技馆、博物馆都人流云集的缘故外,还与广大青少年早就期待着来此参观国内首个集装箱式展览——"平行宇宙"科幻主题展览不无关系。

"平行宇宙"展览设在中国科学技术馆西广场,由错落有致、大小不一、颜色各异的 6 组大集装箱外加一科学商店组成,整个展览以"科幻"为主题,设有"科幻先行者""科幻正当年""科幻新生代""科幻一起玩""科幻集市"5 大主题展区。展览主要策划人、中国科学技术馆科普影视中心副主任吴彦旻告诉笔者,展览旨在用科学与艺术水乳相融的方式全方位呈现我国科幻产业发展现状,运用丰富多彩的互动体验形式激发大众对科学的兴趣和好奇,把科学的种子播撒到少年儿童的心中。

"科幻先行者"展区是为了纪念我国著名科幻作家叶永烈先生而专门策划的。1961 年,年仅 21 岁的叶永烈创作完成了他的第一部科幻小说《小灵通漫游未来》。在这部影响深远的惊世之作里,叶永烈凭借着扎实的科技知识根底,对未来世界进行了美妙畅想,描绘出了一幅与 60 年后的今天人类社会相差无几的生活图卷。展区用实物造景的方式打造了《小灵通漫游未来》中"未来市"模样,还原了书中描写的许多经典场景,带领观众重返过去,开启一场时光逆行之旅。如今,60年已经过去,书中的大部分科学预言都已实现,这让我们对叶永烈天马行空的伟大想象和异乎寻常的超前预言感到由衷的敬佩。

如果说"科幻先行者"展区是对以叶永烈为代表的科幻先驱的礼赞,"科幻正当年"展区则是对年青一代科幻工作者的褒奖。该展区以刘慈欣的科幻小说《三体》为蓝本,通过精选国内外艺术家插画、螳螂号捕捉水滴雕塑、深空VR场景和红岸基地等书中元素造景,多维度构建一个视觉艺术与沉浸式体验相结合的"三体"世界。策展人用"未来局宇宙""微像宇宙"和"三体宇宙"3个小宇宙,重新诠释《三体》这部中国科幻IP的巅峰之作,希冀由此激发广大观众尤其是青少年的好奇心和探索欲。

"科幻新生代"展区为观众设计了两个小宇宙——"MDI宇宙"和"深空宇宙"。在这里,你可以与美国经典科幻电影《回到未来》中的"德罗宁DMC-12跑车"合影,探秘科幻电影中的空间站结构、飞行器、车辆等内部场景制作过程,了解影片中宇航服如何设计制作;科教辅导员将解答你对包括《流浪地球》在内的科幻电影物理特效的所有疑问,让你全方位了解科幻电影拍摄过程中涉及到的各个流程和工种,以及拍摄特点等所有细节。

近年来,作为国家级综合性科技馆,中国科学技术馆在科幻展教方面进行了有益的探索,"科幻一起玩"展区就是这些探索成果的集中展示。进入展区,你可以在黑洞世界里尽情摇摆,在漫漫银河中自由翱翔,探索两万里海底奥秘,通过分光展项炫酷互动体验……逛"科幻集市",你还可以寻觅自己喜欢的科幻IP文创产品。

科幻,是人们在已有科学知识和技术成果的基础上,对未来世界的超前预见和艺术想象。好奇心和对美好生活的不懈追求,乃是科幻创作的原动力,也是人类探索未知的不竭源泉。从凡尔纳到叶永烈,无数科幻作家用智慧的大脑,展开想象的翅膀,为我们描绘了一个个美好的未来,让人们满怀憧憬、充满希冀,并为此竭尽全力追求、实现。科幻,成为人类好奇心这一天性释放的窗口,成为沟通现实社会与未来世界的桥梁。

《小灵通漫游未来》写成于1961年,但直到1978年才由少年儿童出版社出版。据世界华人科普作家协会名誉会长董仁威先生介绍,这部优秀科幻作品当年之所以被退稿,因为书中写到了小灵通在"未来市"里吃了"一顿稀奇的中饭",这顿简单的午餐就有珍珠米、五香酱蛋、清蒸肉丸等佳肴,还有硕大的萝瓜、西瓜芝麻等美味,这与当时"三年自然灾害时期"全国人民都在挨饿的时代大背景显然不符。

好在时代已发生翻天覆地的变化,如今,呵护好奇心、培育科学兴趣、鼓励技术创新,已成为时代潮流,成为党和政府的呼吁与号召。有感于斯,更觉科技辅导员使命光荣、责任重大,特填《沁园春》词一首,以表情怀。

科幻专题,平行宇宙,春节恭迎。看方厢厅展,精心设计,红黄绿紫,独特新颖。怀缅先贤,灵通淘气,未际邀游想象惊。观今日,预言能实现,永烈真行。

深空微象三体,探黑洞、测波引力形。叹银河膨胀,地球流浪,巡天发射,直奔火星。人类思维,挣脱羁绊,脑绘王国满彩英。重辅教,好奇勤呵护,使命铭心。

廊桥旖旎多风情

　　廊桥，又称屋桥、厝桥、风雨桥、花桥，是在桥上架设了廊屋的一种桥梁建筑类型；由于廊屋与普通房屋并无二致，因此，廊桥的建筑造型更为丰富多彩，空间组合更加复杂多变，艺术特点更是多姿多态。由中国公路学会主编、人民交通出版社股份有限公司出版的《中国廊桥》大型彩色文献类科普图书，收录了中国不同地区、不同历史时期，涵盖6大廊桥遗存带，最具代表性的各类廊桥360余座，力图集中展现中国廊桥遗存的整体面貌，再现中国廊桥的历史、文化和风采。拜读《中国廊桥》一书，我认为该书具有如下七大特点。

　　一是史料性。中国廊桥始建于秦代，汉朝已有廊桥构件出土；完整的廊桥实体为隋代遗存，宋元时期廊桥数量较少，但北宋画家张择端所画《清明上河图》中就有"汴水虹桥"木拱廊桥；明清两代是中国廊桥大量建造、创新升华、经典定型的黄金时期，遗存量较大，《中国廊桥》收录的廊桥大都为这个时期所建。本书主创兼摄影吴卫平先生是交通运输行业资深摄影家，实地调研、考察、拍摄、研究中国廊桥近20年，足迹遍及大江南北，拍摄纪录了520余座廊桥，形成图片资料5万余幅，积累了丰富的廊桥研究资料。书中收录的一些经典廊桥，日后因洪灾、火灾等事故被毁，因而成为十分难得的历史资料，无疑可为重建提供参考。

　　二是学术性。总结中国廊桥发展历程、技术水平、艺术风格和建设成就,发掘以廊桥为代表的中国桥梁发展的珍贵历史文化遗产,具有重大的学术价值。本书总撰稿人为廊桥研究专家刘杰教授,该书 10 万余字的撰稿就吸收了他主持相关国家级重点研究课题的研究成果。本书"绪论"部分就是一篇高质量综述性学术论文,重点论述了廊桥的起源、类型和分布,全面介绍了 4 种典型结构廊桥,并根据地域关联性、风格连贯性、民族相融性,梳理出既相互区别又互相影响的中国六大廊桥遗存带,为我国廊桥遗存的整体面貌勾勒出了一个清晰的轮廓。

三是文化性。作为古老的建筑艺术存在,廊桥也是中华各民族历史文化的重要组成。"六大廊桥遗存带"就是以不同地区廊桥建筑文化差异来划分的。本书认为,在同一建筑文化带内,廊桥的结构和外观存在诸多共性;形成廊桥建筑文化的核心内容,既有地理上的水系连通或山脉阻隔,也有特定族群生活区域形成的共同特色;根据地域文化特征,可以把中国廊桥划分为华北廊桥遗存带、西北廊桥遗存带、西南廊桥遗存带、中南廊桥遗存带、东南廊桥遗存带、江南廊桥遗存带 6 个主要廊桥带。

四是科普性。《中国廊桥》不仅"绪论"部分传播了廊桥历史文化知识,还通过典型廊桥案例普及了许多廊桥建造知识,可谓开卷有益。坐落于福建省龙岩市湖坑镇新南村的济行桥,始建于 1542 年,距今已有 479 年历史。济行桥的桥墩设计十分科学,迎水面尖且窄,背水面宽而坚实,符合流体力学减阻原理,既减少、分流了洪水正面冲击力,又保证了桥墩拥有足够的承载力。数百年来,济行桥抵御了许多次大洪水冲袭,至今仍岿然不动。

五是民俗性。廊桥的用途和功能十分广泛,与当地风俗民情习性联系紧密。《中国廊桥》对此有详尽的介绍,许多廊桥又有具体描述。广西三江侗族自治县有关志书记载:"修路铺桥是侗民族的传统美德,依山傍水的侗寨,寨尾的溪河下游都要架设一座廊桥。一是方便过往行人,二是供人们纳凉、歇息、避雨,三是作为寨子的一道屏障,寓意锁住千年长流,确保村民财富不流失。"《中国廊桥》一书的民俗性由此可见一斑。

六是艺术性。廊桥的建造者不仅是超凡的能工巧匠,更是杰出的艺术大师,常常因势利导、巧借地形、画龙点睛,把廊桥建造成当地的标志性建筑、网红打卡热点。《中国廊桥》开本大气,封面素雅,装帧精美,用纸考究,十分注重文字与图片、内容与形式在艺术上的和谐和统一;收录的廊桥座座造型优美,拍摄的图片张张美轮美奂,讲述的故事个个生动隽永,设计的版面页页精致悦目。

七是示范性。中国公路学会和人民交通出版社股份有限公司非常重视公路文化研究与传承,近年来合作出版了《中国桥谱》《中国路谱》《桥文化》《路文化》等典籍,积累了丰富的大型文献类图书出版经验。《中国廊桥》被列为"新中国成立70周年交通运输行业主题出版物",得到国家出版基金资助,这是出版社与学术团体精诚合作、通力实施大型主题出版的成功范例,值得其他专业出版社学习借鉴。

掩卷沉思,颇多感慨,填《忆吹箫·廊桥旖旎多风情》词一首,以赞《中国廊桥》精品图书。

横跨河溪,彩虹飞渡,廊桥旖旎吸睛。遮日雨,游人小憩,悠聚华亭。火火红红闹市,商贾客,络绎穿行。民荣愿,和家旺户,世道安宁。

文化珍稀遗产,国瑰宝,科学艺术魂凝。美建筑,编研撰摄,出版关情。打造图书精品,存史料,心血结晶。成果赞,交通领域撷英。

黑河科技谱新篇

　　黑河科技谱新篇,场馆花开竞相妍。

　　全民素质共提高,青少耄耋笑欢颜。

　　2020 年 12 月 8 日,全国首家地市级 VR 体验馆——黑河科技馆正式对外开放。笔者代表援建单位——中国科学技术馆出席开馆揭幕仪式,目睹男女老少市民兴高采烈蜂拥入馆参观,不胜欣喜、感慨,遂在留言本上信笔写下了上述感言诗句。

　　黑河市地处黑龙江北部,与俄罗斯远东第三大城市阿穆尔州首府布拉戈维申斯克市隔黑龙江相望,是中俄边境线上唯一一对规模最大、规格最高、功能最全、距离最近的对应城市,最近处只有 600 多米。2018 年 4 月,由中央组织部派遣,中国科学技术馆副馆长庞晓东挂职黑河市委常委、市人民政府副市长,中国科学技术馆遂与黑河市结成友好单位。近三年来,在市、馆双方共同努力下,黑河市科普工作开创新局面、谱写新篇章:推动建成黑河科技馆、孙吴县科技馆、嫩江市科技馆、北安市科技馆 4 家科技馆,使黑河成为全省拥有科技馆最多的地级市;全市建成 7 所农村中学科技馆,实现市所辖 6 个县(市、区)农村中学科技馆全覆盖;推动"中国流动科技馆"国际巡展在俄罗斯阿穆尔州地方志博物馆以及别洛戈尔斯克市、齐奥尔科夫斯基市成功展出;支持黑河配置一辆科普大篷车;促成市科协、市扶贫办举办两届扶志扶智科普夏令营。

　　黑河科技馆可谓全国地市级科技馆建设的典范,总投资仅

1500 万余元,其中中国科技馆捐赠的 72 套(件)展品价值 736 万元。该馆是在一个历史悠久的发电厂老厂房基础上改建而成,具有工业遗址特点,朱红色的大楼外观颇具异域风格,彰显边境城市风采。全馆建筑面积 2083 平方米,展厅面积 1249 平方米,分上下两层楼盘旋布展,常设展区、临时展区、创客实验室、科普表演区、VR(虚拟现实的英文缩写)剧场布局紧凑、合理、巧妙,中庭屋顶全部采用透明玻璃,使整个场馆采光通透,提升了参观、互动的效果。

黑河科技馆以"理念先进、功能齐全、特色明显"为建设目标,秉持"体验科学、启迪智慧"办馆宗旨,致力于打造"助力青少年成长的风帆,启蒙青少年智慧的摇篮"。按照"现代、经典、未来"设计理念,整个展区分虚拟现实、镜子世界、力与运动、电磁探秘、声光体验、健康生活、汽车生活、创客实践等 8 大主题,突出科普教育、科技培训、创新服务和城市文化四大功能。

走进黑河科技馆,现代科技感扑面而来:大门上方的智能计数系统适时记录着当前入馆人数、在馆人数、出馆人数、年总参观人数等数据,为疫情防控限制人流、科学规划参观流量提供了科学依据;进馆自动感应门安装的是透明电子屏幕,不仅可一目了然馆中场景,还可据此播放专题视频,让参观者获取黑河的人文历史、自然风景、科技人物和社会发展等信息。

该馆依托中国科技馆虚拟现实推广落地项目布置的 VR 展品,充满了现代气息,突出了 VR 体验馆特色。航空母舰被称为"海上霸主",但舰载机如何从航母上起飞、降落?航母牵引车如何牵引舰载机?VR 体验"航母漫游"展品,你就能找到这些问题的答案。为什么肉眼看到的立体连续视频,手机拍摄出来的画面却是一个个不连续的闪屏?"3D 炫屏"展品将为你揭秘。VR 剧场、虚拟创作、微观探秘等展品,还可让体验者尽享虚拟现实技术乐趣。小球经过 10 个不同的机械传动机构,为什么就能周而复始地完成一圈旅行?中国流动科技馆落户黑河的"机械韵律"展品,将让你流连忘返、乐此不疲。

创客实验室为不同年龄段的少年儿童提供了科学实验箱等 DIY 工具,有趣的科创实践将激发孩子们探索未知和科技创新的意识。在科学探秘展区,青少年可自己动手操作、感受,学习力学、光学、电磁学等方面的基础科学知识,培养其对科学的兴趣爱好和从事科研的严谨态度。

开馆当天,还举行了黑河科技馆作为中俄青少年科普交流基地的揭幕仪式,对岸的俄罗斯布拉戈维申斯克市伊马梅耶夫市长现场视频讲话祝贺。黑河科技馆的建成,标志着全市科普工作拥有了科教相融、学研一体新平台,为黑河市及其周边地区广大民众尤其是青少年汲取科技知识、感受科技魅力搭建了新平台,为中俄两国民众开展科技文化交流增添了新阵地。

有感于黑河科普事业蓬勃发展,祝贺黑河科技馆开馆大吉,特填《醉花阴》词一首,以抒情怀,以寄厚望。

筚路蓝缕科普路,开拓创新渡。展品巧分合,重组资源,亮相惊夺目。

VR 特色鲜明厚,辅教知传授。泽被北疆民,素质提升,凯乐欢欣奏。

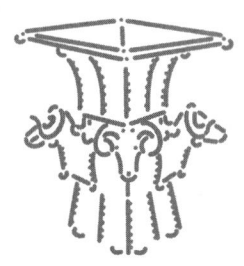

隧道时光舟载越

　　"年轻人的字典里,没有追不到的梦想,只有不努力的人。半个多世纪前的钱学森、彭恒武、郭永怀、邓稼先们,就是现在的你。出发吧,少年!"2021 年 3 月 18 日,"从这里飞向太空——庆祝建党 100 周年中国载人航天互动科普展"在中国科学技术馆揭幕。展览入口处的上述励志文字,召唤青少年观众走进展区,探索载人航天的奥秘,增强投身世界科技强国建设事业的信心。

　　由中国科协和中国载人航天工程办公室指导,中国科学技术馆主办,航天文投(北京)文化发展有限公司承办的吸睛展览,围绕着"做一名航天员"这个令广大青少年神往的主题,按照"航天员的梦想""航天员的训练""航天员的工作"展开,设置了"时空之旅""为梦而战""圆梦太空""太空家园""太空餐吧"和"未来隧道"6个展区,全景式地呈现中国载人航天科技的发展历程。

　　2021 年正值建党 100 周年和"十四五"开局之年,同时也是中国载人航天的业务发展大年。据悉,在这一年里,中国新空间站"天和号"核心舱将发射,这是中国载人航天工程中的第一个空间站核心舱;随后,"天舟二号"货运飞船将与"天和号"核心舱对接;再之后,"神舟十二号"和"神舟十三号"飞船将两次执行载人航天飞行任务;接着,"天舟三号""天舟四号"和"天舟五号"货运飞船将分别上天,承担为航天员和空间站输送物质任务;"问天"和"梦天"两个科学实验舱也将随后发射,为空间站扩容、增项、升值。目前,"神舟十二号"和"神舟十三号"及其发射运载火箭——"长征二号 F"正在进行总装测试,发射场各项检修检测工作也在紧张有序进行。"从这里飞向太空"专题展览可谓应运而生,开幕式恰逢其时。

据中国科学技术馆展览设计中心胡滨教授级高工介绍,该展览采用最新的机电互动、裸眼 3D、虚拟现实等互动体验技术,并将通过网络直播、线下主题日、网红打卡地等科普活动,让观众亲身体验航天员的选拔训练、发射过程、在轨生活和返回经历,加深对载人航天科技事业认识,切实感悟航天精神文化内涵,更加走近中国航天、触及中国航天、了解中国航天、热爱中国航天。

载人航天是人类历史上最为复杂的系统工程之一,也是一个国家综合国力尤其是科技发展质量和水平的重要体现。中国载人航天发展历史可追溯到中国第一颗人造地球卫星"东方红一号"上天的 20 世纪 70 年代初。当时,时任国防部五院院长钱学森教授提出,中国要搞载人航天,并将飞船命名为"曙光一号",后因研制条件太差、困难太大,不得不暂时搁置一边。

1992 年 9 月 21 日,党中央决策实施载人航天工程,并确定了我国载人航天"三步走"的发展战略:第一步,发射载人飞船,建成初步配套的试验性载人飞船工程并开展空间应用实验;第二步,突破航天员出舱活动技术、空间飞行器交会对接技术,发射空间实验室,解决具一定规模的短期有人照料的空间应用问题;第三步,建造空间站,解决有较大规模的长期有人照料的空间应用问题。

1999 年 11 月 20 日,"神舟一号"发射升空,实现天地往返重大突破;2001 年 1 月 16 日,中国第一艘正样无人飞船"神舟二号"发射升空后成功着陆;次年 3 月 25 日,"神舟三号"飞船成功往返,载人航天安全性提高;2002 年 12 月 30 日,"神舟四号"突破中国低温发射历史纪录。

2003年10月15日,"神舟五号"载人成功往返天地,中国成为世界上继俄罗斯和美国之后第三个能够独立开展载人航天活动的国家。2005年10月12日,"神舟六号"完成"多人多天"太空飞行任务。2008年9月25日,"神舟七号"实现航天员成功出舱太空行走。

2011年11月3日,"神舟八号"与"天宫一号"完成刚性连接,形成组合体。2012年6月16日,中国第一位女航天员乘"神舟九号"升空。2013年6月11日,"神舟十号"实现天地往返运输系统首次应用性飞行。2016年10月19日,"神舟十一号"与"天宫二号"实现自动交会对接,形成组合体。

至此,中国载人航天工程"三步走"发展战略已圆满走完"第一步",稳步从"第二步"迈向"第三步",为未来中国空间站建造运营和航天员长期驻留空间站奠定了坚实的基础。

有感于我国载人航天事业取得的辉煌成就,庆贺"从这里飞向太空——庆祝建党100周年中国载人航天互动科普展"揭幕并将在全国巡展,特填《破阵子》词一首,以表情怀。

梦想放飞宇宙,科馆圆梦成真。隧道时光舟载越,虚拟航天亲历程。欢欣银汉奔。

互动参观体验,展巡精彩纷呈。文化科学融紧密,奋斗拼搏情感深。精神永继承。

注　本文写作于2021年3月,之后的中国航天事业成就未能在文中反映。

余光永存忆中影

　　不记得是哪位名人曾说过:人生就像一列正在行驶的火车,每一站都有人上下,活着的人只不过是晚下车而已,早晚也会同样驶向人生的终点。说这话,当然是为了让人看淡生死,泰然接受所熟悉亲朋好友的离世;但是,人毕竟是感情动物,同行的人提前下站,难免会兔死狐悲,尤其是越近终点,陪伴的人越少,更容易让人悲伤寂寥。

　　2020 年 8 月 1 日,87 岁的邵燕祥先生走下了与我们同行的人生列车,"列车"里原本就稀缺的人文情怀又减少一分,暑天里让人感到了寒意。回顾近年来一个个文学大师逐一中断人生旅程,从我们视野永远消失,让人不免万分难过。

　　邵燕祥是著名诗人、散文家、评论家,因诗成名,以文名世,凭借杂文更是成就了他独有的风骨、傲骨,完成了由真情诗人向傲骨杂文家的蜕变。如果说他早期诗文多为欢乐、真诚地歌颂,向着太阳吟唱,晚年作品则侧重于忧患、深沉地思索,面向大地发问,彰显了极为难得的独立思考、忧患意识和批评精神。

　　我更喜欢邵燕祥的杂文。杂文常被喻为刺向社会时弊的"投枪匕首",尽管邵先生自谦不敢奢望写出什么"投枪匕首"似的文章,但他的杂文确实起到了"投枪匕首"的作用。我上大学和研究生期间曾读过他的许多杂文,对那时他写的《人是有尾巴的吗?》一文印象尤深。作者把那个荒唐年代掌权者批判、"教育"知识分子的常用语——"翘尾巴""夹尾巴""脱了裤子割尾巴",类同于脏话和人格侮辱,予以无情的嘲讽和鞭挞。在邵燕祥看来,"那动辄指责别人'翘尾巴'者,正是自认为我翘则可,你翘则不可;动辄训斥别人'夹尾巴'者,正是自命有常'翘'不'夹'的特权;动辄勒令别人'割尾巴'……其实可能恰恰忽视了自己拖着一条长长的封建主义的、官僚主义的尾巴。"

邵燕祥先生是在睡梦中辞世的。经历了血雨腥风的人生坎坷,看惯了黑白颠倒的世态炎凉,晚年的他秉承"以真实示人,不撒谎,不装相"的人生态度,活得轻松自在,写得潇洒自如,死得恬静安详。只可惜,在更喜欢颂唱的年代,他的去世却留下了再也难寻辛辣杂文的遗憾。这真是:

雨燕辞别梦静祥,呢喃吐射似刀枪?

都言兴盛喜歌唱,自此难寻辣令章。

余光中是我喜爱的台湾诗人,他于1972年创作的《乡愁》韵律优美,感情真挚,成为台湾同胞思念大陆亲人、期盼祖国统一的经典名作。他不仅是大名鼎鼎的诗人,还是出色的散文家、著名的批评家,更是优秀的翻译家,一生出版诗集21种、散文集11种、评论集5种、翻译集13种,可谓著作等身,跨界横行,名扬四海。2017年12月14日,余光中先生逝世,享年89岁。闻此噩耗,不禁伤感,遂谨作诗一首,以表哀伤、敬佩之情。

一首乡愁激共鸣,海峡难断思念情。

身离大陆心接地,手断骨头肉连筋。

诗歌散文独树帜,评论翻译两横行。

巨匠驾鹤西行去,余光永存忆中影。

2018年是近年来知名作家去世人数最多的一年,先后有况浩文、李敖、洛夫、金庸、二月河等逝世。况浩文为业余作家,所著《南岭之鹰》《宝笈疑云》《麒麟花》等小说并不被人所熟知,但《一双绣花鞋》却是精神食粮极度匮乏年代家喻户晓的"黑书"。它曾以手抄本形式在民间广为流传,后被改编成同名电视连续剧和电影《雾都茫茫》等影视作品,成为与《第二次握手》齐名的草根文学传奇。

金庸被誉为香港"四大才子"之一,与古龙、梁羽生、温瑞安并称中国武侠小说四大宗师。他在华人圈拥有无数铁粉,曾出任合并后的浙江大学人文学院首任院长,并被聘为中国作协第七届全委会名誉副主席,逝世于 2018 年 10 月 30 日,享年 94 岁。李敖以时评写作著称,文笔犀利刻薄,批判色彩浓厚,嬉笑怒骂皆成文章,自诩"中国白话文第一人",2018 年 3 月 18 日在台北过世,享年 83 岁。洛夫与余光中一道被誉为世界华文诗坛双子星座,我 1993 年 10 月应邀出席在西南师范大学主办的"93'华文诗歌国际研讨会"时,曾目睹大师尊容。他于 2018 年 3 月 19 日在台北逝世,享年 91 岁。

2018 年的 11 月 15 日,著名历史小说作家二月河病逝,享年 73 岁。二月河以创作"帝王系列"作品而享誉海内外,他的"落霞三部曲"——《康熙大帝》《雍正皇帝》《乾隆皇帝》,开创了当代帝王文学写作先河,促进了宫廷影视剧繁荣泛滥,对三位帝王的颂扬和美化多被评论家诟病。有感于 2018 年一批文学大家辞世,我曾在那一年底作诗一首,以表哀悼、感慨之意。

阎王戊戌安歹心,狂收中华文曲星。

金庸仗剑骑鹤去,二月开河裹冰行。

挥笔一支书峰像,落霞三部帝王形。

李敖洛夫况浩文,异样哀思同样情。

至臻至谨创同心

科苑文艺创刊红,内容丰,挚情浓。流淌心声,字字美鲜琮。文化平台初设建,高起步,势恢宏。

雅儒志趣竞书同,笔耕聪,才呈雄。文理结合,贵在贯融通。营造氛围提素质,辟新域,促馆隆。

2021年1月1日,由中国科技馆团委主办的内部交流文化刊物《科苑文艺》破茧创刊,这是中国科技馆文化建设又一新成就,实乃可喜可贺。辞旧迎新之际,翻阅散发着油墨清香的《科苑文艺》创刊号,喜不自禁,遂填上述《江城子》词一首,以表祝贺之情、褒赞之意。

文学是语言和文字的艺术,代表了一个民族的才华和智慧;文化是人类物质精神创造的积累和呈像,反映了一个国家的历史和现实,两者都是软实力的象征和表现。中国科技馆是国家级综合性科技馆,提高公民科学素质,是我们的光荣职责和神圣使命。为此,营造工作环境的学习氛围,促进科技场馆的文化建设,丰富个人世界的精神生活,滋养干部职工的人文情怀,提升广大员工的综合素质,就显得尤为重要。《科苑文艺》的创办,对提升国家馆的社会影响力和文化软实力,以及广大干部职工的服务能力和创新动力,定将大有裨益,定会大有可为,定能有所建树。

文以载道,诗以言志,书以抒怀,画以表意。希望《科苑文艺》遵循文艺创作规律,鼓励思考,激励创新,百花齐放,百家争鸣,营造讲真话、言真情、书真意的人文环境，打造花繁锦绣、真善美好的人文春天；希望全馆干部职工肩负责任，独立思考，服务大局，开拓创新，以充沛的激情、生动的笔触、优美的文字、和谐的图画，尽抒情怀、尽展才华、尽彰风采，多创作有思想、有水平、有艺术感染力的文艺好作品，发挥好《科苑文艺》陶冶情操、提升品位、滋润心灵、启迪心智作用。

中国科技馆党委始终高度重视文化建设，2018 年启动"党的建设引领工程"，制订"凝心聚力文化建设计划"；次年 9 月 26 日，在庆祝中国科技馆新馆建成开放 10 周年主题升旗仪式上，发布了"中国科技馆文化体系"建设成果，确定"体验科学，启迪创新"为办馆理念，努力做"科技教育的先导者，科技馆事业的引领者，科学文化的国际传播者"为发展愿景，"至臻至谨，同创同心"为中国科技馆的精神内核。

与此同时，中国科技馆文化长廊也于 2019 年建成开放。文化长廊含"领导关怀""光辉历程""政治引领""党建园地""纪检阵地""文化体系""工会风采""青年之声"和"职工作品"9 大版块，展示了中国科技馆建设发展历史、全面从严治党和群团组织建设成果，以及干部职工拼搏风采、精神面貌和文艺才华，旨在通过日常的、潜移默化的文化浸润，不断提升广大干部职工的自豪感、荣誉感、责任感和担当意识、服务意识、创新意识，在实践中不断丰富中国科技馆的文化建设内涵，不断提升中国科技馆的文化软实力，激励干部职工凝心聚力、共谋发展、同创辉煌。

作为文化建设的一项重要内容，自 2014 年 7 月 1 日起，中国科技馆每月第一个星期的周二都要举办主题升旗仪式，至今已坚持 77 个月。举办升旗仪式时，馆国旗队队员迈着整齐的步伐，列队出国旗、升国旗，全体干部职工伴随着雄壮的乐曲放声高唱国歌;而升中国科技馆馆旗时,播放的却是《走向复兴》这首知名歌曲。《走向复兴》创作于2009年,由李维福作词、印青作曲,是一首专为中华人民共和国60华诞献礼的歌曲,后被选入音乐舞蹈史诗《复兴之路》和国庆60周年大阅兵联合军乐团演奏的压轴曲目。

作为国家级科技馆,中国科技馆至今没有属于自己的馆歌,升馆旗时奏响的也是其他歌曲,不能不说是一件憾事。到中国科技馆履职党委书记三年多来,我一直倡导面向社会征集中国科技馆馆歌,今尝试撰写歌词一首,不惧献丑露拙,期待抛砖引玉,引得业界贤达共襄盛举,玉成心愿。

拙作《中国科技馆馆歌》主歌共分三段:

传播科学技术知识,破解未知世界奥秘,我们是科技教育的先导者;热心辅导,精心培育;体验科学,启迪创新;担负起求知探索的崇高使命。

研发开蒙启智展品,高扬科学精神大旗,我们是科技馆事业的引领者;鲁班解锁,科学探秘;智慧建设,标准引领;打造国际一流科普教育基地。

搭建学习借鉴平台,分享科学技术魅力,我们是科学文化的国际传播者;中国方案,民族话语;合作交流,共赢互利;致力于开辟文化传播新天地。

《中国科技馆馆歌》副歌为:

至臻至谨,同创同心,努力提升公民科学素质,争做建设科技强国的科普主力。

非遗方絮千秋热

"请问，贵馆与清华大学美术学院、北京师范大学教育技术学院联合主办的'中国手工造纸的技·艺'主题展览，下一步将在何地巡展？"为期七周、深受广大游客欢迎的这个精品展览，自 2021 年 2 月 21 日在中国科学技术馆展出结束后，一直仍有人不断打听它下一步的巡展动向。

造纸术，与火药、指南针、印刷术一道，被称为中国古代四大发明。东汉元兴元年（公元 105 年），中常侍蔡伦在总结以往造纸经验基础上，革新造纸工艺，用树皮、破鱼网、破布、麻头等做原料，制造出适合书写的植物纤维纸（后人称之为"蔡侯纸"）。由于质好价廉、原料易得，蔡侯纸遂被汉和帝下令推广，成为后人普遍使用的书写材料。

手工造纸，是指不用机械或仅凭简易机械操作，用流传千年的古代造纸术手工制作的一种造纸方法。手工造出的纸品类繁多，仅中国大约就有 200 多种，按用途可分为文化用纸、生产用纸、卫生用纸和祭祀用纸四大类。手工纸以工艺各异、柔韧适度、独一无二而具特色，因而也是艺术家创作纸质艺术作品的上佳材料。"中国手工造纸的技·艺"围绕纸及造纸技艺这条主线，通过 5 大展区 36 件（套）互动展品，以实物陈列、模型展示、纸艺作品、多媒体等多种形式，全面展示手工造纸的工艺知识、科技内涵、传承人物和创新纸艺作品。观看展览，你可了解纸张从古至今发生了什么样的演变？从手工造纸到机械造纸，中国现代造纸工业经历了怎样的转变？从造纸的技艺到艺术创作的纸意，纸张给人们生活带来了怎样的美感和创意？顺应生态文明建设需要，人类社会从无纸到有纸再到无纸化生活，未来纸张一旦消失，又将会是怎样一幅光景？

作为一种非物质文化遗产，手工造纸在被有识之士呼吁保护的同时，艺术家也发挥想象用纸尽情进行艺术创作。据悉，单中国就有十多家纸文化博物馆，这一方面说明了纸文化的魅力所在，另一方面也昭示人们，研究、重视手工造纸传统工艺，保护这一独具特色的传统文化，需要更多的人参与和努力。

蔡伦是湖南省桂阳县人，与桂阳比邻的耒阳市建有蔡伦纪念园。耒阳纸博物馆是我国第一家展示蔡伦造纸文化的专业纸博物馆，就位于蔡伦纪念园附近。该馆 2010 年 11 月开馆，展览以"文明从纸开始灿烂"为主题，分纸祖千秋、纸路辉煌、纸以载文、纸与生活、纸彩纷呈和纸墨传情六大部分，融知识性、科学性、趣味性于一体。蔡伦纸文化博物馆与位于陕西省汉中市洋县龙亭镇蔡伦的墓地——蔡伦墓祠仅一墙之隔。博物馆 2002 年 4 月对外开放，重点展示纸的起源、历代造纸术发展、以纸为载体的书画作品和历代有关纸的文献记载，以及造纸术的传播过程。

中国书画纸之乡——四川省夹江县建有中国夹江手工造纸博物馆，该馆以丰富的史料、独特的艺术手法，系统展示夹江手工造纸传承、发展蔡伦造纸术的悠久历史以及对文化的贡献。高黎贡手工造纸博物馆位于云南省腾冲县，这是一个由民间投资建设的农村公共博物馆，旨在传承、保护当地传统手工造纸技艺，推动造纸传承人与海内外同行交流。

陕西省还在西安市九峰镇起良村建有蔡侯纸博物馆。至汉代起,起良村民就以造纸为业,至今仍保留蔡伦造纸术原始工艺,用楮树皮做原料经 36 道工序手工精制造纸,被誉为造纸术的活化石。宣纸是安徽泾县对外宣传形象品牌,2015 年 12 月中国宣纸博物馆在此建成开馆,成为展示泾县独特宣纸文化的窗口,对传承、保护宣纸传统制作技艺,弘扬宣纸文化、发展宣纸文化旅游意义重大。

北京西城区白纸坊街道也建有纸文化博物馆,你可通过参观纸与文明、纸与科技、纸与生活、纸与环保、纸与艺术等展厅,掌握纸的科技知识,规范用纸习惯,树立废纸回收意识。位于杭州市富阳区的华宝斋古代造纸印刷文化博物馆,展示了古代雕版印刷、富阳竹纸和线装书的制作过程,以及古籍的修复、收藏、保护、研究等成果。中国宝岛台湾建有树火纪念纸博物馆,有兴趣的游客可参与从选材、加染料到抄纸、压干、晾晒的实际造纸全过程演练。

回答游客:"中国手工造纸的技·艺"主题展览 2021 年 5 月将在山东省青岛市巡展。有感于手工造纸技术与艺术的魅力,特填《石州慢》词一首,以表情怀。

甲骨存言,铜鼎字铭,竹简成册。锦书帛卷奢华,造纸风流煊赫。文明历史,书写录载弘扬,非遗方絮千秋热。华夏古发明,惠泽环球乐。

奇特。继承传统,手工技艺,创新取舍。艺术人文,科技融合亲彻。多姿多彩,如诗如画如歌,唱吟楮练平平仄。喜展览巡播,耀神州光色。(注:方絮、楮练均为纸的雅称。)

注 本文写作于 2021 年 4 月。"中国手工造纸的技？艺"自此开始在全国各地巡展。

科游文化路新辟

"为推动科普游戏系统性研究,聚焦科普游戏发展关键问题,来自科普、教育、科技领域的专家代表与相关单位和组织共同研讨发布此宣言,以科技与文化融合的视角,围绕游戏历史、科普作用、教育内核、场馆应用和数字文创,进一步明晰科普游戏的内涵,达成科普游戏在科学普及和科学教育目标上的共识,构建多元融合的科普游戏研发体系,以科技创新推动科学文化生产方式变革,为建设数字中国、科技强国贡献力量。"2021 年 4 月 10 日,首届中国科普游戏大会以"科普产业的创新与变革"为主题,在上海科技馆成功召开,与会专家学者共同发布了上述《科普游戏产业发展宣言》。

游戏是所有哺乳类动物,特别是灵长类动物学习生存、学会沟通的一种重要方式。对人类而言,游戏则是一种基于物质需求满足之上的,在某些特定时间、特定空间范围内遵循某种特定规则,追求精神世界需求满足或为自我身心降压减排的社会行为方式。可以说,游戏与人类共生,人的成长与游戏相伴。从远古到现代,游戏始终渗透到人类文明的各个角落。人类自幼就喜欢玩泥巴、堆沙土,自发地模仿成人玩过家家、攻城打仗的游戏,由此提升自己的语言和社交能力以及想象力和创造力。

人类社会进入信息时代,电子游戏成为最重要的游戏形式,尤其是现今,以台式终端和移动终端为主的网络电子游戏更是风靡世界,老少皆喜。通常认为,世界上第一台电子游戏机是 1962 年由美国马萨诸塞理工学院计算机科学专业的一些青年研究人员和学生共同研制成功,起名叫"宇宙战争"(Space War),其主要研制者斯蒂夫·拉塞尔由此成为电子游戏的先驱。网络电子游戏的出现和发展,更是极大地影响和改变了人们的生活方式、生活态度、价值观以及思考方式。由此,探讨科普与游戏的融合发展,促进科普产业的创新与变革,就显得尤为重要和紧迫。

本次大会聚焦科普游戏的再定义、实践场景和发展趋势,以及需要的政策支持和可能出现的问题及其应对策略,旨在为今后科普游戏产业发展探明方向。但是,科普与游戏具有不同的特性,两者的融合发展既要看到双方的共性和契合点,更要正视二者之间存在的内在冲突和矛盾。否则,将可能带来难以预料和把控的负面后果。

科普的教育属性,游戏的娱乐属性,决定了二者之间存在天然的鸿沟和冲突。首先,科普重点是开展科学教育,旨在弘扬科学精神、宣传科学思想、倡导科学方法、传播科技知识,具有价值引领的公益属性,看重的是社会效益。游戏则是通过刺激感官来满足用户的愉悦感和成就感,具有商品属性,追求的是经济效益。其次,科普教育激励青少年追求真理、独立思考、刻苦学习、百折不挠、勇攀高峰,学会耐得住寂寞、经受得磨难、吃得了苦头;游戏由于能让人即时获得满足感、成功感反馈,故容易让体验者急功近利,继而误以为成功可以走捷径、投机取巧。

但是,在信息技术迅猛、高速发展并日益渗入人们日常生活,尤其是游戏已被广大青少年普遍接受并深为喜爱的情形下,科普工作必须顺应时代发展,与时俱进,学习、借鉴、运用游戏的长处。首先,科普高度依赖传播渠道和传播媒介,学习、借鉴、运用游戏的新技术、新方法、新媒介,可以改善传播方式、拓展传播渠道,以便跟上数字化转型的发展步伐。其次,科普和游戏的主要受众都是青少年,这为二者的融合发展提供了基础和可能,与其放任青少年沉溺于游戏,不如利用科普游戏开展科普活动,让体验者获得更多的正向收益。第三,科普与游戏的融合可增强受众学习的主动性、吸引力,从而提升科普教育的成效和收益。再则,科普功能具有文化属性,游戏更多的是技术应用,科普游戏有望成为科技文化融合发展的一种新型业态、新的经济增长点。基于以上观点,我认为,发展科普游戏产业既要积极,又要审慎,科普游戏要坚持正确的价值导向,防止被游戏厂商绑架,共同努力以避免给青少年带来的成瘾、迷醉、不能自拔的负面影响。

有感于中国科普游戏大会成功召开,思索游戏与科普的内在冲突和相互促进,权衡科普游戏的利弊得失,探讨科普与游戏的融合发展,颇多感慨,不禁填《一丛花》词一首,以表祝贺,以抒情怀。

孩童天性富新奇,游戏助学习?提升素质滋心智,探奥秘,释惑消疑。与时俱进,融合发展,借鉴互托依。

科游文化路新辟,审慎又积极。初心不忘担责任,避负效、防范沉迷。盛会研讨,火花碰撞,思想耀虹霓。

火星今日地球明

　　"创作《皮皮的火星梦》,让我们更加拥有使命感,那就是:打造大型原创科普剧品牌的使命,培育业界最优秀科普剧演员的使命,在每一个孩子心中播撒科学种子的使命。"2017 年 5 月 30 日,中国科技馆首部原创大型互动科幻童话剧《皮皮的火星梦》一经成功首演,以时任副馆长廖红、展教中心副主任叶菲菲为骨干的全体中国科技馆主创人员就暗暗下了这样的决心。

　　如今,4 年过去了,《皮皮的火星梦》推陈出新、经演不衰,已打造成中国科技馆自主 IP 品牌:已在北京、山西、新疆、江苏、浙江、云南、香港、澳门、台湾等地巡演 230 余场,受惠观众近 8 万人次;皮皮、火星狼、朱哥亮、朱胖胖、朱莉等剧中人物卡通,成为来馆参观游客喜爱的文创产品;《皮皮的火星梦》科幻特效电影完成摄制和后期制作,有望在 2021 年公映;相应的绘本和音乐剧正在筹划之中,为全国 18 家科技场馆培训科普剧演员工作也在紧锣密鼓进行中。

　　《皮皮的火星梦》借鉴了英国著名童话《三只小猪盖房子》的人物设计,运用剧中剧的形式,讲述了酷爱科学、充满奇思妙想的小男孩皮皮创作一部火星科幻小说的历险过程。剧本创作伊始,中国火星探测计划刚批复立项不久,主创人员遂以人类移居火星为背景构思情节:三只小猪登上火星开始构建火星基地,象征火星恶劣环境的火星狼就不断制造麻烦,一心想把小猪们驱赶出火星。

在斗智斗勇的猪、狼大战中,皮皮与三只小猪最终运用科技知识战胜了火星狼。创作人员通过设计13个经典、有趣的互动科学实验和科学表演,将全剧内容的科学性、表演的艺术性、科普的互动性融为一体,让小朋友观众在紧张、欢乐、幽默的氛围中获取众多的科技知识,提升对火星科学探测的向往和期待。

《皮皮的火星梦》全部编创、演职人员都是中国科技馆的科技辅导员,为了赶在第一个全国科技工作者日首映,演员们三天背好台词,一个月完成全部剧目排练,一个个看似几乎不可能逾越的困难,最终都被团队成员攻克。2017年5月30日的首映还没开始,网上预订的剧票立刻秒光,抢票的火爆程度堪比春运;接下来在中国科技馆报告厅的十几场演出,可谓场场爆满,座无虚席。之后,无论是在城市还是乡村巡回演出,剧场外永远都有执着排队希望候补进场的观众,散场后要求合影的观众更是摩肩接踵、络绎不绝。

为满足全国各地更多的少年儿童观剧需求,中国科技馆2018年又启动了《皮皮的火星梦》科幻特效电影摄制项目。电影对原剧情进行了重构,贯彻了生态文明建设理念,立意更加升华。皮皮和3位科学少年乘飞船来到火星探险,遭遇了火星上最后一位守护者——火星机器狼的一波又一波攻击。原来,火星曾经也像人类居住的地球一样充满了生命和生机,后因火星人欲望无节制,滥采滥用资源,加上外星人登临火星后过度开发,导致火星最终环境恶化,退化成一颗荒芜、贫瘠、死寂的星球。影片通过讲述皮皮梦中登陆火星遇险的故事,启发、教育青少年培养热爱地球、保护地球的生态文明意识,以确保人类赖以生存的地球居住环境永续发展。

2020年7月23日,中国首次火星探测任务"天问一号"探测器成功发射并进入预定轨道,开启了"环绕、着陆、巡视"三步走的火星探测之旅。同年8月,《皮皮的火星梦》电影正式开机拍摄,摄制人员利用中国科技馆展厅搭建内景,采用真人演绎与动画相结合的方式,通过扩展现实技术(简称:XR)实现虚实结合的情景体验,营造出更加丰满的角色形象,构建出火星地表独特的视觉效果。片中演员辛尤隆、王政、祖显弟、胡杨均为中国科技馆青年员工,分别扮演科学少年和火星机器狼,皮皮的扮演者金家辉是中国科技馆的优秀小学生志愿者。全片拍摄为期仅15天,时长由童话剧的80分钟缩短至30分钟,情节更加紧张,内容更加紧凑,画面更加炫丽。

2021年2月10日,"天问一号"探测器成功实施近火(星)捕获制动,顺利进入环火(星)轨道,第一步"环绕"火星探测任务圆满完成。同年4月24日,我国首辆火星车被命名为"祝融号",寓意点燃我国星际探测的火种,指引人类对浩瀚星空、茫茫宇宙的接续探索和自我超越。

观摩《皮皮的火星梦》电影样片,被中国科技馆青年主创人员大胆创新、开拓进取、团结协作、拼搏奋斗、攻坚克难、无私奉献的精神所感动,遂按自创词牌《巡天游》填词一首,以表情怀,以示褒赞。

梦游火星,遇险蒙难终无惊。地外天体荒凉弃,生机繁茂也曾经。火星狼,奋起抗入侵。

劫后苏醒,梦里情形告诫警。欲望膨胀无节制,火星今日地球明?亡羊后,篱笆须补紧。

⊛ 本文写作于2021年5月。截至2021年10月底,《皮皮的火星梦》还在国家电影局上报审批。

青塘美景赛天堂

吕梁山上鱼米乡，不信你来看青塘。

要问青塘啥最好，芦苇海眼粽飘香。

曾任吕梁市委书记李正印写的这首诗，可谓道尽了临县安业乡青塘村的美景、风貌和特产。2021年5月18日，我与中国科技馆青年党员干部一道，赴山西岚县、临县开展"老区科普行"活动，顺道走访了被县领导极力推荐的脱贫致富模范村——青塘村。

青塘村坐落在临县城南约8千米处，位于湫川腹地最平坦、最宽阔的湫水河西岸。村中有一长83米、宽约15米、水深约3米的椭圆形水塘，被称之为"海眼"，塘水清澈见底，终年水位稳定。山西省水文资料记载，十古时，这里曾是地下古河道拐弯处的顶点，河水冲刷形成了水源蓄积盆地，造就了这片黄土高原十分罕见的沼泽湿地。

青塘村始建于明代，明成化年间，村中王氏家族从陕西迁居此地，开始艰辛创业；到清乾隆至道光时期，王氏家族人才辈出，家道逐渐中兴，至王氏第十四代，以王佩珩、王佩瑜兄弟为代表的王氏家族，成为碛口巨贾、临县首富，遂在此大兴土木，形成了土洋结合、中西合璧、窑楼相间、颇具特色的古建筑群。全村整体布局呈"王"字型，南北街道为一中轴线，东西建有三条主巷，结构严谨、气势恢宏。各院落顺物应势而建、错落有致，山顶为寨堡式的三层院，半山为土窑洞，平地则以四合院为主，全村不同形式的20多座四合院均冠以芝玉院、义安堂、俊林院、衍福堂、聚福号、中智院等美名,令人遐想。

抗战结束,晋绥军区第一野战医院(后改为民众医院,仍属军队序列)曾驻扎青塘村,在此抢救与国民党顽军作战负伤的指战员和民兵,村南奉天寺坡底就埋有三四十位因救治无效而牺牲的英烈。1947年至1948年,中央后方委员会进驻临县,青塘村接纳了近百名军政干部家属居住,为中国革命做出了重要贡献。

村头饱经风雨的古戏台毁于"十年动乱",如今已就近重建,成为村民重要的文化活动场所。兴建于清同治年间的石拱桥,造型美观,坚固耐用,至今仍在使用。耸立于村中心的欧式天主教堂建成于1912年,主体建筑占地500多平方米,顶高32米,成为青塘村的标志性建筑。整个教堂设计精巧、工艺精湛、保存完整,如今是全县天主教大型活动的中心。

青塘村依山面水,地理位置优越,自然资源丰富,农田尽为水浇地,农作物以玉米、土豆、蓖麻、黑豆、谷子为主,经济作物则主要是芦苇。青塘村的苇叶色泽墨黑、叶片肥厚、柔韧细长,十分适合包粽子,用这里苇叶包的粽子蒸熟后味道香浓、清甜可口。青塘苇子可谓浑身是宝,除用于包粽子外,还可编织苇席,夏天用于消暑,冬天则是农家火炕上的必铺之物,还能用于囤积粮食、遮风挡雨。苇根又叫芦茅根、芦头、芦柴根,鲜嫩时是上等美食,长老后则可入药,有清热泻火、生津止渴、止呕利尿之功效,可用于医治热病烦渴、胃热呕吐、肺热咳嗽、肺痈吐脓、热淋涩痛等常见疾病。有艺术天赋的村民,还用苇叶苇秆作画,创作的画作充满了田园气息。

自2015年初始,青塘村利用芦苇和优质水源优势,专做苇叶文章,大力发展粽子产业,打造"青塘粽子"品牌,走出了创业、脱贫、致富、振兴的一片新天地。走进村里,四处可见粽子加工厂,家家都有人在包粽子。挂着"临县香平粽子厂"牌匾的一家农户，院子里的货架上堆满了包好的粽子，热情的女主人一边忙碌，一边拿出刚蒸熟的粽子让我们品尝。她告诉我们，家里老少都参与粽子经营，有人负责进料，有人负责包粽子，有人负责发抖音、快手，依托电商揽客户、搞销售；由于是按销定产，快递发货，没有库存，也不赊账，一年也能挣近20万元。这家粽厂雇了四五个中年妇女包粽子，按件计酬，包一个两角五分，熟练工一天可包1000多个粽子，能挣200多元。陪同我们考察的村委会主任说，青塘村最能干的妇女，最高纪录一天竟能包2000个粽子，着实令人钦佩。

如今，"青塘粽子"已成为吕梁市非物质文化遗产，远销全国各地。全村800多户人家，已在工商局登记备案粽子加工厂的就有120户，其中家庭粽子作坊近50户，粽子产业带动了本村与邻村1000多名村民就业。走在村里，我们不时看到有各地小汽车、大货车来村订货、提货，临近端午节，青塘粽子还真有点供不应求。

走马观花考察青塘村，看到小小的粽子竟能使村民脱贫致富，不胜感慨，特填《一丛花》词一首，以表情怀。

青塘美景赛天堂。千亩苇林扬。王家大院名庄落，古戏台、韵唱悠长。百载教堂，慈心润化，海眼水流汪。

当年鏖战奉衷肠，后委驻医防。如今致富脱贫帽，振乡村、邻睦安康。湫水河畔，晋西名产，户户粽飘香。

面塑手巧捏非遗

电掣风驰过太行,轻车一跃上吕梁,扶贫科技助收官。

走马观花得益浅,基层深入获知详。庙堂应解县乡难。

2020年10月19日至21日,中国科技馆与山西省科技馆共同组织开展"老区科普行"活动,奔赴山西省岚县、临县,给当地中小学捐赠科普图书及教具,表演科普小品,演示科学原理,调研乡镇脱贫攻坚,慰问贫困户和老党员,看望中国科协两县挂职干部。有感于县乡两级干部直面基层错综复杂的矛盾,工作十分不易,特填这首《浣溪沙》,以表情怀。

说县乡两级工作不易,是因为每做一件事都必须求实效,真正解决问题,让老百姓满意。这不,2020年7月16日,岚县建成的面塑一条街正式启用,旨在"传承非遗文化,助力脱贫攻坚",不仅吸引当地16户面塑合作社入驻,使"岚县面塑"这一国家非物质文化遗产得以发扬光大,还带动500余名搬迁贫困群众就业,使脱贫攻坚落到了实处。

面塑是用面粉制作,既可食用又能观赏还可用于喜庆、丧事、祭祀、装饰、馈赠等场合,是一种由民间习俗积淀而成的极具代表性的地方民俗文化。据悉,岚县面塑兴于明代,盛于清代,至今已有1000多年的历史,乾隆版《岚县志》中就有"岚县冬长,人喜蒸花"的记载,故面塑又称面花。在岚县,每逢农历二月十九,家家户户都会把自家精心制作的精美面花摆出来,以"供会"形式举行礼祭活动,并作为当地一种特有民俗代代传承。

我们在考察位于城区易居苑小区的面塑一条街时,与入驻的当地面塑艺人交流,了解岚县面塑非遗保护情况以及在脱贫致富中所发挥的作用。袁建华、刘四连都是当地面塑领军人物,两人不仅年龄相差不大、经历十分相仿,两家的店铺也比邻相依,袁建华的女儿刘丽丽、刘四连的儿子史凯文也都成为岚县下一代面塑传承人的代表人物。

今年56岁的袁建华从小就喜欢看奶奶捏面花,那时候因家里穷,大人不让她用白面捏,她只好跑到野外挖红胶泥学着捏。长到十几岁后,逢年过节,或遇红白喜事,她就跟着奶奶和妈妈免费帮助邻里乡亲捏面人。爬孩孩、蛇燕燕、罗汉汉、鱼鱼、十二生肖、财神爷……个个惟妙惟肖,煞是可爱,她的面塑技艺由此突飞猛进。改革开放后,袁建华嫁到岚城镇,为了让家人每天都能吃上白面,过上好日子,她开始捏面塑挣钱,起初一套面塑能卖四五十元,后来卖到五六百元,随着技艺提高、名气渐大,行情涨到一套能卖一两千元。如今,袁建华已成为岚县面塑艺人的杰出代表,制作的面塑一套可以卖到一两万元。

"县里特别重视保护面塑非遗,出台了很多扶持政策,入驻面塑一条街还能享受很多优惠,我家的面塑生意也越做越大,一年能有四五十万元的收入。"自小家富起来后,袁建华和女儿刘丽丽开始帮助大家,经常给留守妇女、残疾人和困难户传授面塑技艺,帮助他们脱贫致富。

刘丽丽是袁家第八代面塑传人,在传承长辈传统的基础上,她的技艺不断创新、题材不断拓展、特色更加鲜明,引入花木兰、灰太狼、超人、花仙子等卡通人物形象,赋予面塑时代特征。她还给作品增加防腐功能,制作的面塑牡丹花可软可硬,花瓣伸缩自如,作品不会开裂、变形，便于长久保存，更加彰显工艺价值。

刘四连已从事面塑创作30多年。2019年，她制作的"龙凤呈祥"面塑作品代表岚县参展第四届山西文化产业博览交易会；在展会现场，省委书记楼阳生听说她用八斤白面制作的面塑作品竟能卖出上万元钱的价钱，不禁感叹"岚县面塑把白面竟然卖到了黄金的价格"。经营面塑生意20多年，刘四连从当年村里的小作坊已发展到如今在县城繁华街段开设大作坊，作品远销太原、天津、上海、甘肃、内蒙、宁夏等地，成为远近闻名的面塑大师。

让刘四连感到欣慰的是，今年30岁的儿子史凯文心疼自己一个人操劳面塑家业，2013年辞去在太原一家企业开数控机床的好工作，回到岚县和自己一同做面塑，开创了史家男孩从事面塑事业的先河。干了7年的面塑，如今，史凯文打心眼里喜欢这门技艺，在他看来，一碗面粉，经过成百上千次的搅、拌、搓、揉，配合使用剪刀、梳子、竹签等家常小工具，巧用裁、压、捏、推、穿、缠等手法塑造成形，然后再经蒸熟、晾干、上色，竟然能变身为一件件鲜艳夺目、活灵活现的手工艺品，仿若世间万物百态，人生苦辣酸甜，个中况味值得认真细品。

有感于袁建华、刘四连两家为代表的岚县面塑传承人巧思妙作、勤劳致富，特填《破阵子》词一首，以表敬佩、赞叹之情。

岚县婆姨手巧，面团捏就非遗。百态千姿芳兽艳，妙展红白喜事仪。塑彩贺寿祺。

建华四连丽丽，传承发展帮依。致富脱贫期旺健，孔雀牡丹呈瑞吉。创新民艺奇。

漠河张臂迎新馆

　　人赞漠河奇秀,白昼极光特有。今日幸来临,景色如何看够?知否?知否?未睹打包带走。

　　2020年9月下旬,笔者率专家组赴黑龙江省漠河市,对刚竣工的中国科技馆分馆——漠河极地体验馆进行展览展品设计和布展验收,受极地独特的绚丽风光所感染,临别时即兴填这首《如梦令·漠河》,以抒留恋难舍情怀。

　　漠河极地体验馆地处祖国最北端的漠河市北极村,这里位于中国雄鸡状版图的冠顶,与俄罗斯阿穆尔州仅黑龙江一水之隔。时值金秋,从漠河机场到北极村路上,但见大兴安岭起伏的山峦七彩斑斓,分外绚丽;刚挺的樟子松簇拥成林,青翠欲滴;幽静的白桦林宛若油画,美不胜收。

　　4年前,中国科协创新战略研究院副院长周大亚博士挂职黑龙江省大兴安岭地区地委委员、行署副专员,在调研漠河等地科普资源后,提出了在北极村创建极地科技馆的设想。他的倡议得到了中国科技馆、黑龙江省科技馆、漠河市政府的积极响应和全力支持,三方遂签订协议,将中国科技馆"体验科学,启迪创新"的办馆理念与漠河市的地理资源优势相结合,共同打造我国独具特色的极地科普教育基地。

　　漠河极地体验馆以"感受极地特色,培养极地兴趣"为主题,普及极地科技知识,展示漠河壮丽风光,分享北极探险乐趣,整个展览分"极地自然""极地探索"和"冰雪之恋"三部分。进入展馆,游客可以通过展品观看震撼的模拟极光盛景,在球幕影院欣赏极光飘舞闪烁的壮美夜空,学习地球极地自然科学知识,了解南北极自然地理特点,掌握人类在酷寒环境下的生存智慧,感受人类在南北两极高寒地带所从事的科考探险活动,体验在漫天冰雪中勇敢搏击的速度和激情。

在"极地探索"展区,我们被一群爱斯基摩人站在哈士奇犬拉着低矮的雪橇旁的展品所吸引。大家坐上雪橇,戴上 VR 设备,通过小型造雪机、鼓风机和第三视角投影营造氛围,虚拟体验了美国探险家罗伯特·皮尔里一百多前率领团队探险北极惊心动魄、艰苦卓绝的历程。

1909 年 3 月 1 日,罗伯特·皮尔里和他最信赖的朋友马修·汉森率领考察队从格陵兰岛出发,前往北极探险。在 4 位强壮的爱斯基摩人的帮助下,他们越过 240 千米的冰原,铲除了 15 米高的冰峰,冒着凛冽的暴风雪,穿过漫无边际的雪雾,最终于 4 月 6 日到达朝思暮想的北极点,创造了人类历史上首登北极点的奇迹。这一壮举宣告了北极地理发现时代的终结,以无可辩驳的事实证明了从格陵兰到北极不存在任何陆地,整个北极都是一片坚冰覆盖的海洋。

中国科技馆李立研究员级高级工程师是漠河极地体验馆的策展负责人,她告诉验收专家,设计这一探险展品就是要让游客尤其是青少年通过身临其境地体验人类早期对北极的冒险探索,培育自身坚忍不拔的意志,以及为了实现目标锲而不舍的拼搏精神。

我国著名地质学家位梦华教授被誉为"中国极地科考第一人",他是最先登上南极大陆的少数几个中国人之一,也是第一个进入南极中心地区和阿拉斯加北极地区的中国人,还是第一个与爱斯基摩人广交朋友、对爱斯基摩人历史文化进行深入研究的中国人,更是对北极考察次数最多(共9次)、居住时间最长(共3年多),发表、出版有关南、北两极科普文章和科学专著(图书)数量最多的中国科学家……

漠河极地体验馆专门为位梦华教授设计了一个引人注目的展品——年届八十、制作成高度仿真人体模型的位梦华爷爷坐在中国北极科考基地的办公桌前,通过语音识别系统与游客直接对话互动,给观众讲述极地科考故事,介绍自己南北极科考经历,回答有关极地防辐射、防雪盲症和极地防寒服保温导湿原理等方面的问题。位教授的所有对话都是事先录制,乡音乡调,原汁原味,实为珍贵;观众零距离与大科学家交流,倍感亲切、深受鼓舞。

漠河极地体验馆最终顺利通过验收,并以其特有的风貌、独有的展示内容,面向当地公众和来自全国各地的游客开放,普及极地知识,弘扬科学精神,褒赞探险勇士,鼓励体验探索,激励开拓创新。

借公干闲暇畅行北极村,饱览边陲乡野美景,品尝当地农家便餐,浸润林区草木富氧,不禁心旷神怡,感慨万千,谨填《锦缠道》词一首,以表欣慰、舒畅、昂扬情怀。

顶冠雄鸡,翘首仲秋边塞。北极村、斑斓七彩。刚直翠绿樟松派。白桦幽林,油画勾魂爱。

漠河新馆呈,靓姿将晒。验收人、睹先为快。待疫平,胜地张双臂,独拥特色,喜迎宾朋再。

注 本文写作于2020年10月。漠河极地体验馆已于2021年3月21日开始试运行,受新冠肺炎疫情影响,一直还未正式开馆。

铁道游击显神威

1945年8月15日,日本政府宣布无条件投降,历时14年的抗日战争以中国人民的伟大胜利宣告结束。受国民党反动派阻扰,中国共产党领导的八路军、新四军接受日寇投降次数很少,"沙沟受降"因而格外引人瞩目,而主导这次受降事件的就是名震天下的鲁南铁道大队,该大队也成为抗日战争史上代表八路军接受成建制日军投降的唯一一支地方武装。

2021年4月16日,参观铁道游击队纪念馆,我对鲁南铁道大队即铁道游击队和"沙沟受降"事件有了更深的了解。

铁道游击队肇始于洪振海、王志胜两位当地抗日青年1938年夏建立的抗日情报站,后以义合炭场作掩护,发展成鲁南铁道大队,自1940年1月25日始受八路军第115师苏鲁支队领导,洪振海、王志胜、杜季伟分别担任首任队长、副队长和政委。抗战时期,这支被百姓们称为"飞虎队"的铁道神兵,战斗在鲁南铁路支线临枣段、枣台段和津浦铁路干线韩兖段、兖徐段,驰骋在运河两岸和微山湖区,神出鬼没,威震敌胆。

1953年,毕业于抗日军政大学、大反攻阶段曾在山东参加过抗日宣传活动、时任济南市文联主席的作家刘知侠,根据铁道游击队战斗事迹创作了长篇小说《铁道游击队》,并于1954年由上海文艺出版社出版;1955年,上海人民美术出版社出版同名连环画;1956年,上海电影制片厂将小说搬上银幕。从此,铁道游击队名扬华夏,"血染洋行""飞车夺枪""智打票车""夜袭临城""杨集除奸""苗庄血战""湖上神兵"等抗日传奇故事家喻户晓,刘洪、李正、王强、芳林嫂等小说中的英雄人物更是妇孺皆知。

真实的铁道游击队除在百里铁道线上依靠群众,运用游击战术打鬼子、除汉奸、破铁路、毁交通、夺武器,给山里的八路军搞军需、送药品外,还成功护送刘少奇、陈毅、罗荣桓、萧华、叶飞等我党重要领导人、高级将领以及千余名干部穿越津浦铁路,顺利通过敌占区,安全往返于山东、延安,受到鲁南军区通令嘉奖。

铁道游击队纪念馆位于山东省枣庄市薛城区的临山上,与铁道游击队纪念碑、铁道游击队将军碑廊、铁道游击队影视城、铁道游击队三雄墓、铁道游击队纪念广场、将军亭、临山阁等一道,共同组成铁道游击队党性教育基地,如今是红色旅游打卡热点。

纪念馆建筑面积 1.15 万平方米,展陈面积 6000 平方米,整体造型为一巨大的火车车厢,设有抗日烽火燃鲁南、初露锋芒显身手、铁道飞虎出奇兵、凝聚力量同抗日、沙沟受降载史册、红色基因代代传等 6 个展区,全面展示铁道游击队英勇不屈、浴血抗战的传奇历史,以及枣庄人民发扬铁道游击队精神,奋力谱写改革开放发展新篇章的担当作为。

走进纪念馆大厅,迎面是一辆长达 54 米的老式蒸汽火车头,铺满碎石的铁轨和陈旧的枕木让人仿佛穿越到了抗战时期硝烟弥漫的铁道线上。后面的客车车厢里循环播放着电影《铁道游击队》"智打票车"那段火爆战斗场景,货车车厢里则堆放着各种日军军需物品。

据悉,铁道游击队纪念馆最初设计方案是建在临山脚下,这不仅拆迁工作量大、成本高、建设周期长,而且无法与山顶早已建成的铁道游击队纪念碑等设施构成关联。2015 年 4 月,中国建筑设计研究院名誉院长崔愷院士应邀主持规划设计,他在考察现场、听完汇报后指出:"我们搞设计的喜欢强调'接着做',要充分利用已建成的纪念设施来确定设计方案。"于是,崔院士将纪念馆确定为铁道游击队党性教育基地的核心元素,以此统筹考虑整体布局,改造提升纪念碑、三雄墓等已有设施,达到了主题鲜明,山馆融合,馆、碑、廊、墓、亭、阁浑然一体的效果。

2018 年 10 月 27 日,纪念馆开工建设,枣庄人民弘扬"赤诚报国、不怕牺牲,机智灵活、勇于亮剑"的铁道游击队精神,仅用 100 天就完成纪念馆主体建筑施工,又只用了 100 天完成全馆布展,创造了从破土动工到竣工开放仅用两百天时间就建成铁道游击队纪念馆的奇迹。

第五展区详细介绍了"沙沟受降"事件。日本宣布投降后,驻扎在临城一带的日军一直拒绝向八路军缴械,1945 年 11 月的一天夜晚,一千多名日军携带家眷乘坐铁甲列车驶出临城车站企图南逃,行至沙沟附近发现前方铁路已被毁,退路也被铁道游击队炸断,在孤立无援、忍饥挨饿 3 天之后,只好携带 2 门山炮、8 挺重机枪、180 多挺轻机枪、近 2000 支步枪、40 吨炮弹、2 麻袋手枪、2 车皮子弹等轻重武器,乖乖向铁道游击队投降。

这真是:

鲁南抗战显神威,猛虎铁道飞。夜袭洋行初试手,义合炭场兵诈诡。打票车,夺枪械,破碉垒,美名天下好汉魁。

微山湖上破敌围,琵琶奏暮归。游击出没震倭寇,支援后方巧作为。除奸恶,炸桥梁,毁路轨,受降军史丰碑巍。

学者·典范

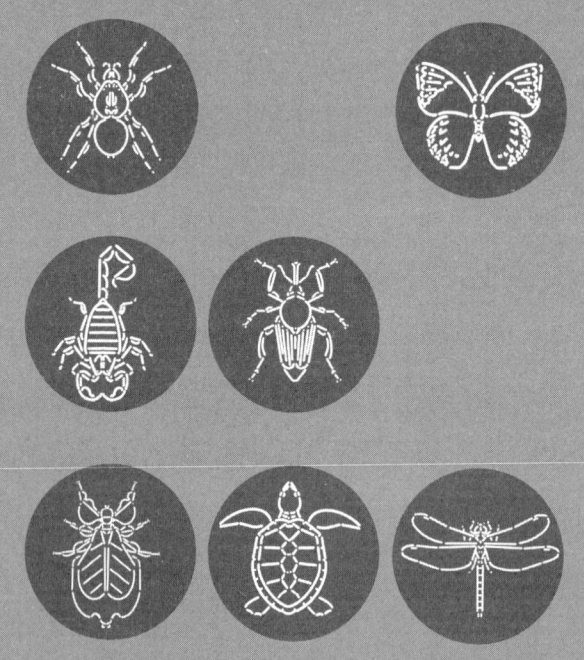

寰球仓廪饱实充

2021年5月22日,中国"杂交水稻之父"袁隆平院士因病在湖南长沙逝世,享年91岁。噩耗传来,三湘悲痛,举国哀恸,微信刷屏,万众悼念,同表衷情。是日长沙,阴风凄雨,灵车从中南大学湘雅医院出发,开往长沙明阳山殡仪馆时,市民们自发地肃立在沿途道路两旁,齐声高喊"袁爷爷,一路走好",冒雨为这位泽被后人、倍受景仰的老人送行。

我因工作关系,间接和袁隆平院士打过两次交道,对这位祖籍江西、出生北京、工作湖南的老科学家充满了敬意和好感。

2011年春,在中国科协召开的一次工作会议上,时任广西壮族自治区科协党组书记甘向群告诉我,他和自治区科协副主席朱东仿照《十万个为什么》,共同主编了一套《农博士答疑一万个为什么》科普丛书,希望科学普及出版社帮助出版。这是一套介绍农业科技知识、实操性很强的科普图书,丛书以服务广大农友为宗旨,对农民朋友在农业生产实际中遇到的一万个具体问题进行了详实的解答。我时任科学普及出版社社长兼党委书记,选题很快通过,指定农业图书出版经验丰富的史若晗副编审担任责任编辑,全权负责丛书的编辑、出版,我挂名策划编辑予以支持。

当年8月底,丛书第一批图书编辑完毕,我和史若晗商量,拟请袁隆平院士担任丛书顾问,并请他老人家为丛书题词推广。于是,一纸信函寄到了湖南省农业科学院,过了刚一星期,我们就收到了袁隆平秘书的电话回复，老人家不仅同意担任丛书顾问，还专门为丛书题词"服务农友，助推经济"。得知首批图书即将付印，为了赶时间，袁老还嘱咐秘书先将题词传真给我们，然后再把原件邮寄过来。9 月 23 日，史若晗专程到长沙给袁隆平院士送样书，袁老拨冗接见并与她合影留念。老人家待人接物的细心和体贴，以及对普及农业科技知识的热心支持，令我们万分感动。

《农博士答疑一万个为什么》丛书涉及农业科技各个领域，2011 年下半年首批出版，2014 年初全部出齐。丛书先后五次重印，广受农民朋友欢迎，多次被新闻出版总署入选"农家书屋"，并荣获科技部全国优秀科普作品奖、广西科普创作大赛奖等奖励。

2020 年上半年，为纪念国家最高科学技术奖实施 20 周年，中国科技馆联合国家科技奖励工作办公室，共同策划实施"国家最高科学技术奖获得者手模墙"项目。该项目旨在弘扬科学家精神，拉近科学家与公众距离，激发青少年对科学的兴趣，项目包括采集国家最高科学技术奖获得者的手模、录制其对青少年的寄语、制作科学家铭牌等内容。袁隆平院士去世后，"手模墙"项目策划人——中国科技馆观众服务部欧亚戈副研究员给我讲述了他带队赴长沙采集袁老手模的过程。

2020 年 7 月 22 日，国家杂交水稻工程技术研究中心后面的袁隆平家中，袁老按要求缓缓在印模上按下双手，表示这项工作做得好，有意义。手模采集完后，他又招呼家人在印模前合影，记录下这美好的一刻。90 高龄的袁隆平精神矍铄、风趣幽默，大家都夸他是"最帅 90 后"。

随后，袁隆平对着摄像机，饱含深情地说起他成功的"秘诀"，作为他给青少年的寄语："有人问我，你成功的秘诀是什么？我说没什么秘诀，我只有经验，我搞成功的经验可以用 8 个字来概括，那就是：知识、汗水、灵感、机遇。知识是基础。汗水要实践，像孟子讲，要饿其体肤、劳其筋骨，要实践、要吃苦、要耐劳。还要有灵感，灵感在科学实践里面，与艺术创作一样同等重要。再就是机遇，法国著名微生物学家巴斯德曾说过，机会宠爱有心人，机会都有，就看你是不是有心。这8个字不是所谓的'秘诀'，它们是我切身的体会和经验。"这段视频经中国科技馆播发后，引发海量传播，成为袁老晚年的一段珍贵视频。

"一稻杂交饱天下，两梦圆合慰平生。"袁隆平生前曾说过："科学探索无止境，在这条漫长而又艰辛的路上，我一直有两个梦，一个是禾下乘凉梦，一个是杂交水稻覆盖全球梦。"可以说，为了圆这两个梦，袁隆平院士一辈子和水稻、农田打交道，可谓辛勤耕耘、默默奉献、鞠躬尽瘁、死而后已。

我是湖南人，生长在江西，工作在北京，当过知青，插过秧，种过稻，挨过饿，深感粮食的金贵，知道水稻增产的意义所在，有感于袁隆平院士在解决人类尤其是中国人吃饱饭问题上所做出的无可估量的贡献，特填《定风波》词一首，以表对他的敬仰之情、哀悼之意。

五月潇湘起朔风，斑竹滴泪悼袁公。水稻低头掀哀浪，悲唱，伤心震恸九州同。

赤子情怀千古颂。两梦，寰球仓廪饱实充。禾下乘凉悠自在，爱戴，福泽万世建殊功。

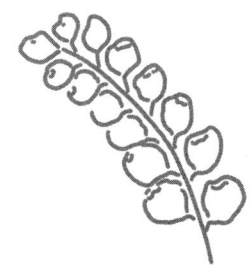

高峰论坛探理通

　　"什么是人因工程？"2021年9月11日上午，第六届中国人因工程高峰论坛在青岛召开，我刚把开幕式照片发到朋友圈，马上就有人留言问这个问题。巧得很，此时正值论坛名誉主席、中国载人航天工程总设计师周建平院士致辞，他用一句简短的话给出了"人因工程"的通俗解释："人因工程就是设计人与机器、环境等和谐共处愉悦共生的一门学科。"我赶紧用这句话回复了朋友的提问。

　　人因工程是与人的因素有关的工程的简称。随后，论坛主席、中国载人航天工程副总设计师、人因工程国家级重点实验室主任陈善广教授在特邀报告主持辞里对"人因工程"给出了更为科学、严谨的定义："这是近年来随着科技进步与工业化水平的提升而迅猛发展的一门综合性交叉学科。它综合运用生理学、心理学、人体测量学、生物力学、计算机科学、系统科学等多学科研究方法和手段，主要研究人与系统中其它要素之间的交互作用，确保系统实现安全、高效和宜人的目标。"

　　本次论坛沿袭"铸魂大国重器，共创美好未来"主题，彰显"巡天探海、人因护航"特色，除邀请4位院士做高水平特邀报告外，还专设青年沙龙和3个分论坛，同时线上开放直播，近300名人因工程领域学者、设计创新领域专家、相关科研院所和企事业单位代表现场参会，线上线下共话人因工程发展热题。

　　关于人因工程的综合应用，测绘遥感学家李德仁院士所作的

"中国卫星对地对天观测的智能化"特邀报告给出了生动的实例。他的研究团队利用最先进的遥感智能化技术,根据遥感监测到的全国 31 个省份城市夜间灯光增长数据,对中国区域不平衡发展问题做过定量评估分析。2012 年至 2016 年,中国许多省份城市夜间都出现了大规模灯光增长现象,其中地处西部贵州省的增长速度最为显著,增幅高达 80%,排在贵州后面增长最快的依次是重庆、新疆、湖南、青海、四川、安徽、江西和湖北,这些省份也都位于中国的西部或中部,没一个是东部省份。研究表明,那段时期,中部和西部的城市建设发展速度超过了东部,证明区域协调发展政策已发挥作用。

为了说明人因工程和心理学有关系,茶歇时,有位人因工程专家给大家讲了这样一件趣闻。早期的战斗机在飞行员的右边设计有两个操纵杆,一个负责爬升,另一个负责降落,飞机在起降时经常发生摔机事故。研制者怎么也找不出原因,心理学家介入后才把问题解决;访谈发现,飞机起降时,飞行员高度紧张,用一只手操纵两根杆,经常会搞混各杆的功能,故而极易导致机毁人亡。根据心理学家建议,研制者把操纵杆合二为一,置于驾驶舱中间位置,向后拉杆飞机就爬升,向前推则俯冲。采用这种符合人的心理、生理习惯的操纵杆设计后,摔机事故大为减少。因此,人因工程又有工程心理学的叫法。

核能安全一直是人们最为关心的问题,也是制约核能发展的重要因素。核能与核安全专家吴宜灿院士指出,实践证明,近70%的各类事故原因都与人因相关,以往的重大核事故也不例外。为此,他特别强调,核安全是核能发展的生命线,要树立从源头确保核安全的核能发展理念。他举例说,核能从业者和研究者大都认为核能极其安全,而民众却普遍认为核能很不安全,双方的认知差距非常大。核能从业者往往不是从自身找原因,而是怪民众不理解,这怎么行呢?其实,是我们自己有些东西没做好,尤其是人因工程方面的工作没做到位。我们过去只从技术的角度关心核安全本身,把注意力都放在避免核事故发生上,而不去关注核安全与人的关系,不重视核安全对人和社会的影响。这些问题都需要人因工程帮助解决,要通过改进现有设计方案的安全性,达到提高公众对核能接受度的目的。

近年来,吴宜灿院士专注于先进核能系统创新实践及其人因工程研究,旨在面向能源、安全、健康等领域重点解决国家相关"卡脖子"问题。他在国际上首次提出"核5G"(第五代核能系统)概念,并正在研发超安全、超小型、超长效的先进核能系统——核电宝。他认为,将超小型核电站改称"核电宝",本身就是人因工程运用的一个有益案例。核电宝——带核能的充电宝,比核电站名称更加宜人,更容易被民众所接受。

青岛,又名琴岛、岛城、胶澳,是一座美丽的海滨城市;夜晚,会场所在地青岛国际会议中心沿岸的灯光秀可谓绚烂璀璨迷人。沐浴透着潮湿凉爽的海风,欣赏颇具异国风情的美景,不禁感慨万分,遂填《浣溪沙》词一首,以表情怀。

黏潮咸凉沐海风,流光溢彩览霓虹,金秋琴岛异情浓。

探海巡天国重器,高峰论坛探理通。研讨争辩异求同。

平民院士话平和

　　我和李小文院士相识于科学网,由于工作等原因,两人从笔墨相识到他 2015 年 1 月 10 日去世,交往 7 年多。虽然我们从未谋过面,但"三平"——平和、平等、平民,却是他留给我的最深印象。

　　平和既是一种心态,也是一种品质,尤其是在争论问题时,平和、客观、宽容就显得尤为难能可贵了。2008 年 5 月 7 日,《科学时报》头版发表了科技新闻"我国科学家提出三维'伊辛模型'精确解猜想",报道称中国科学院某研究员在英国《哲学杂志》上发表论文,成功提出了理论物理学中的"伊辛模型"三维解猜想。《科技导报》据此将这一"研究成果"遴选为年度中国重大科学进展,并写进由我主笔、刊登在 2009 年第 1 期《科技导报》上的"2008 年中国重大科学、技术和工程进展"专稿。2009 年 2 月下旬,科学网有博友通过查询文献发现,理论物理学家随后就在《哲学杂志》发表了否定这一猜想的学术论文。此事很快引起科学网博友围观、讨论,并酿成各方参与激辩的重大事件,《科技导报》遴选年度中国重大科学进展不当自然也成为关注的重点。尽管我很快意识到了所犯的错误,并迅即在《科技导报》门户网站和科学网博客上发文道歉,表示将反思、改进遴选程序和办法,希望博友们通过科学、理性、平和的讨论促进对"伊辛模型"科学难题的最终解决;但是,那段时间,我还是感受到了来自理论物理学家和科学网博主持续不断的质疑压力,包括被认为是学术"腐败"的指责,甚至还收到了在"伊辛模型"研究领域做出过重要贡献的一位华裔诺贝尔物理学奖获得者言辞激烈的质疑邮件。相比之下,李小文院士就显得平和、客观、宽容得多,他在科学网博客多处表示:"既然《科技导报》受到这么大的压力,面对'腐败'的指控,讲清评选标准和程序,还是有必要的。编辑部的同志们辛苦了。"他同时也表示,涉及这类争论问题,不应对当事人挥舞大棒批斗。

有平和的心态,就能平等待人,就不会要大牌,就不会以势压人。2009 年 10 月 23 日,李小文在回应我"暂别科学网,后会不知期"博文中的"建议科学网和广大博主协商,制订博文发布和网上讨论等方面的公约"建议时,再次强调了他在争论问题时的态度:"我个人在争论中力求做到:只讲道理、不争输赢;对比自己年轻、资历浅的争论方,尽量不挤压别人自尊的空间。也许没做到?欢迎网友拍砖,老邪坚决改正,为科学网越办越好尽自己的义务。"他是这样说的,也是这样做的,时时处处以平等的姿态与博友交流、讨论。我曾有几篇博文得到李老师的点评,每次点评不仅能显现出他学识的渊博和作风的严谨,更能透出他为人的谦逊和待人的平等。汶川地震后,我把在《科技导报》上发表的专稿"抗震救灾中的 10 大科学技术"放在博客上,李老师点评时首先肯定这是一篇"好文章",然后谦虚地表示要发表"一些意见供参考",接着指出了文中 6 处存在着或不严谨或不准确或不全面的问题;或许是考虑到我的心理接受能力,最后他还不忘表示"抱歉挑刺,希望能多少有用"。我与同事合写的另一篇综述文章"加强震后生态评价 促进灾区生态修复"发布后,李老师同样细心地发现了文中的 3 处表述不准确错误,同时还给出了完善文章的具体建议,点评的最后仍没忘鼓励我们"总的来说,挺好的文章。希望能想办法引起国家汶川地震灾后重建规划组的重视。"

在科学网上,李小文是以一介平民的身份出现的。他的博名起初用的是自己姓名头两字的汉语拼音缩写"lix",真实的院士身份暴露后干脆改为"李小文";博客头像是一位笑容可掬的孩子,实在逗人喜爱。他的博文内涵丰富、短小精悍、幽默隽永,没有一点装腔作势,读罢令人回味无穷、忍俊不禁;他与博友往来唱和、信手点评、娓娓道来、潇洒自如,完全一副朋友模样,让人感到心旷神怡、亲切自然。2007年9月7日,李小文老师曾专门针对我为新婚夫妇朋友撰写贺联的博文"苦求佳句独无悔,喜得妙联自有趣"补充案例:"在一家电子科技大学,曾有一幅著名的新婚对联:'阻抗匹配功率大,并联推挽效率高。'横批是'最佳耦合'。不知道是谁的原创,全用专业术语,但挂在洞房那儿就全变味了。"可谓老顽童调皮十足、幽默十足。薄熙来重庆打黑变黑打后,2010年2月10日,他在博客上出"春谜":"以黑打黑,张翼德查户口(猜七言唐诗一句)"(谜底:飞入寻常百姓家),以自己独特的方式对这种践踏法律的行为表示抗议。可谓大学者机智过人、胆识过人。

李小文院士致力于遥感基础理论研究,不仅是所在科研领域的大科学家——创建了Li-Strahler几何光学学派,而且有着悲天悯人的平民情怀。2013年4月20日芦山地震发生后,我委托同事专门向他约稿,其时他刚从ICU病房回家静养,仍抱病为《科技导报》撰文"为我国的震灾遥感进步叫好"。他还在文末特别注明,因为刚从ICU出来,文中所提及的具体工作及资料都是间接了解到的信息,如有错误和疏漏,他本人文责自负,不代表任何单位。期间,他还催促我就职的科学普及出版社抓紧出版由他和黄润秋主编的《强震应急与次生灾害防范》一书,并倡议将全书稿费捐献灾区,积极响应义卖此书所得一并捐献灾区的倡议,并表示由此造成的出版社经济损失由他个人来承担。赤字大爱之心苍天可鉴,令人感动。

2014 年 4 月 21 日，一位一身黑衣、光脚穿布鞋、其貌不扬的老者给大学生上课的照片走红网络。李小文及其"布鞋院士""扫地僧""黄老邪""布衣院士"等绰号由此被人们广为知道。我也更喜欢把李小文院士称为"平民院士"，诚如科学网著名博主武夷山老师对他的评价："做人做到这个境界，平民本色就化为英雄本色了。"

谨以李小文老师科学网上的"科博练摊歌"结尾，让我们再次领略他平和的文字、平等的姿态、平民的本色。

科学网上博客店，博客店里我练摊。

博客摊主写博客，常赚吆喝偶被删。

有话只消摊前坐，写罢还去别摊观。

半评半写日复日，博开博闭年复年。

但愿老死文论间，不愿鞠躬车马前。

车尘马足官者趣，论高文妙贤者缘。

别人笑我疯傻淡，我笑他人看不穿。

不见五车学富墓，垃圾论文作纸钱。

智者警言犹长鸣

　　2014 年 11 月 10 日 7 时 7 分,我国高温合金研究的奠基人、材料腐蚀领域的开拓者、国家最高科技奖获得者师昌绪院士因病在京逝世,享年 96 岁。当天下午 4 时左右,从同事发来的短信得知师老去世消息时,我正在北京远郊度假。秋风瑟瑟,落叶纷纷,流水呜咽,日落草黄,伤感之情不禁涌上心来。

　　我是 1994 年认识师昌绪先生的。那年春节前夕,时任北京理工大学校长王越院士邀请了 40 多位院士夫妇来校联谊,师先生携夫人郭蕴宜一同光临。作为联谊会的组织实施者,为了活跃现场气氛,我特意在节目演出期间安排了猜灯谜活动。所有灯谜都由我用到会院士及其配偶的姓名做谜面,如"给小苗浇水——叶培大","红外线夺冠——朱光亚","勾践(秋千格)——王越"等等。

　　给师老出灯谜费了我很多心思。唐代有位诗人叫金昌绪,《全唐诗》仅存他《春怨》一首五言绝句:"打起黄莺儿,莫教枝上啼。啼时惊妾梦,不得到辽西。"这首诗运用层层倒叙的手法,描写了一位青年女子对远征辽西丈夫的思念,构思奇巧,别具一格。据此,我给师老制作的谜面是"效法唐诗《春怨》作者"。谜底揭开后,师老高兴得眼睛眯成一条缝,不停地用手抚摸光亮亮的脑壳呵呵直笑。

　　之后,师老经常来找王越校长商谈工作。从他们的交谈中得知,师昌绪、张光斗、王大珩、张维、侯祥麟、罗沛霖 6 位院士联名上书创建中国工程院的建议已得到国务院批准,作为中国工程院筹备领导小组副组长,师老需要与筹备领导小组成员王越院士商谈组建信息与电子工程学部等事宜。时年 76 岁的师老神旺体健,满面红光,精神矍铄,每次都是从中关村家里徒步往返北理工,从来都不让我从学校安排车辆接送。

时光冉冉,光阴似箭。2004 年 9 月,我在海南博鳌参加中国科协学术年会时,又见到了应邀参会的师昌绪老先生。此时我已调到科技导报社任职,专门拜见了师老,请他为《科技导报》"卷首语"栏目赐稿。已是耄耋高龄的师老告诉我,他一直关注《科技导报》,答应就加强基础研究工作问题专门为本刊写篇文章,并表示一旦思考成熟即成文交稿。2005 年 5 月,在我快把约稿之事忘记的时候,师老寄来了他撰写的题为"是到了该重视基础研究的时候了"稿件。这是一份钢笔书写的手稿,师老工工整整写满了一页 A4 纸。

师先生在论述基础研究重要性时写道:"基础研究不仅是高新技术的源头,而且是培养创新人才的最佳途径……基础研究又是实现可持续发展的重要保证和培育先进文化的重要基础……重视基础研究有利于克服我国当前科技界的急躁情绪,扭转我国当前科技界的急功近利倾向。"他认为,"目前,我国有些政策是不利于基础研究工作的,如科研评价体系、奖励制度、经费分配、项目申请等,具体表现在自然科学奖高档奖获奖数量的减少,真正从事纯数学和物理的院士候选人数下降。因为大的环境不允许这些领域的科学家们静心坐下来,长期地、系统地从事不能很快产生经济效益的工作。从长远来看,这种状况将使我国科学技术的持续发展存在不小的危机。"师老的文章发表后,在科技界引起较大反响,报刊纷纷转载,著名水利学家张光斗院士两次致函本刊表示支持,并专门就师老的观点发表自己的补充意见。过去那么多年了,师老的文章现在读来仍然振聋发聩,令人警醒。

师昌绪在国际材料科学领域享有很高声誉,领导开发了中国第一代空心气冷铸造镍基高温合金涡轮叶片,倡导并参与创建中国工程院,对我国科技政策的制订及科技机构的设置和发展做出了突出贡献。2011 年 1 月,他与内科血液学专家王振义院士同获国家最高科学技术奖,我派本刊记者专门采访了他,并在《科技导报》上发表"睿朴儒家师先生"专稿。读此采访稿,师老音容笑貌再次浮现在眼前。

我最后一次见到师昌绪院士是 2011 年 8 月 30 日。这天下午,我供职的中国科学技术出版社在钓鱼台国宾馆举行《中国机械工程技术路线图》新书首发式。会上,93 岁高龄的师老即兴发言,大声呼吁:"中国需要真正的制造,要从制造大国变为制造强国。"

路甬祥院士领衔编著的《中国机械工程技术路线图》系统阐述了面向 2030 年中国机械工程技术发展的 5 大趋势和 8 大技术问题,对未来 20 年机械工程技术发展进行了预测和展望。作为战略科学家,师昌绪对我国机械工程技术现状保持着极为清醒的认识,他认为,尽管我国制造业的规模和总量已跻身世界前列,但发展模式仍然比较粗放,技术创新能力薄弱,产品附加值低,总体上大而不强。他特别指出,有 4 个标志可判断一个国家是否为制造强国:第一,"极大"和"极小"的产品都能在机械制造上实现;第二,制造出的产品应具备高精密、长寿命、高效益和智能化性能;第三,相关领域科技人才在国际上应有重要显示度;第四,拥有大量的发明创造和真正的科技创新。会上,他直言相告:"如果这 4 个标志达不到,我认为中国是不能称为制造强国的。"

师老驾鹤已西行,智者警言犹长鸣。

吾辈奋发当努力,不负前辈殷殷情。

谨以此诗此文沉痛哀悼德高望重的师昌绪院士。

天宇茫茫忆陆埮

我和陆埮院士从没见过面,但由于《科技导报》工作的缘故,曾多次和他打交道,保持邮件通信近十年。他的学识和人品给我留下了极为深刻的印象,让我终身难以忘怀。

第一次和陆院士打交道是 2005 年底。这一年是"世界物理年",也是爱因斯坦关于狭义相对论在内的 5 篇不朽论文发表 100 周年,《科技导报》为此约了一组理论物理研究论文,准备以"世界物理年专稿"刊载在当年最后一期;同期《科技导报》还创设了"诺贝尔成果奖介绍专题"栏目,约请相关专家从专业角度评介最新诺贝尔生理学或医学奖、物理学奖、化学奖研究成果。这期《科技导报》"卷首语"文章,如能对世界物理年、爱因斯坦和诺贝尔奖进行综合评论,将会十分圆满。我以前曾读过陆埮院士和内蒙古大学物理学系罗辽复教授合著的科普图书《从电子到夸克》,在网上看过陆院士关于天体物理方面的科普讲座报道,发现他不仅知识面非常广,人也很随和。于是,当年 11 月 5 日,我打电话约请他专门为这期《科技导报》撰写"卷首语"文章,并希望当月 25 日前交稿。这是一篇命题作文,要求在两千左右的文字里涵盖如此多的内容,难度之大可以想见。令人感动的是,陆老师不仅爽快答应了,而且一个星期后就交了稿。这篇题为"世界物理年与诺贝尔奖"的文章,文字优美,视野开阔,寓意深刻,与全刊相关论文紧密呼应。

陆埮院士是中国科学院紫金山天文台研究员,我国著名天体物理学家,长期致力于粒子物理、伽玛射线暴、脉冲星、奇异星和宇宙学等领域研究。2007 年 9 月 30 日,他给我发来邮件,说他与罗辽复教授合作写了一篇题为"宇称不守恒发现半个世纪的回顾"文章,打算投《科技导报》。该文从历史的角度对宇称不守恒相关问题给出了物理诠释,评论了作为天体和宇宙演化的调控者及地球上生命起源的可能触发者——弱作用,是两位学者专门为纪念宇称不守恒定律发现 50 周年而写。陆院士发现,按照《科技导报》论文编排格式要求,参考文献如一一列出论文题目,不仅会给作者增添许多麻烦,还将占据很大篇幅,故建议不列论文题目。我俩为此进行了讨论,我强调科技期刊论文参考文献标注有国标要求,他认为参考文献只需标出刊名、年、卷、期、起止页即可准确找到文章的出处,没有必要标论文题目浪费宝贵的版面。他举例说,《天文学报》《物理学进展》以及国际著名的《自然》和《科学》等学术期刊,参考文献都不标注原文题目。他甚至找到了《科技导报》一组也不在参考文献中标注原文题目的论文例证。陆院士不仅作风严谨,而且态度谦恭,"向您请教""顺便提个建议""是不是合适"等谦辞,在讨论问题的邮件中随处可见,令我这个晚辈陡生敬意,深感不安。

2009 年 7 月 22 日,中国长江流域等地区观测到日全食天象,这是 1814 年至 2309 年间中国境内可观测到的持续时间最长的一次日全食活动。日食从印度拉开帷幕,经尼泊尔、不丹、孟加拉、缅甸进入中国,掠过太平洋后从日本南侧列岛上空落幕,在地球上可见的全过程长达 3 小时 25 分,掩食带全长 15150 千米,平均宽度 230 千米,覆盖了整个地球表面的 0.71%,成为历史上覆盖人口最多的一次日全食。当年 8 月 13 日将出版的第 15 期《科技导报》为此专门策划了"日全食专题"。7 月 28 日,全部论文已落实,唯独

"卷首语"文章还没着落,我再次发邮件向陆埮院士求助,希望他就日全食天文学观察的科学意义,以及如何引导青少年热爱天文学发表评论,并恳请他争取8月4日交稿。陆院士当晚就回了信:"这次日全食是百年难遇的机会,而且地点正好又是在中国,确实值得集中报道。不过,就内容而言,我觉得由上海天文台前任台长赵君亮教授来写更加合适。我的研究领域不在这方面,赵先生对此比较熟悉,且今年7月刚在上海科学普及出版社出版了一本专门讲这次长江日全食的图书,应是最合适的人选。"我没跟赵君亮教授打过交道,怕时间匆忙不能落实,于是赶紧给陆老师回复邮件希望还是他来帮忙。8月3日,见没有动静,我又往陆老师家里打电话催稿,接电话的是他老伴周精玉教授。周老师告诉我,已经有好几家学术期刊和大众媒体向陆老师约日全食的稿,他一天到晚忙个不停,不可能有时间给《科技导报》写稿,让我赶紧想别的办法。我心里一阵发凉,转念又想陆院士从不轻易应允写稿,一旦答应可谓一诺千金,心里又存了一分希望。果不然,8月5日,我接到了陆院士发来的附有"2009年长江流域观测到的特大日全食"文章的邮件,不禁欣喜若狂,激动不已。

我一直期盼当面向陆埮院士讨教,遗憾的是,2014年12月3日,陆院士不幸病逝,享年83岁。由于长期超负荷工作,陆院士2014年初身体就时感不适;当年9月10日,在准备去苏州和常熟作学术报告的路上,他突然跌倒,导致脑溢血,从此卧床不起。看到媒体的这些报道,我心里感到无比的自责,恨自己当初不该催命似地向年逾古稀的陆老约稿。

天宇茫茫忆陆埮,科界长闪智慧光。

每逢稿事君相助,再遇难题谁可商?

写完这篇怀念文章已近凌晨,缅怀故人,睡意全消。拉开窗帘,抬望夜空,寻找 2012 年被命名为"陆埈星"的国际永久编号第 91023 号小行星,恍惚觉得这位慈祥的老者正在和我对视、对话。尽管我从未和陆埈院士谋过面,但他却像明亮的星星一样永远闪耀在我的心里。

林木巍巍诉哀思

2018年3月7日晚,从中科院一位朋友那得知,著名理论物理学家郝柏林院士于当日下午在北京逝世,享年84岁。

柏树青青成追忆,林木巍巍诉哀思。

神交笔墨为媒介,今夜书文泪纸湿。

噩耗传来,十分震惊,悲痛之余,十多年来与郝院士交往的回忆,如潮水般地涌入脑海。

第一次与郝柏林院士打交道是在2005年底。我时任中国科协学术会刊《科技导报》副社长、副主编,"卷首语"栏目由于每期都约请一位院士撰稿,正面临稿源断缺窘境。我注意到,郝院士曾在各种场合发声,呼吁改善中国的科研、学术环境,于是给他写信,希望他就科研道德问题为《科技导报》"卷首语"栏目赐稿。郝院士是个非常讲效率的学者,很快回信,说自己写文章从不讲假话,说的大实话人们又不爱听,有媒体向他约了稿,最后也不敢刊登,弄得大家都不愉快。言下之意,我虽然向他约稿,结果很可能也是不欢而散。

收到回信,我非常高兴,信中语气虽然不十分友好,但可以看出,郝院士为人坦诚、率真,表面上看是婉拒了我,但潜意识里还是希望自己的观点得到媒体重视。于是,我迅即回信,向他承诺,只要他敢写,我就一定敢登。很快,他就通过电子信箱发来约稿"老老实实做科学"。他在文中专门谈到时下我国科技界存在的各种不正之风现象:"科学家是劳动者,首先就要老老实实地劳动。科学院院士要亲身做研究,而不是靠旧日老本和科学新闻到处提供咨询。年轻力壮的研究人员要把最宝贵的时间花在实验室里,而不是终日在'论证''申请''评审''会议'之间疲于奔命,带着一套变化不大的幻灯演示片'欺上瞒下'。大学教授要亲自教书,而不是挂其名而务它。博士生导师要直接指导弟子,而不是把学生交给'保姆',且在发表文章时署名不误,甚至还不许学生提及'保姆'的名字。科学界的领导干部要全力研究政策,做好服务,而不是借助'权钱'进行名利交易,同许多实验室和课题任务形成特殊的共生关系,以至于官做得越大出文章越多,甚至'创新'出每周一篇SCI论文或更高的记录。"

为此,郝院士指出,"净化学术环境,关键就在于'老实'二字。"在他看来,真正要做到"老老实实",关键在于政策的制订者、管理者和相关领导干部要发挥表率作用,科学家的诚实劳动应从根本上得到法律和制度的保护以及管理部门的鼓励。为此,他呼吁,国家科学研究资源的分配要做到公开、公正、透明,国家给予资助的课题除涉及安全保密者外都应在网上长期公布,接受科学界和全社会的监督。他特别指出,"脱产"到科学技术领导部门和经费管理部门工作的科学家,要和原来所在的研究单位或实验室脱钩,回避相关的经费和成果评审,更不许为原单位谋取利益。他认为,科学研究上的战略方向,需要数十年稳定的支持,造就几代人才之后,才能形成"气候",决不能急功近利。要废除逐年统计SCI文章数目的做法,应主要根据前5年中不超过10篇最重要文章的国际影响来评估科技工作者的学术成绩和科研水平。

郝院士的文章观点鲜明、文字尖锐、一针见血。但是,他的思维非常跳跃,许多语句并不连贯,虽然阅读、理解没有问题,却并不完全符合文字规范。于是,我对约稿在文字上进行了润色,并将文章标题改为"老老实实做研究"。退改的文章让郝院士确认时,他的回信很不客气。他告诉我,他在写不属于科研论文的文章时,一般要先打几个月到几年的腹稿,用相应内容做几次演讲,再最终落笔成文。因此,他强调,在文字上他是非常讲究的,很不喜欢别人改动。显然,他对我竟然敢修改他的文章十分不满。

之后的几封邮件,我们都是讨论甚至争论每一处文字的修改。最后,各自做出部分妥协,对标题和八九处必须修改之处,他最终接受我的意见,做出了让步。对其他可改可不改的地方,我全部按照他的要求恢复原文,也做了让步。接到样刊后,郝院士给我发邮件致谢,并特别指出我是他见过的最固执的编辑,也是改动他文章最多的编辑。我不知道这对我是褒还是贬,但可以肯定的是,在原则问题上,我和郝院士一样都是那种愿意较真的人。

郝柏林院士1959年毕业于苏联哈尔科夫大学,1963年莫斯科大学和苏联科学院物理问题研究所研究生肄业。回国后,他曾一直在中国科学院理论物理研究所工作,担任过副所长、所长,成为改革开放后最早的一批中国科学院学部委员(院士)。他长期从事理论物理研究,在固体能谱、高分子半导体理论、统计物理、天线理论、地震分析、混沌动力学等领域研究著述颇丰,其"套磁介质天线的研究""三维晶格统计模型的封闭近似解""实用符号动力学"等研究成果曾获中国科学院和国家重大科学奖励。1997年,他调到复旦大学,开始着重转向理论生命科学研究,并担任该校物理系教授、博士生导师和理论生命科学研究中心主任。

这样一位横跨众多学科的大学者,无疑是学术期刊最好的学术资源。

林木巍巍诉哀思（续）

2009 年第一期《科技导报》刊登了我组织撰写的"2008 年中国重大科学、技术和工程进展"专稿，该文将中科院金属研究所张志东研究员"提出三维'伊辛模型'精确解猜想"研究成果列为 2008 年度中国 10 大科学进展之一。与此同时，美国东北大学物理系伍法岳教授、马里兰大学物理科学与技术研究所迈克尔·费希尔教授等统计物理学家，对发表在 2007 年第 34 期英国《哲学杂志》上张志东有关"伊辛模型"三维精确解论文公开质疑，科学网博客也展开了一场旷日持久的学术争鸣，《科技导报》和我本人不可避免被卷入。

郝柏林院士拿到那一期《科技导报》后，马上给我发来邮件，指出我将张志东的研究成果列为 2008 年度中国重大科学进展是错误的。他写道："苏青教授：《科技导报》把那篇文章列为 2008 年国内 10 大科技成果之首，是过于仓促之举，给导报造成很负面的影响。老牌的《哲学杂志》早已今非昔比，这次犯了这么个大错，也开始发表几篇批评文章，事实上是在认错了。我建议你们采取科学的、老实的态度对待此事，承认错误，挽回损失。"为了让我相信他这番话的权威性，他在信中专门指出："我本人曾在三维'伊辛模型'上奋斗了 10 年，发表过文章。张志东把文章寄给我，我一做高温展开，立刻知道结果是错的。但我绝对不愿意花时间给一篇错误论文去找错在哪里……因此，我只能在这里转发一点信息，绝不卷入进一步讨论。"郝院士最为难能可贵的是,他不仅指出了我工作中出现的严重失误,同时也为我指明了如何破解当前窘境的具体办法。他在信中把伍法岳教授介绍给我,让我和他联系,共同商量挽回影响的办法。他告诉我:"伍教授是一辈子做统计模型严格解的人,也是张志东把稿子投到美国杂志时的审稿人之一,还是最近在《哲学杂志》上发表批评意见的作者之一。"

按照郝院士的指点,我很快联系上了伍法岳教授,双方通了三四封邮件后,约好当面做进一步沟通。不久,伍教授专门从美国飞到中国,我们约好在北京师范大学见面,一边喝咖啡,一边谈妥了善后方案。在当年第 5 期《科技导报》和科学网博客上,编辑部同时发布"《科技导报》有关'伊辛模型'问题的启事",以回答读者质疑来信方式,承认对张志东研究员所研究成果的科学价值判断不全面,就"提出三维'伊辛模型'精确解猜想"作为中国年度重大科学进展遴选不当予以说明、道歉,并表示将以此为戒,认真总结、反思,改进遴选办法,不断提高《科技导报》学术公信力。一直关注此事件进展的伍法岳教授等国内外学者对《科技导报》的处理结果予以了肯定。

实际上,自 2004 年始,《科技导报》编辑部每年都要开展年度中国重大科学、技术、工程进展遴选活动,并以专稿形式将遴选结果在次年第一期《科技导报》上发布。伊辛模型(ISing Mode)是描述物质相变的一种模型,最初由德国物理学家威廉·楞次教授于 1920 年提出,目的是为了给铁磁体一个简化的物理图像。不久,楞次在汉堡大学招收了一位名叫昂斯特·伊辛的博士生,并将这个模型交给伊辛作为博士论文研究课题。伊辛遂研究了该模型在一维条件下的相变和有序行为,并且得出了"一维铁磁模型如果只考虑最近邻交互作用的话,是不可能有相变的"结论。这个模型由此以他的名字命名。虽然伊辛也将这一结论推广到三维情况，但是，其结论似乎错了。上个世纪前 50 年，人们解出了一维和二维伊辛模型，而三维伊辛模型却始终是一个难以破解的科学之谜。无怪乎张志东的研究结果在《哲学杂志》发表后，2008 年 5 月 7 日，中国科学院院报《科学时报》头版就专文报道"我国科学家提出三维'伊辛模型'精确解猜想"，对张的研究成果予以高度评价。《科技导报》编辑部正是依据《哲学杂志》和《科学时报》上发表的这两篇文献，将张志东的研究成果遴选为年度中国重大科学进展。现在看来，尽管张志东的论文在发表时通过了同行评议，主流科学媒体也对他的成果予以了充分肯定的报道，但这种单纯依据学术期刊和科学媒体进行重大科学进展遴选的活动，风险还是很大的，值得我们认真反思。

在我与伍法岳教授见面之前，杨振宁院士也给我发来了英文邮件，批评我"将张志东毫无价值的工作列为重大科学进展是犯了一个极大的错误，不仅严重损害了《科技导报》的名誉，而且还给中国科协的名誉造成了重大的负面影响。"他说，"这是一个非常严重的事情，而不是什么小小的过失。"他要求我，"认真考虑如何坦率地、真诚地承认错误，采取措施防止进一步犯错。"同为在"伊辛模型"上做出国际一流研究成果的大科学家，郝柏林院士对犯错的晚辈不仅仅是严格要求，更多地是彰显了长者的宽容、相助和关爱。对此，我对他充满了感激之情和崇敬之意。

2010 年 3 月初，我再次给郝院士致函，约请他就理论物理研究现状及发展前景，或如何鼓励年轻科技人员创新等问题为《科技导报》"卷首语"栏目再次撰稿。他很快回信应允，告诉我此时让他来写理论物理方面的文章已不合适，因为他近 13 年来一直在从事理论生命科学方面的研究工作。他还说，鼓励科技人员创新之类的文章容易写成空话,他愿意专门就理论生命科学问题谈谈自己的一些想法。回信的同时,他还把自己刚刚在新加坡八方文化创作室出版的《负戟吟啸录》一书送我,并在信中说自己一直不明白,为什么国内编辑总要在别人的文章里做些改动,而八方文化创作室对他这本新书就没有做任何哪怕是一个字的改动。看来,老先生对我上次的文字修改仍然耿耿于怀。

半个月后,我冒昧去函催稿。郝院士显然不高兴,回复道:"我答应了的事情,一定会做。写文章有如生孩子,时候到了是非出来不可的。"我自知无礼,再也不敢过问稿件情况。5月中旬,郝柏林如约发来专稿"生物领域是数理和计算科学的广阔用武之地",指出这篇短文是他在复旦大学和华东师范大学做学术报告演讲的一个提纲,当然省去了图片、图表、引文等等。这次我接受了教训,只对文章做了三处很小的修改,就这样,其中的两处最终还是被他掰回去了。文章刊登在 2010 年第 11 期《科技导报》上。郝院士指出:"物理学早已经从单纯的实验研究发展成为鼎立于实验、理论和计算三大支柱上的成熟的科学。生命科学正在走向成熟的过程中,理论和计算注定要发挥日益重要的作用。"他呼吁:"对于有志于自然科学基础研究的年轻人,这是时代的机遇。早生 20 年,没有可能从事这样的工作;晚生 20 年,重要的问题已经被别人发现和解决。一些有数理和计算机背景的青年学者,应当抓住时机,义无反顾地进入生命研究领域。"他强调,"时不我待,机不可失,有志者奋勇向前!"滚烫的文字,令人过目难忘。

其实,每个编辑都不想轻易改动别人的文章,尤其是知名大科学家的文章。这里不仅仅有文责自负、尊重作者写作风格的原因,改动别人的文章其实也是有风险的,编辑常常会有很重的心理负担,尤其是在改动著名专家学者的文章时。但是,新闻出版总署每年都要对图书杂志进行抽检,文字规范、格式(包括错别字、病句、阿拉伯数字的使用等)等如不符合要求且超过允许的范围,图书杂志就要被视为不合格品,严重的还要进行停业整改。编辑常常是不得已而为之。修改后的文章往往会损害作者的语言个性和文字风格,因而必须非常谨慎。当然,也不是所有知名专家学者的文字功力都很好,此时,编辑就应责无旁贷地发挥好文字把关作用。我想,只要编辑和作者充分沟通、相互理解,就一定能很好解决这个问题。郝柏林院士就给我们树立了一个很好的榜样。

处理完这篇约稿,我就调离了科技导报社,之后再没与郝院士联系。2016 年 9 月,我打开很久没查阅的工作邮箱,发现两个月前郝柏林院士曾给我和袁亚湘院士发了一个邮件,向《科技导报》推荐一篇关于超级计算机的英文综述文章,作者为美国纽约州立石溪大学应用数学及计算科学专家邓越凡教授。袁亚湘院士是著名数学家,也是《科技导报》常务编委,我们是湖南老乡,他一直对我的工作予以支持、鼓励。热心的亚湘及时回信,告诉郝院士我已调离科技导报社,并将稿件转给了编辑部处理。当年第 21 期《科技导报》发表了这篇综述文章"E 级计算之远景",许多报刊予以转载。这件事情我没有帮上郝院士一点忙,也没有为此专门回函向他致谢,留下了永久的遗憾和愧疚。

和郝柏林院士打了十几年的文字交道,我们却始终没有见过面,这不能不说也是我的另一大遗憾。不过,人这一辈子面对面打过交道的人不知道有多少,这其中又有多少人能让你记住?又有多少人值得让你记住?郝柏林院士无疑是一位让我永远记住、永远怀念的人。和这样的学者打交道,无疑能让你受益终身。

谨以此文沉痛悼念郝柏林院士。

科学精神弥珍贵

"爱国,创新,求实,奉献,协同,育人",这是习近平总书记对科学家精神所做出的高度概括,它们在著名物理学家、我国低温物理和低温技术研究的开创者洪朝生院士身上都得到了充分体现。2020 年 10 月 10 日,在中国科学院理化研究所举办的"纪念洪朝生先生诞辰 100 周年座谈会"上,与会专家学者表达了上述共识。

洪朝生胸怀祖国,服务人民。早在美国留学期间,他就思想上倾向进步,参加"北美中国学生会"和"留美科协"活动,关心国内形势发展,亲手绘制五星红旗,庆贺新生红色政权成立。1951 年底归国后,他通过信件等方式动员在美留学人员回国参加建设,拳拳爱国之心,跃然纸上。座谈会上,哈工大刘思久教授讲述了舅舅洪朝生挚爱国旗的一件往事:"1977 年舅舅来哈尔滨,我陪他在街上行走,见他突然穿过马路向对面一家宾馆跑去,激动地大声批评几个正在悬挂国旗的工人。原来,那面国旗被放置错了方向。"

1949 年在美国普渡大学做博士后时,洪朝生在半导体锗单晶输运现象实验中,发现了杂质能级上的导电现象,提出了半导体禁带中杂质导电的概念,被业界誉为"洪朝生效应"。回国后,他创建了我国第一个低温物理研究室,首先开展低温设备研制,成功实现氢和氦的液化;在国内率先开展超导研究,带领团队完成了大型空间环境模拟系统 KM3 和 KM4 低温氦制冷系统研制任务。洪朝生勇攀高峰、敢为人先,这些创新成果为我国高温超导研究日后跻身世界先进行列奠定了基础,为"两弹一星"成功研制做出了贡献,为卫星上天提供了空间环境模拟试验条件。

洪朝生是一个严肃的科技工作者,他追求真理、严谨治学的求实精神令人赞叹。1981年10月15日,他和邹承鲁、张致一、郭慕孙4位院士在《中国科学报》上联名倡议,呼吁规范科研工作中的精神文明建设,抵制学术不端,引发了持续一年的新中国成立以来第一次有关科技界自身建设问题的大讨论,意义重大,影响深远。

淡泊名利、潜心研究、无私奉献,是我国科学家的高贵品质。这一点在洪朝生身上表现得尤为突出。座谈会发放的《岁月有痕》画册里,有一份《科学报内参》影印件,刊登了洪朝生给报社的一封来信,恳请媒体不要宣传他。他写道:"我来院已30年,所居地位也是可以多做些事情,但所做的事很少。这里,社会上的客观因素并不是主要原因,关键在于自己的能力、主观认识、思想方法所限。"他特别强调:"我所做的太少了,特别是我也没有能着力培养出一批科技骨干来,是很失职的。"

回国后,洪朝生先后在清华大学、北京大学、中国科技大学物理系任教,参与著名物理学家黄昆组织的北京大学固体物理教研室课程设计工作,与黄昆、王守武、汤定元等知名专家学者共同开拓我国半导体研究领域,联合北京大学、复旦大学、厦门大学、南京大学和东北人民大学开办我国第一个半导体专门化课程,参与半导体联合攻关,考察、学习、借鉴苏联有关物理学的先进科研经验,促进了我国半导体事业大发展。集智攻关、团结协作的协同精神,令人感动。

洪朝生一辈子教书育人,奖掖后学,甘为人梯,为我国低温物理、低温技术和低温工程领域培养了大批高端人才。座谈会上,周远院士讲述了一个影响他一生成长的感人故事:"1961年底,我从中科院半导体所被派遣到物理所做实习研究员,参与洪先生主导的带活塞膨胀机预冷氢液化器研制工作。研制工作陷入僵局时,我大胆提出了采用室温密封长活塞结构代替原设计方案的设想,遭到同事们的一致反对。这时,洪先生明确表态支持我,最后研制成功并定型生产、推广使用。"已是耄耋之年的周院士感叹道:"可以想象,一个非常重要的技术难题让一个外单位的实习生承担,洪先生得承担多大的责任和风险啊!"

马克思说过:"在科学的道路上没有平坦的大路可走,只有那在崎岖小路上攀登不畏劳苦的人,才有希望到达光辉的顶点。"科研攻关是一件艰辛的事业,离不开精神的支撑和激励,科学家精神是科技工作者在长期科学实践中积累的宝贵精神财富,应该大力弘扬、代代传承。

有感于洪朝生先生的感人事迹和动人故事,特填《沁园春》词一首,以表敬仰、怀念之情怀。

百年诞辰,座谈缅怀,先生往昔。救亡求索路,越洋砥砺,五星召唤,归心似镝。创业攻关,低温超导,液化氢氦争旦夕。密协作,助春苗破土,一派生机。

科学品质精神,弥珍贵、隋珠卞玉稀。创新求实勇,爱国奉献,淡泊名利,榜样学习。岁月无痕,真情有迹,件件桩桩感泪滴。填词颂,仰宗师风范,泰岳同齐。

历史澄清正本源

2020年9月13日,作为北京理工大学80周年校庆系列文化活动之一,《待到山花烂漫时——丁敬传》(以下简称《丁敬传》)新书发布会暨学术座谈会在该校机电学院举办。

北京理工大学是我的母校。丁敬教授是著名的爆炸力学专家、我国爆炸理论及应用学科的倡导者和主要奠基人,曾任北京工业学院(北京理工大学前身)副院长,力学工程系(机电学院的前身)由他亲手创办。我就是在这个系读的大学和研究生,又是最早写丁先生小传的人,还是"老科学家学术资料采集工程——丁敬传"的项目负责人之一,因而对《丁敬传》的出版尤为关注,深感欣喜。

丁先生一生历经坎坷,贡献颇多,其中两件鲜为人知的事件最令人称道,一是参与创建"留美中国科学工作者协会"(以下简称"留美科协"),二是澄清火药发明归属权西方学者的谬误。我有关这方面的文章可见1997年福建教育出版社出版的《中国科学技术专家传略·工程技术篇力学卷2》和2000年第2期《国际人才交流》杂志。

1948年9月,目睹国民党政府的腐败,从浙江大学毕业3年后,丁敬遂赴美国求发展,并入得克萨斯农工大学化学工程系读研究生。还在浙大读书、任教期间,丁敬就结识了中共地下党员,并受他们影响给师生宣传进步思想;到美国后,他在国内共产党员朋友指导下,继续在留学生中开展各类爱国进步活动。

1949 年 6 月 12 日,鉴于国内革命形势迅速发展,在美留学生开始聚会讨论应该为即将诞生的新生红色政权做些什么工作等问题,"留美科协"遂在匹兹堡成立,并通过了由丁敬起草的会议宣言,推选葛庭燧、侯祥麟、华罗庚和丁敬等主要发起人为协会理事。在之后的一年多里,丁敬负责主编并蜡刻《留美科协通讯》简报,报道国内形势变化,转载解放区和香港进步报刊文章,刊登回国参加新中国建设的"留美科协"会员来信,给在美中国留学生以巨大鼓舞。

到了 1949 年 10 月,年仅 25 岁的丁敬已任"留美科协"常务理事,全面负责协会工作。1950 年 6 月,"留美科协"召开年会,丁敬主持会议,确立了以"认识新中国,为回国参加建设做准备,一切为了回国去"的协会工作重点,继续广泛动员留学人员回国参加社会主义建设。新中国成立初期,"留美科协"近 800 名会员中,就有 400 多名会员先后离美回国,为祖国输送了一批高级专门人才。参与创建、领导"留美科协"并动员广大留学生回国,成为丁先生一生中最光辉的一页,意义深远,影响巨大。

搞了几十年燃烧与爆炸理论研究,丁敬教授怎么也没有想到,火药是我国古代四大发明之一,这在国内可谓妇孺皆知的事实,但在国外竟然没有得到专家学者同行们的认可。1980 年 10 月,丁敬出席第七届国际烟火技术学术年会,并就中国发明火药以及烟火技术发展做专题报告。他非常惊讶地发现,与会国外专家学者对火药是中国发明的这一事实并不认同,在他们看来,火药应该是 13 世纪的英国人罗吉·培根(Roger Bacon)发明的。

这件事对丁敬的震动非常大。回国后,他马上开始多方收集资料,考证中国古代火药的起源、火药在中国的早期军事应用、火药技术的发展,以及火药理论的早期研究等问题。经过近两年的努力,他以大量确凿的文献资料和事实,进一步证实了火药是中国人最早发明这一铁的事实。

丁先生的研究表明,火药的原始配方及其燃烧性能初见于公元 8 世纪左右中国炼丹家的著作;到了公元 10 世纪,火药在中国开始应用于军事;宋仁宗时期(公元 1040 年)出版的官修兵书《武经总要》,就记载有火炮、蒺藜火球和毒药烟球的火药配方。这是世界上最早冠以火药名称并直接应用于 3 种实战武器的火药,远早于生活在 13 世纪的英国学者罗吉·培根。

丁敬还第一个考证出中国是世界上最早对爆炸冲击波及其杀伤作用进行科学描述的国家,明代科学家宋应星在《论气》这部著作中已经对火药爆炸产生冲击波的杀伤作用做了接近实际的描述和分析,并认识到冲击波可使人耳聋、内脏损伤或致人于死。1990年在美国召开的第十七届国际烟火技术学术年会上,丁敬专门做"火药和冲击波在中国的发现"学术报告,以无可辩驳的研究史料,让与会者十分信服地接受了火药是中国人最早发明的事实。

有感于丁敬教授做出的上述两大突出贡献,特填《南乡子》词一首,以表对已故老领导、老专家的由衷敬意。

内战起烽烟,求索负笈美利坚。新政慕崇协会创,魂牵,书写归国报效篇。

火药禹城研,怎叫英人冠名前?考证确凿驳谬论,欣然,历史澄清正本源。

运笔析震说理深

"本书站在地震科学的高度,从科学研究和社会实践的广阔领域,选取了 50 个为公众关注的专题,聚焦于地震科学基础知识的普及,积极渗透和传播科学思辨的思想方法,弘扬科学精神,传递有温度的科学。"这是地震出版社对陈运泰院士科普新著《地震浅说》给出的推荐语。

陈运泰院士是著名的地球物理学家,曾担任第二、第四、第五、第八届中国地震学会理事长,国际大地测量学与地球物理学联合会执行局委员、亚洲与大洋洲地球科学学会主席、中国地震局地球物理研究所所长、北京大学地球与空间科学学院院长等职。他主要从事地震学和地球物理学研究,并长期专注于地震波和震源理论与应用研究,开创了我国震源物理过程的研究工作。《地震浅说》可谓是他集数十年地震科学研究理论与实践成果的科普经典之作,无怪乎被列入"中国地震局地震科普图书精品创作工程"系列图书之首。

地震,是一种会给人类造成巨大人员伤亡和财产损失的自然现象,通常由地球内部板块与板块之间相互挤压、碰撞、错动、破裂并快速释放巨大能量所引起。大的地震经常会引起严重的自然灾害,自然倍受人们关注,由于又具有极难预测的特点,更是成为广大公众关注的热点话题。我国的华北地区、西南地区、西部地区、东南沿海地区以及台湾省及其附近海域均为地震活跃带,加上半个多世纪以来先后发生了破坏性极大的唐山地震、汶川地震、芦山地震等大地震,国人对地震的恐惧心理和关注程度更是无以复加。因此,普及地震科技知识,强化防灾减灾意识,既是社会稳定、和谐、可持续发展的需要,更是地震科技工作者义不容辞的责任。

陈运泰院士撰写《地震浅说》一书,为大科学家投身科普创作做出了示范、树立了榜样。该书以介绍大陆漂移、海底扩张、板块构造等地球科学理论为铺垫,系统普及了地震的形成机理、特点特征、相关现象、地理分布、震级、烈度、次生灾害、防灾减灾等知识,并就地震预警预测、全球数字地震台网发展等学术问题进行了有益的探讨和展望。全书内容丰富,图文并茂,深入浅出,不仅依托地球物理学专论地震学,还涉及大地测量学、天文学、地质学、地理学、岩石力学、水文学、自然灾害学、信息科学等学科,诚如著名地质学家刘嘉麒院士《序》中所言,"既揭示了地震的形成机理,又展现了它的行为特征,为监测预报地震提供了先进的理论和方法,为防灾减灾指明了方向和措施,是了解地震、研究地震、防范地震的百科全书,也是探究地球动力学、地球系统科学的经典之作。"

我曾一度从事科技、科普出版工作,在盛赞《地震浅说》的同时,也想从科普图书出版角度指出它所存在的一些不足。首先,图书的目录安排还可以更加合理,使得 50 个问题排序之间的逻辑关系更加清晰。其次,每个问题的标题有的是专业术语,有的是短语,有的是成句,如果能大体一致,将使全书的写作风格更加统一。第三,我更欣赏"大陆漂移""海底扩张""板块构造"等章节的撰写,这些部分将科学知识融于科学故事之中,生动有趣,读来毫不费力;而"聆听地球的音乐——地球自由振荡"一章更是文笔优美,标题与内容高度统一,堪称科普写作范例。其他章节如果也能如此撰写,对非地震专业读者的科普效果将会更好。

陈运泰院士极为重视地震科普并一贯身体力行。2008年汶川地震发生后,他为我就职的《科技导报》出版"汶川地震特刊"做出了重大贡献,先是接受本刊记者采访,成就了专访《陈运泰:地震预报要迎难而进》,接着又惠赐《汶川特大地震震级和断层长度》专稿。他强调,"地震预报要知难而进……困难不能作为放松或放弃对地震预测研究的借口。"他的专稿详细解释了汶川大地震震级为什么要从7.8修订为8.0,被各大媒体纷纷报道、引用,起到了很好的释疑解惑作用,受到各界好评。2013年4月20日芦山地震发生后,我所在的科学普及出版社仅用10天就出版了《地震应急科普丛书》,陈运泰院士作为丛书顾问,给予我社大力支持和悉心指导。我在中国科学技术出版社组织实施"中国科协三峡科技出版资助计划"时,他又贡献了《可操作的地震预测预报》这一高水平的学术译著。

2017年春节前夕,有感于陈运泰院士对地震科学研究和普及事业的贡献,以及对我工作的支持,我特为他写藏头诗一首,以表敬佩之情、祝福之意。

陈事桩桩忆感人,运笔析震说理深。

泰岳耸立地物界,院主谦待天下朋。

士气高涨探预报,春晖尽洒育门生。

节近春浓多念旧,好酒闽语乡味芬。

专家学者施才智

多事春夏,科普未停歇。雨过天晴人心齐,青睐演讲团,邀函如飞雪。东西南,城乡校园迷科学。

走进青少年,交流灵魂悦。天不老,情难却。人如真丝网,总有千心结。盼神州,科技兴旺伴明月。

在 2020 年 11 月 10 日召开的"特殊形势下科学传播与普及高端研讨"会上,中国科学院老科学家科普演讲团(以下简称"演讲团")副团长、中国地震局震灾应急救援司原司长徐德诗宣读了著名探险家高登义研究员专门发来的这首《千秋岁》贺词。

2020 年初,一场突如其来的新冠肺炎疫情彻底打乱了人们的生活,以往长期坚持在全国各地巡回开展科普讲座的"演讲团"工作也被迫中断。不过,自 3 月份疫情开始好转,"演讲团"工作很快恢复,截至 10 月底,在不到 7 个月的时间里,全团已开展线上科普报告 57 场,现场科普报告 1500 多场,受众多达 113.7 万人。《千秋岁》一词就是对"演讲团"抗疫期间科普工作业绩的忠实写照。

中科院老科学家科普演讲团成立于 1997 年,主要由该院各领域离退休研究员组成,同时吸收高校离退休教授、解放军和国家各部委资深专家,以及部分热心科普事业的优秀中青年学者参加,旨在弘扬科学精神、普及科学知识、传播科学思想、倡导科学方法。"演讲团"成立至今,深入城镇、乡村、街道、社区、学校、军营一线,足迹遍布全国各地,共举办科普报告 3 万 1 千多场,直接受众 1064

万人次。

我和"演讲团"颇有缘分。2010年4月,我履新科学普及出版社社长、党委书记。翌年10月,我社联合"演讲团"赴江苏举办"品读科学智慧,引领阅读风尚——老科学家校园行百场科普讲座"活动,我出席了在北京举行的启动仪式,并随团抵达第一站南京,主持由韦钰院士在她南京树人国际学校所作的"了解脑,更健康和有效地成长"首场科普报告。时任"演讲团"团长为钟琪老师,我记得,随队科普专家有徐邦年、徐德诗、位梦华、陈洪、陈贺能、张继民等老师。报告团兵分三路,历时6天,举办科普讲座50多场,在所到的南京、无锡、张家港、江阴、南通等地受到热烈欢迎。这些知识渊博、乐观豁达、不辞劳苦的老专家学者热心科普、无私奉献的精神,给我留下了深刻印象。

2012年5月,已产生品牌效应的"老科学家校园行百场科普讲座"活动,从江苏拓展到浙江,位梦华、孙万儒、陈洪3位老师分别在浙江湖州、杭州以及江苏无锡等地举办科普讲座,每场讲座都座无虚席,场面相当壮观,令人十分感动。当年6月20日,科学普及出版社在北京育英学校主办"低碳我先行——全国青少年系列科普活动启动仪式暨《永远的月亮岛》科幻童话首发式","演讲团"成员高登义教授应邀给孩子们讲"南极和北极的故事",圈"粉"无数。这一年的7月,"演讲团"成员陈洪教授还在我社出版了两本军事科普图书:《王牌空军作战手册——战役》《王牌空军作战手册——战机》。我和"演讲团"确实颇有缘分。

"特殊形势下科学传播与普及高端研讨"会上,"网红"科普专家、北京化工大学特聘教授戴伟做了题为"第二翼:科学普及"专题报告。戴伟是英国化学家,今年62岁,长期与北京化工大学开展合作研究,兼任英国皇家化学会北京分会主席,能讲一口流利、地道、纯正的普通话。自 2011 年始，他坚持面向中国青少年开展化学科普活动，至今已在全国 300 多个城市的 600 余所中小学举办过科普讲座 600 余场，直接受众 30 多万人次。2019 年 7 月 10 日，他还应邀出席了中国科技馆"律动世界——化学元素周期表专题展"开幕式，并为公众奉献了一场精彩的科学表演。

2020 年 9 月 11 日，戴伟教授应邀出席在人民大会堂召开的科学家座谈会，并向习近平总书记当面汇报所从事的科普工作。他建议中小学改进教育内容和方法，增设科学实验类课程，给学生提供更多的动手实验机会。他希望有关部门改进实验用化学药品管理，不要对所有用途的化学药品都搞严格审批制度的"一刀切"。他诙谐地指出："如果一个中国教授和一个外国教授同时有了一个有可能获得诺贝尔化学奖的实验想法，你说谁会领先呢？我看那位外国教授更容易领先，因为他的学生当天就能买到实验所需的化学药品，而中国教授则需要把很多的时间花在办理审批手续上。"

2021 年 5 月我也将退休，非常羡慕"演讲团"这些科普老志愿者们，也希望退休后成为他们中的一员。特填《一丛花》词一首，以表羡慕之心、褒赞之情。

归田解甲欲何求？思慕入新畴。随团就伴巡华夏，授知识、喜乐欣悠。社区村头，机关学校，科普课不休。

桑榆未晚志相酬。讲座竟风流。专家学者施才智，重身教、青少同游。基地建设，品牌打造，硕果尽情收。

注 本文写作于 2020 年 10 月。

科学颂唱风光美

2020年11月2日,由中国科普作家协会科学文艺委员会主办的"弘扬科学家精神,唱响科学家歌曲"主题沙龙在京举行,许向阳介绍科学歌曲词创作情况,并致力于呼唤、团结、引领更多的歌词爱好者投身科学歌词创作。

投笔从戎,书生剑气,豪言军旅诗红。调宣转业,媒体笑轻松。党建监督纪检,从严治、民泰国隆。行霹雳,柔肠铁面,忧乐在其中。

将科学颂唱,写词谱曲,事异情同。领风骚,歌融影视彰功。学者专家谱赞,音韵美、响彻长空。辟新域,满腔热血,奏凯舞东风。

这首《满庭芳》是我专门为科学歌曲词作家许向阳所作,以表对他创作科学歌词激情与执著的敬意。

许向阳,1983年毕业于解放军通信学院,在部队从事组织宣传和通讯技术等工作近18年;2001年转业到中国科协后,历任调研宣传部研究发展处副处长、宣传处处长,机关党委副书记兼机关纪委副书记,机关纪委书记等职。向阳热爱诗歌,从军时就出版有诗集《漂泊的思绪》,并获著名诗人刘湛秋褒赞。

我和许向阳相识十余年,与他曾在中国科协同一机关部门共事两年,为他的短诗《我与一本书》写过诗评,但对他诗歌创作尤其是科学歌词创作成就的真正了解则是近几年的事情。

2009年5月,中宣部、中央文明办等十部委联合发出《关于广泛开展"爱国歌曲大家唱"群众性歌咏活动的通知》。细览《通知》推荐的100首曲目,中国科协科学之声合唱团首任团长陶学中感慨万分:"怎么就不见抒发科技工作者爱国之情的歌曲啊?"说者无心,听者有意,时任中国科协调研宣传部宣传处处长的许向阳暗暗下决心,开始尝试以科学人物和科技事件为题材的歌曲词创作。

2010年,央视拍摄六集文献纪录片《钱学森》,许向阳应邀为影片主题歌撰写歌词,《飞翔的路》由此诞生。歌词摒弃了以往"口号式""概念化"词藻堆积的感情表达方式,聚焦钱学森"出国学习深造"和"归国报效人民"的辗转心绪、坎坷历程,重在抒发科学大师向往新生政权、追寻精神家园、冲破重围回国的爱国情怀,令人耳目一新。自此,许向阳走上了科学题材歌词创作的新路,先后为《钱学森》《钱三强》《高士其》《王选》《爱在天际》《科技盛典》等科学影视作品主题歌填写歌词,《飞翔的路》《问苍茫大地》《守望家园》《因为路上有了你》《点燃梦想》《上海的夜》《璀璨星空》《科学的路上》《没有你的旅程》《曾经的选择》等优秀科学歌词先后面世。

科学普及是指利用各种传媒手段,以通俗易懂的方式向公众普及科学知识、倡导科学方法、传播科学思想、弘扬科学精神(简称"四科")的社会教育活动。许向阳长期在科技领域从事宣传教育工作,积累了丰富的经验,他以科学歌词创作的形式对科学普及工作进行了有益的探索。我以为,这也是科普工作的创新,由此蹚出了一条喜闻乐见、深入人心、雅俗共赏的科普新路。

好的歌曲大众乐于歌唱,便于时空传播,易于民间流传,影响更加广泛、持久、深远,是科学普及上乘的载体。《飞翔的路》被作曲家田晓耕采用通俗偏美声的流行曲风处理后,一经二炮文工团青年歌手周强演唱,不仅赢得了钱学森的夫人——中央音乐学院教授、女高音歌唱家蒋英女士的高度认可,获得广大听众的好评,还被用作电影《仰望星空》主题歌以及《钱学森》电影首映式等重要科技盛典,并在全国20个省(市、区)57所学校的"钱学森班"学生中广为传唱。

作为人类进化过程中一种最古老、最直接、最大众的艺术表现形式,歌曲为人们交流思想、抒发感情、表达心声、颂唱美好发挥了重要作用。毫无疑问,这种歌咏形式也非常适合宣传当代极为需要的科学家精神。许向阳创作的科学歌词就是用一种社会乐于接受的形式表达广大科技工作者的心声,歌颂他们胸怀祖国、服务人民的爱国精神,勇攀高峰、敢为人先的创新精神,追求真理、严谨治学的求实精神,淡泊名利、潜心研究的奉献精神,集智攻关、团结协作的协同精神,甘为人梯、奖掖后学的育人精神。

科学歌曲以"四科"为创作内容,搭建了科学家与广大公众心灵沟通、情感交流、科普互动的桥梁,开辟了科学与人文、艺术相结合的一种新型科普形式。许向阳参与策划拍摄科学影视作品并为其创作科学歌曲,更是把科学内容与语言文字、音乐旋律、影视表演等媒体表达形式高度融合,为我们展示了广阔的发展前景。

许向阳的军旅诗歌洋溢着阳刚之气,从事的工作充满了浩然正气,我相信,他未来的词曲创作也将彰显中华科技强国的泱泱大气。这正是:

科学颂唱风光美,学者专家大众追。

向阳花开别样红,歌词探创勇先为。

立德树人增典范

荟萃群英,观揭幕,手模墙上。抬望眼,光隆寰宇,星河华灿。辅教传知添美景,立德树人增典范。颂栋梁、成果耀神州,齐褒赞。

最高奖,魁首榜;巍岱岳,众欣仰。歌拼搏奉献、攻坚排难。追梦求真勇探索,创新开拓营风尚。浩然气、时代铸民魂,同心干。

2020年9月19日,中国科技馆举行"国家最高科学技术奖获奖科学家手模墙"揭幕仪式,作为主持人,我即兴填《满江红》词一首,以表对全体获奖科学家的由衷敬意。

国家最高科学技术奖于2000年由国务院设立,是我国5个国家科学技术奖中最高等级的奖项,授予在当代科学技术前沿取得重大突破,或在科学技术发展中有卓越建树、在科学技术创新、科技成果转化和高技术产业化中创造巨大经济效益或社会效益的科技工作者。至今已有33位功勋卓著的中国科学家获此殊荣,其中健在的有19位。

为纪念这一重大科技奖项设立20周年,中国科技馆与国家科技奖励工作办公室共同实施"国家最高科学技术奖获奖科学家手模墙"项目,旨在宣传和弘扬广大科学家胸怀祖国、服务人民的爱国精神,勇攀高峰、敢为人先的创新精神,追求真理、严谨治学的求实精神,淡泊名利、潜心研究的奉献精神,集智攻关、团结协作的协同精神,甘为人梯、奖掖后学的育人精神,为公众提供零距离感受科技之美、领略大师风范的机会,给青少年树立人生拼搏奋斗的标杆和偶像。

中国科技馆观众服务部欧亚戈副研究员是该项目的创意提出者和策划负责人。据他介绍,项目组采集到了全部 19 位健在获奖科学家的手模,并为其中的 13 人录制了寄语青少年视频;19 位健在获奖者平均年龄 89.7 岁,其中 90 岁以上共 11 人,可见手模和视频来之不易,弥足珍贵。

小欧还给我讲述了手模采集过程中的感人故事。著名肝胆外科专家、98 岁高龄的吴孟超院士是第一位接受手模采集的获奖科学家。2020 年 6 月 9 日,项目组如约赴上海采集他的手模,不巧他却因病住进了医院,手模是他躺在病床上由护士协助采集到的。拿到手模,小欧和他的同伴感动得直掉眼泪。

屠呦呦是中国首位诺贝尔生理学或医学奖获得者,也是国家最高科学技术奖获奖科学家中的唯一女性,还是唯一一位不是院士的国家最高科学技术奖获得者。采集她的手模让项目组充分领略了大科学家的"较真"劲儿。2020 年 7 月 28 日,按照约定的上午九点钟,中国科技馆副馆长隗京花带领项目组在八点五十五分敲响了屠呦呦家的门,屠老师很严肃地说道:"你们早到了五分钟,我还没准备好!"她还认真查看项目组发给她的商请函,问国外有没有科学家手模,手模墙算不算中国科技馆的首创? 当项目组提出要为她录制给青少年的寄语视频时,她起初予以婉拒,理由是事先发给她的商请函里并没有提到有这项任务。

"国家最高科学技术奖获奖科学家手模墙"布置在中国科技馆一层东大厅南墙,主题为"星汉灿烂 光耀寰宇",展示内容包括获奖科学家简介、手模或亲笔签名、给青少年的寄语等。中国科技馆计划定期增添新的获奖者展示内容。

作为国家最高科学技术奖获奖科学家代表,王小谟院士和赵忠贤院士出席了手模墙揭幕仪式。王小谟是我国现代预警机事业的开拓者和奠基人，也是我的北京理工大学校友、前辈学长。上个世纪七八十年代，为研制我国第一部三坐标引导雷达，他扎根贵州大山 19 年，苦心磨剑，一鸣惊人。针对中国国情，他率先提出开展轻型预警机预研，并主持制定技术方案，为国家决策研制轻型预警机创造条件。他一直坚持自主研制预警机，并担任某型号预警机总设计师、预警机研制工程总顾问，为中国预警机形成初步规模、迈入国际先进水平做出了重大贡献。

赵忠贤院士长期从事低温与超导研究以及高温超导电性研究，是我国高温超导研究的奠基人之一。世界超导研究史上曾出现过两次高温超导研究重大突破，他和他的合作者在这两次重大突破中都取得了重要研究成果——独立发现液氮温区高温超导体，发现系列 50K 以上铁基高温超导体并创造了 55K 的纪录，把中国在该领域的研究水平推到了世界最前沿。我在十多年前就认识了赵忠贤老师，他的手模是我带领同事在中国科学院物理研究所他的办公室里采集完成的。

有感于赵忠贤院士骄人的科研成就和博大的爱国情怀，2020年 8 月 12 日，在完成他的手模采集任务后，我曾填《渔家傲》词一首，以表敬佩之情。

超导神奇藏奥秘，畅通输送无阻抑，机理已清材难觅。竞相比，攻关沙场争飞翼。

方向选明岂放弃？穷经皓首聚发力，突破倍增高效益。长志气，忠贤登顶彰奇迹。

诗画联袂颂元勋

　　值此中国共产党百年华诞,由郭曰方作诗、杨华作画的《报国——诗画共和国功勋科学家》一书,终于在 2021 年"七一"前夕由广西科技出版社出版。这是一本专门以诗画形式歌颂"两弹一星"元勋和国家最高科技奖获得者的文艺作品,可谓诗情画意、珠联璧合、图文并茂、交相辉映、独具特色。实乃可喜可贺!

　　我和郭曰方老师是老朋友,杨华是由郭曰方引荐、相识、结缘的新朋友。那是 2017 年 9 月 20 日,郭曰方老师领着杨华来到我的办公室,告诉我这是一位非常有才华的青年女画家,她花了好几年的时间专门为"两弹一星"功勋奖章获得者和国家最高科技奖获得者绘制了巨幅肖像,希望能在中国科技馆办个展览。在我的印象中,除了中国科普作家协会理事、科普美术专业委员会副主任杜爱军一直坚持创作科学家题材的油画外,这年头好像没有听说过还有哪位画家这么热心专事科学家绘画创作。为对国家和民族贡献巨大的这些科学家作画宣传,这当然是大好事,也是中国科技馆义不容辞的社会责任。于是,我们很快商定,在 2018 年 5 月 30 日全国科技工作者日这天举行杨华"'两弹一星'功勋人物肖像画展"开幕式,以庆祝中国 9000 多万科技工作者自己的节日。

　　此后,在中共中央党校、中国科学院、中国科学院大学等单位又举办了近 10 场杨华的科学家肖像展,引起社会各界广泛关注。

　　杨华,国家一级美术师,中国美术家协会会员,中国科学院文联理事,中国科学院美术家协会副秘书长,作品入选海南出版社出版的《中国国画 20 家·杨华卷》。她擅长水墨人物画创作,绘画作品主题鲜明,紧扣时代脉搏,充满正能量,多次参加国内外重大主题美术展览并获奖。2005 年,作品《罪恶》参加纪念抗日战争胜利 60 周年全国中国画作品展,获银奖;2005 年,作品《历史的回忆》参加纪念反法西斯战争胜利 60 周年国际艺术展,被中国美术馆收藏;2006 年,作品《回忆》参加纪念红军长征 70 周年全国中国画作品展,获优秀作品奖;2009 年,作品《白露》参加第十一届全国美术作品展,获优秀奖及首届中国美术奖·创作奖。

杨华创作的科学家肖像画,突破了中国绘画的传统创作形式,以令人震撼的大肖像特写形式来表现人物的神韵,突出了人物的精神面貌和高雅气质,一个个人物刻画得栩栩如生,精神气质表现得淋漓尽致。这些人物肖像作品既继承了中国传统水墨的精华,又吸收了西方写实主义的精髓,形成了兼具民族性与国际性,传承文化传统并彰显时代特色的水墨写实主义绘画风格,是弘扬中国科学家精神、坚定文化自信的绘画精品力作。

在著名国画家、中国美术家协会展览部主任胡宝利看来,杨华属中国青年美术家中的优秀分子,她对中国画的发展进行了大胆、深入的探索与研究,在中国传统水墨、中国传统水墨与综合材料的结合、中国传统水墨与写实主义结合三个方面已经形成了独特的绘画语言风格,"两弹一星"功勋人物肖像画的创作就是她在中国传统水墨与写实主义结合方面的最新成果展示。胡宝利认为,杨华创作的这种表现尺寸超大的科学功勋人物肖像画,难度相当之大,彰显了她扎实的绘画功底和大胆的探索精神。

提到郭曰方老师,我要多说几句。郭曰方历任中国驻索马里大使馆随员,方毅副总理秘书,中国科学报社总编辑,中国科学院机关党委书记,中国科学院文联主席,并兼任过全国科技报研究会副理事长、中华新闻工作者协会理事、中国科普作家协会副理事长兼科学文艺委员会主任,现任中国科学院文联名誉主席,俄罗斯艺术科学院荣誉院士,是著名的科普作家、科学诗体的创建者,被誉为中国科学诗人。我和郭曰方老师乃忘年之交,我当年接替他出任中国科普作家协会科学文艺委员会主任,就是他主动卸任并力荐我继任的结果。郭曰方老师关心爱护晚辈的殷殷之心和提携举荐的切切之情,由此可见一斑。

郭曰方与病魔顽强搏斗,与死神拼命抗争四十年的感人事迹,一直是业界的佳话。他1981年1月因胃癌动手术后,在工作之余坚持文学创作、科普写作,著述等身,影响颇大,先后出版有《唱给大自然的歌》《科学的旋律》《飞跃吧,China》《爱的星河》《生命奏鸣曲》《科学精神颂》《郭曰方爱情诗选》《亲爱的祖国》《共和国科学家颂》《人民科学家颂》《脊梁》《共和国科学家颂——52位中国科学家的故事》《战疫之歌》(中英文版)等诗集,《生命是一条长长的河》《苦恋今生》《科学之恋》等散文集,《邓小平与中国科学院》《方毅传》《国家荣誉——最高科技奖获得者报告文学》等纪实文学,以及《心中的世界》《杰出的机器翻译专家》等影视文学剧本。他的科学抒情诗史料翔实、自然流畅、感情充沛、自成一体、独树一帜,深受读者喜爱,长期成为许多高等学校、科研院所开展爱国主义教育活动、举办专场音乐会的保留朗诵和演唱内容。

我在担任科学普及出版社社长、党委书记期间,多得郭曰方老师的支持、帮助和指导,有幸出版了他的《科学的星空——郭曰方朗诵诗选》和《科学之恋:郭曰方散文随笔选》精品图书,并据此打造了"科学·文化与人经典文丛"图书品牌。2017年春节前夕,有感于郭曰方老师的厚爱和提携,我专门作藏头诗一首,以表敬仰思念之情、佳节慰问之意。

郭城逢春满挂红，曰安道福喜庆浓。

方辞旧岁祛疾痛，先登新楼阅著丰。

生机无限颂科技，过雁两行写诗文。

年关已近思良师，好酒遥祝体健葱。

拜读《报国——诗画共和国功勋科学家》书稿，我再次被这些科学家的精神所感动、所激励，专此赋诗一首，以表敬佩之情、感怀之念。

群贤跃马号角催，自主攻关勇作为。

三老四严作风硬，两弹一星丰碑巍。

重才尊知强科技，兴军卫疆耀国威。

诗画元勋彰典范，创新争先后学追。

爱心慧眼世情收

五天工制启新篇,社会文明重休闲。

自由审美张双翼,落霞孤鹜悦心田。

1995 年 3 月 25 日,国务院发布 174 号令,决定自当年 5 月 1 日起,实行每周 5 日工作制。伴随双休日走进中国人的日常生活,一门新型学科——休闲学开始落户中国;自那时起,与于光远、龚育之等中国休闲学缔造者一道,马惠娣在休闲学领域潜心耕耘、开疆拓土,成为享誉国内外的知名学者。

马老师是我在中国科协亦师亦友亦姐的同事,早年她主要从事科学技术与社会关系中的哲学问题研究,退休前开始转向休闲学理论研究,关注休闲这一新的社会文化现象及现象背后所蕴涵的哲学、社会学、文化学、经济学等问题。

休闲学是以人的休闲行为、方式、需求、观念、心理、动机等为研究对象,探索休闲与人的精神生活、生命意义和社会价值,以及与社会进步、人类文明之间相互关系的一门综合性学科。我是通过与马老师交往才开始了解休闲学的。马老师认为,休闲既是人生存的一种形式,也是生命的一种状态;在中国文化传统中,"休"乃"静"也,"闲"为"雅"也,心好、心安、心静、心悦、心正乃休闲之本。这种认识也体现在马惠娣的日常生活态度中。2008 年 10月,她赴欧洲学术旅游,第一站到巴塞罗亚,就把照相机、翻译器、信用卡、现金和存有学术报告的 U 盘丢失在大巴上了。好在护照、旅行支票、往返机票和看书的眼镜还在,马老师并没感到沮丧,反而有了一种惯常出国前所产生的美好预感和直觉。果不其然,没了精心制作的PPT,她用英文做学术报告反而增添了自信;丢了信用卡和现金,逼得她重新设计旅游路线,就有了乘火车游览更有风味的城市、悠闲地欣赏独特自然风光的难得经历;为了节省开支,住最便宜的男女混居青年旅社,不仅见识了异国青年的热情、奔放和自律,还收获了无私的帮助和真挚的友谊。在马老师看来,旅行是休闲的一种重要形式,也是人际交流的一种社会现象,你只要满怀真诚和友善,就能得到同样的收获和回报。

马老师说话轻声细语,做起事来不紧不慢,彰显着知识女性特有的优雅和柔美,充满着仁厚长者从容的睿智和温爱,应该是深得"休闲"之真谛。退休后,她被聘为中国艺术研究院休闲研究中心主任,专注于休闲学研究,可谓成果丰硕,至今已出版《休闲:人类美丽的精神家园》《于光远马惠娣十年对话:关于休闲学的 10 个基本问题》《自然与审美——休闲的两只翅膀》《走向人文关怀的休闲经济》等学术著作,先后两次主持翻译、出版了《西方休闲研究译丛》,发表休闲论文 60 余篇;她还是国际社会学协会休闲研究委员会理事会委员,并作为中国学界的唯一代表当选世界休闲科学院资深院士。

马老师年长我 10 岁,为人却十分谦逊,赠我的图书写的都是"文人雅士苏青先生批正"。"文人雅士"我自不敢当,但她没把我列入庸碌官员行列,我却感到十分欣慰。我们之间君子之交淡如水,彼此都很关注对方的文字创作和学术行踪。2021 年春,读到《金华日报》刊登的一篇文章,我对这位尊敬的大姐及其学术观点有了更深的认识。该文报道了"休闲大咖"马惠娣在金华古镇的所见所闻,拜访文友"丹溪草"以及读"丹溪草"新著《人类命运:变迁与规则》后的体会。

马惠娣认为,"丹溪草"将人类命运与"规则"联系在一起,并以儒家的儒雅对"规则"做了诠释:克己和温柔是快乐、幸福的纽带,《人类命运:变迁与规则》是一部史学、哲学功力深厚的大视野、大格局、大手笔之作。她为这部著作专门写了书评《人类命运挑战中的"省"与"思"》,特别强调,人类要遵守规则,个体要懂得自律,每个人都要承担相应的社会责任,而最大的"规则"就是对自然的敬畏与谦卑。我想,这或许是马老师对那些常把"休闲"误解为"游手好闲""贪图享受"人的一种告诫或警醒吧。

在金华街头,马惠娣与80多岁的退休老夫妇交流养宠物的体会,与年轻的企业老总谈饮食……看到老年人随和自然、不自怨自艾、有休闲情趣,年轻人忙而不盲、追求生活品质、工作张弛有度,她深感江南古镇文化底蕴深厚,人们骨子里都透出休闲的气质,不禁感慨道"没有闲适之心,做不出高雅之事"。

日常出游,马老师闲庭信步,独具慧眼,撷英拾美,爱意浓浓,收获满满。真的佩服她:活得那么潇洒,活得那么从容,活得那么散淡,活得那么智慧,活得那么大气,活得那么优雅!感慨之余,填《浣溪沙》词一首,以表情怀。

信步金华古镇游,老街小巷火烟稠,爱心慧眼世情收。

敬畏在心规矩守,自然人类共乐忧。丹溪草品美文酬。

名将风采智武英

与天津市西青区杨柳青镇仿古建筑群的富丽堂皇形成鲜明对比，相隔不足一华里的平津战役天津前线指挥部旧址陈列馆深藏在镇上毫不起眼的药王庙东大街。我按照高德地图导航，先后问了两位摆摊卖水果的大嫂，才好不容易找到。

平津战役是解放战争时期我人民解放军将国民党军傅作义集团分割围困于北平、天津、张家口地区并予以各个歼灭、解决的战略决战性战役，天津攻坚战为其中的重要组成部分。时任东北野战军参谋长的刘亚楼将军既是平津战役的重要指挥者，又是天津前线指挥部总司令，天津前线指挥部就设在杨柳青镇上这么一个不起眼的地方。

指挥部旧址为一所两进的四合院式小民宅，这里原是一位在天津城里开银号的戴姓小财主的住家，院子适中且不显眼，离城区又不算远，非常适合用作前线作战指挥部。1949 年 1 月 2 日，刘亚楼带领一支精干的指挥机关队伍秘密进驻此地，在此召开高级军事会议，部署作战方案，指挥前线作战。当时这里还属白区，经常有特务出没，国民党曾派飞机轰炸，炸飞了邻近的佟家小院，指挥部躲过一劫。陈列馆专门仿制了两枚航空炸弹放在一进的院子里，记述这次轰炸事件。

整个陈列馆只有 4 个对外开放的展室，第一展室介绍天津攻坚战的全过程，另外三个展室分别为警卫室、参谋室和作战指挥室。作战指挥室为套间,其中一间为刘亚楼休息、会客所用,馆内陈列的皮箱和行军床据说都是他当年使用过的原物,为1983年刘亚楼的夫人翟云英无偿捐赠的珍贵藏品。

各个展室按当年原样分别摆放有作战地图、电话、发报机、沙发、卡宾枪、子弹带、弹药箱、公文包等军需品,以及桌椅、床铺、标语、水壶等仿制实物。睹物思情,你可想象当年在这里曾发生的尽管看不见战场硝烟,但却充满了智慧、勇气、严谨、高效、警惕气氛的紧张工作场面。

第二进院子陈列了一辆据说是当年刘亚楼专门乘坐的威利斯吉普仿真车。这种车1940年由美国威利斯汽车公司研制,是一款多用途轻型越野小车,全车自重仅590千克(陈列室的说明牌误写为"250千克"),配有四轮驱动系统,是当时同类小车驱动力的3倍。由于马力大、车速快、自重轻、底盘高、机动强,威利斯吉普一度成为美军的通讯、侦察和指挥标配用车,"二战"影片里经常有美军开着这种车横冲直闯的镜头。

1948年12月11日,毛泽东主席发布《关于平津战役的作战方针》,同时命令刚结束辽沈战役的东北野战军秘密入关,与华北军区部队共同实施平津战役。年底,我军将傅作义集团分割包围于张家口、新保安、北平、天津、塘沽5地,实现了将敌抑留华北的战役预期目的,并通过围攻张家口,引诱北平守军驰援,歼敌精锐于运动之中,断绝了华北敌军西逃念头。

天津攻坚战中央军委最初决定是先打塘沽,以切断国民党军海上南撤退路,刘亚楼亲自到塘沽前沿阵地察看地形后,认为塘沽东靠渤海、南近海河,我军无法对敌形成围攻,且多为水网地带,盐池冬天不结冰,不利于大部队展开、机动,不仅难以速战速决,还容易导致人员伤亡。于是,他大胆向中央建言:缓攻塘沽,先全力拿下天津。军委很快复电："放弃攻击两沽计划,集中 5 个纵队准备夺取天津是完全正确的。"

针对天津守敌城防部署,刘亚楼制定了"东西对进,拦腰斩断,先南后北,先分割后围歼,先吃肉后啃骨头"的作战方案。为迷惑敌人,当天津城防司令官陈长捷派员到离杨柳青镇不远的大南河村与解放军谈判时,刘亚楼故意晚出发半个小时,并坐威利斯吉普车绕杨柳青发电厂转了一大圈后,才"风尘仆仆"赶到谈判地点。敌方代表暗自估算了一下行程时间,判断刘亚楼是从城北的杨村赶来,回去后便报告给陈长捷。为加深敌人的错觉,刘亚楼又派人在城北故意炮击,陈长捷由此坚信我军将从城北发起总攻,遂把王牌第 151 师从金汤桥核心地段调到城北防御。

1949 年 1 月 14 日上午 10 时,刘亚楼司令员在旧址处发布总攻命令,我军仅用 29 个小时就全歼天津守敌 13 万余人,并活捉陈长捷。1 月 15 日,天津这个华北地区工商业重镇、军事要津,回到了人民的怀抱。

天津攻坚战是刘亚楼将军作战生涯的得意之作,新中国成立后,他历任空军司令员、国防部副部长等职,1955 年被授予上将军衔,1965 年 5 月 7 日病逝,享年仅 55 岁。参观指挥部旧址陈列馆,感慨于党中央的高瞻远瞩、刘亚楼将军的担当机智、人民军队的英勇顽强,遂即兴吟诗一首,以抒情怀。

辽沈战罢入平津,运筹帷幄杨柳青。

围点打援切退路,敲山震虎困北平。

弃沽围城彰韬略,声北击西破敌营。

总攻号令出小院,名将风采智武英。

平民视角笔锋利

当下中国,随着政治环境的不断开明,开始进入一个时事评论勃兴、庶人皆可议政的时代,并由此塑造出了一大批关注社会问题、善于独立思考的新型中国公民。陕西人民出版社 2007 年 5 月出版的李森著作《思想的纬度》,似乎就是要向人们昭示,思想者并非少数政治家和社会科学家高不可攀的独享权利,每一个有社会良知和责任感的普通公民,同样可以成为思想者。

《思想的纬度》既不同于社科领域象牙塔内专家学者的恢宏著述,也有别于文人墨客嬉笑怒骂轻佻的应景杂文,它是一位"出身于一个普通而又平凡的产业工作家庭"的思想跋涉者,带着对普通民众的人文关怀,揣着对美好社会的憧憬向往,对从辍学儿童、农民工、矿难受害者、城镇乞丐、艾滋病患者到城里人、房地产商、腐败官员、食品造假者等社会人物进行深度扫描的思想随笔,对从贫富悬殊、道德失范、人文缺失到环境污染、世风日下、官场腐败等社会诟病进行犀利批判的文学随笔。

"穷人和富人""医疗市场化的末路""教育产业化还能走多远""矿工的命值多少钱""我们还能吃什么""人类对于动物的两种胜利""蛋壳、鸟巢及其他""有感于重提节约"……,《思想的纬度》收录了李森自 2004 年至 2007 年创作的 55 篇杂文和随笔,讨论的话题几乎囊括了近年来中国社会各类热点难点问题。站在草根的立场,以平民的视角,从社会学和哲学的高度,李森追寻了这些社会问题产生的根源,探寻了各类社会问题破解的途径,思想的触角涉及到的社会问题纬度之宽广,彰显了作者思考的深度和解析问题的力度。

思想需要距离,这种距离更多地意味着冷静和理性。既不同于当下愤青"指点江山、激扬文字"的浮躁,浅薄文人"急就章"即兴评述的草率,也不同于时髦学者故弄玄虚的深奥,势利学者高高挂起的冷漠,李森结合自己的生活经历、工作历练和理性探索,通过心态平实、不急不躁但又不失激情的对社会问题、民生问题的关注和思考,给我们提供了数量可观的值得回味的文字,创造了以百姓语言深度审读社会问题、民生问题的写作范本。

在李森看来,"所谓思想,既是思考的活动及其过程,也是思考的结果,就是调动人的正常思维,形成自己的思维能力、思维方式、思维习惯、思维成果。"因此,他认为,思想者并不是"领袖、专家、学者的专利","能够进行这种思维活动的人,自然就是思想者了";而且,成为一个思想者,也是"任何一个有正常思维的人都能够做得到的"。我以为,李森的话只说对了一半,每个人确实都有可能成为思想者,但并不是每个"能够进行这种思维活动的人","自然就是思想者了"。"思想者"和"能够思与想的人"的根本区别在于,前者有着强烈的社会责任感和使命感,并把这种责任感和使命感付诸于言行,期望通过自身的努力来影响社会的正向进程。

李森长期在党政机关从事干部人事工作,待人诚恳,处事低调,酷爱读书,长于思考,勤于创作,是给我留下深刻好印象的人事干部。党的十八大之前,一些腐败官员和平庸干部已经把人事干部的形象糟蹋得很是可以,在人们心目中,人事干部或是不怎么干"人事",或是毫无主见,或即使有主见也丝毫不敢发表主见,能够"思与想"已经够抬举了,更遑论"思想者"了。李森则不然,在我看来,他甚至可以说得上是另类,他"对现实社会存在的弊端提出批评,包括尖锐、尖刻甚至苛刻的批评",不仅显示了他的卓尔不群,更彰显了他作为思想者刀锋的锐利、责任感的强烈。抨击医疗市场化,李森毫不留情,"接受医疗保障,是公民的基本权利,岂能通过提价来抑制需求? 当通过提价来调节需求致使相当多的人看不起病、得不起病的时候,或者相当多的家庭因看病而致贫、返贫的时候,甚至在看病的问题上也是'金钱面前人人平等'的时候,还有什么贫穷百姓的活路? 还有什么社会公平和正义可言?"("医疗市场化的末路")针对日益严重的食品制假现象,李森再次发出了愤怒的拷问:"面对如此恶劣的生存环境,我们只能问,我们还能吃什么? 还敢吃什么?"("我们还能吃什么")

思想的纬度,代表了思考的深度。是的,对于真正的思想者来说,循规蹈矩的机关工作并不能束缚其自由思考的翅膀,按部就班的人事工作也不能钝化其飞扬文笔的锋刃,产业工人家庭的淳朴教育背景、国家机关部门的宏观视野、多个岗位实践的社会历练,反而让李森更能洞彻社会问题的症结所在,更能从操作层面上探求解决中国社会问题的可行之道。还是探讨医疗改革的"药方",李森认为,"解决老百姓看病难、看病贵的最有效办法就是停止以市场为取向的医疗体制改革,使医疗机构、医疗事业回归到作为社会公益事业的本来性质,回归到优质、低廉地为百姓提供服务的正确道路上来。"那么,如果暂时还做不到这一点,怎么办? 李森的回答同样毫不含糊,"应当加大对医疗机构存在问题的执纪执法力度,坚决依法打击各种违法行为,切实保护人民群众的利益。"

真正的思想者是无私无畏的,真正的思想者是拥有大爱的。诚如作者在"自序"中所言,对社会问题剖析得如此深刻,批评得如此尖锐、尖刻甚至苛刻,"实在是源于我对祖国、对父老乡亲和我的父辈们深深的爱,源于我对党和政府深深的信任,源于我对自己身在其中、为其一员的中国共产党所追求的理想的深深信仰。"正是基于这样的一种忠诚和信仰,《思想的纬度》作者提出人人都可以成为思想者,与其说是每个公民在现代社会走向成熟的标志,毋宁说是民族兴旺、国家强盛对当代中国公民的热切期待和迫切要求。

这正是:

平民视角笔锋利,独立思维解热题。

心胸坦荡剖时弊,文字担当彰高低。

事业开拓乃刚强

"我会理事长丁乃刚先生于今早5点多去世,愿他一路走好。"2011年4月29日中午,收到中国科技期刊编辑学会秘书长姚希彤老师的这条短信时,我正在井冈山随团参观革命烈士陵园,肃穆的心情顿时增添了几分哀伤。

丁乃刚,男,1940年出生,著名出版专家,长期从事科技图书和科技期刊编辑、研究及管理工作;曾任《中国科学》《科学通报》编辑部编辑、副主任、主任,科学出版社副社长,中国科学杂志社社长兼常务副主编;现任中国科学技术期刊编辑学会理事长。

我2003年年底才开始涉足科技期刊编辑领域,并有幸在丁先生领导下参与中国科学技术期刊编辑学会工作。该学会成立于1987年3月,在1991年4月举行的第二次全国会员代表大会上,丁乃刚就当选为秘书长,开始介入学会领导工作;2000年9月,在学会第四次全国会员代表大会上,他当选为理事长,开始全面领导学会工作;之后,又在2004年9月召开的第五次全国会员代表大会上连任理事长职务至今。

丁乃刚的事业辉煌期应该是在上个世纪的八九十年代。在任科学出版社副社长岗位上,他主管期刊工作,之后又任中国科学杂志社社长兼常务副主编,领导《中国科学》和《科学通报》锐意改革,创新发展,奋发图强,成绩显著,使中国科技界这两个重要学术刊物取得了突出的社会效益和经济效益。1996年,他入选第一届

"全国百佳出版工作者"行列；1997年，荣获第五届中国韬奋出版奖。那段时期，丁先生四五十岁，正值人生精华阶段，年富力强，阅历已丰，思维敏捷，行动果敢，论著颇丰，在科技期刊编辑界可谓纵横捭阖、叱咤风云，在促进中国科技期刊走向世界、推动科技期刊数字化进程等方面成绩突出，功不可没。

我第一次见到丁乃刚理事长，是2004年9月在北京召开的中国科技期刊编辑学会第五次全国会员代表大会上。丁先生因患脑血栓刚出院没多久，坐在主席台上显得精力很不济，说话费劲，反应也显得迟钝。会上，他连任学会理事长，我有幸被选为常务理事，并在3年后被增补为副理事长兼学术委员会主任，开始直接在丁理事长的领导下参与学会工作。

据说，自2003年老伴去世后，丁先生的身体就开始每况愈下。2006年9月，学会在北京交通大学举办主题为"科技出版与科技创新"的第二届科技出版发展论坛，开幕式上，丁理事长是被人搀扶着一步一步地从电梯口挪到主席台上的。此时，他事业最辉煌时期的那种神采风貌已经荡然无存，你已经很难把眼前这位身体衰弱得令人同情的长者和那个曾经带领期刊界同仁拼杀在编辑第一线的丁乃刚联系在一起。

我和丁理事长没有见过几次面，由于之前没有交情，见面也没说过几句话。我最后一次见到丁乃刚理事长，是在2009年春节前的某一天。那天，姚希彤秘书长召集学会所有副理事长前去探望他。由于种种原因，丁先生的晚年很凄惨，独自住在北京郊区农村的一家民营养老院里。我们一路打听，费了很大劲才找到那家像单位招待所的养老院。那里的住宿和生活条件是按付费的多寡来确定的，等级分明，丁先生的房间靠阴面，两人住，每人一床一桌一椅一柜，显得空空荡荡、冷冷清清。十几平米的房间很是阴冷，充满了难闻的异味,丁先生衣着邋遢,表情麻木,少言寡语,流着清鼻涕规规矩矩坐在床沿上,乖得像个听话的好孩子,已呈明显老年痴呆症状。见此情形,我们每个人心里都堵得慌。

丁乃刚理事长去世后,我想为他写一幅悼念挽联,在网上找到他的一份简历,简历里竟提到丁先生曾在我现在就职的科学普及出版社工作过。于是,我开始向社里在职的老同志打听,他们竟然都不知道丁先生曾经是我社的一员。电话打到86岁高龄的王麦林老社长家里,老人家的记性出奇的好,我刚报出丁乃刚的姓名,她马上就说:"你算找对我了,丁乃刚确实在我社工作过。我记得是1963年,他当时刚从河北师范大学毕业,被分配到我社工作。起初在《知识就是力量》编辑部做编辑,之后跟随老编审贾祖璋编辑出版青年科普读物《科学初阶》,我记得他刚到社里就是党员,各方面表现都很不错。"

王老告诉我,"文化大革命"期间,科学普及出版社与科学出版社合并,职工也一并合过去了;改革开放后,科学普及出版社复社,丁乃刚和原科学普及出版社的一些职工就留在科学出版社了。有了这样一种渊源,我给丁乃刚先生写下了如下挽联,以表哀悼、怀念、崇敬之情。

科普图书优秀编辑奋发图强传唱无私奉献美妙乐曲;
学术期刊擎旗领袖继往开来谱写创新发展壮丽诗篇。

荣光丽书耀瑶台

2017年4月9日晚七时许,我与妻子正在北京航空航天大学晨兴音乐厅门口,准备入场观看由中国科协科学之声合唱团和北京航空航天大学学生合唱团联合演出的"致音乐、致祖国"合唱音乐会。突然,一外地大学校友发来微信:"学长:黄发荣因食道癌于昨日去世了,才65岁。"一阵晚风吹来,我顿时感到一股寒意扑面而来。

黄发荣是北京理工大学退休干部,为中国书法家协会会员,是颇有名气的书法家。他常年坚持书法,时常练习气功,身材瘦削、挺拔,朋友们常调侃他至少能活一百岁。今天上午,我向学校档案室核实他去世的噩耗时,同事告诉我,就在2017年1月,黄老师还和单位同事相聚,推杯就盏,谈笑风生,毫无大病先兆。不料刚3个月过去,竟和大家阴阳两隔,音容笑貌成为永诀。

还在没有认识之前,我就早已知道了黄发荣的大名。黄老师是最后一届工农兵学员,1977年3月进北京理工大学自动控制系学习。他是学校当时新创立的书画社的骨干成员之一,与现在的著名书法家、当时的学生书法家盛自强、张又栋等人经常在校园中门橱窗展示书法作品。我是七八级大学生,在工科高等学校里能时常受到这些才华横溢的学长们艺术的浸润,受益匪浅,对他们自然满怀敬意。

1985年,我研究生毕业留校,从事《学位与研究生教育》编辑工作，与其时在学校高等教育研究室也当编辑的黄发荣老师开始有了往来；由于志趣相投，两人交往日益增多，成为朋友。1993年我到校长办公室任职后，黄老师正好在党委宣传部任副部长，我们之间的合作这段时期达到高峰，我的工作也得到了他的大力支持。每次学校举行重大活动，需要媒体宣传，都是他跑前跑后与记者联系，热情接待记者。一些重要会议的横幅，经常也是由他来亲自书写。那时，他精瘦的身躯里似乎有使不完的力气。

1995年，学校筹备55周年校庆活动，准备为中心花园已立的徐特立（学校前身——延安自然科学院第三任院长）铜像增刻碑文。按照校领导指示，我为铜像撰写了碑文，由黄老师提笔书写碑文，铭刻在雕像背面的大理石上。这是我们俩最高兴的一次合作，也成为我们友谊永久的见证。

1996年3月之后，黄老师调任工业设计系直属党支部书记，年底又调到出版社任专职党支部书记兼副社长。工业设计系和出版社都是我担任校长办公室主任时喜欢跑的单位，和他的联系自然还是很多。他知道我爱看书，出版社每有好书出版，都会送我一本。我很珍惜老大哥的这份情谊。

黄老师是江苏盐城人，从小在上海长大，在上海读的小学和初中，不到17岁就进江南造船厂当仪表工。虽然身材像上海人那样瘦小，但性格却很豪放，喜爱烟酒，不拘小节，没有影视节目里常埋汰上海人的那种小小气气、胆小怕事、谨小慎微的样范。这些性格特点既彰显了他作为文人雅士热情坦诚、自由奔放、无拘无束优点的一面，但我认为也成为了他从政的致命弱点。有时见到他喝酒缺乏节制，来者不拒，别人一捧就喝，醉后说话又不太注意，我就会悄悄提醒他，但感觉效果并不佳。令人欣慰的是，事后，他都会向我表示感谢。

1999 年年底，我竞聘担任了学校出版社社长。由于前任领导班子不团结，校党委决定重组班子，并征询我对现任班子成员去留的意见。黄发荣老师其时非常想留任，我到社的第一天，他就找我谈话，表达了与我真诚合作的愿望。那天晚上，我们谈了三四个小时，我认真听了他对出版社工作的各种想法，以及对出版社人和事的种种评价。尽管在从政问题上我自己也很幼稚，但当时觉得他还不如我。听完他的讲述，我认为，从政对他也许就是一个错误的选择。我告诉他，虽然我们是好朋友，但我不会选他做助手，希望他另谋出路。讲这话时，我是下了撕破脸皮的决心的。黄老师心底纯良，他虽然很失望，但没有生气，更没有由此记恨我。就这一点，我永远感激他，永远敬重他。

我们常常把当官作为对一个人做出成绩的奖励。其实，并不是每个人都适合当官的。我始终认为，黄发荣老师最好的归属是做一个有影响的书法家。他有这方面的天赋，也有这方面的勤奋。但造化弄人，直到退休，他还是学校中层干部的一个副职。从那以后，他先后被安排任电教中心副主任，甚至膳食部副主任，4 年前从档案馆副馆长任职上退休。

我不懂书法，但很喜欢黄老师的书法。他的书法潇洒豪放、刚劲有力，充满阳刚之气。在校时我曾多次向他索求墨宝，也许是太熟悉的缘故，每次他都爽快答应，但就是不见行动。调离学校后，大约是 2007 年的某一天，我回母校参加校友会的一个活动，在校园里遇见了他。他热情地把我领到了档案馆他的办公室，拿出一副早已写好了的字送给我。我打开一看，上面写的是："淡泊以明志，宁静以致远——请苏青好友雅正。"

故人已逝，亲朋哀伤，谨作藏头短诗一首，以表哀悼、怀念之情。

　　悼语无声心自哀，黄泉无道劫英才。

　　发奋练笔成一体，荣光丽书耀瑶台。

草衰花落桐雨泣

2019 年 10 月 6 日清晨,从中国科协原副主席、原书记处书记冯长根教授微信中惊悉,中国科协国际联络部原部长张建生博士于 10 月 5 日不幸因病在美国丹佛去世,享年 60 岁。

我和建生老大哥既是同事,也是朋友,两人颇有缘分。2003年我从北京理工大学调到中国科协前,曾经两位领导推荐,差一点赴欧美同学会任副秘书长职务。后来得知,其时,张建生老大哥刚辞去这个职务,调回中国科协任中国对外应用技术交流促进会主任,因而空出了位置,给我提供了晋升的机会。

那一年,我最终没去欧美同学会,而是选择了离家非常近的中国科协科技导报社任职。从此,和建生老大哥成为中国科协同事,两人开始多有交往。从建生那得知,他的夫人在北京理工大学附小任职,是我非常熟悉的校友同事。我们的关系一下子又更近了。

张夫人王越人女士时任附小副校长,是海淀区知名的优秀数学教师,曾担任我女儿的班主任,是孩子的数学启蒙老师。1993年至 1998 年,我曾就任北京理工大学校长办公室负责人,附小那时归校长办公室代管。有一段时间,附小领导班子不团结,教师意见很大,学校就委派我牵头,与校人事处处长、机关党总支书记一道,共同负责改选附小领导班子。我们三人商量后,一致决定改变以往考察任命班子成员方式,交由全体教师民主选举产生班子成员。最后选出来的三名班子成员中就有王越人老师,她是年龄最小的校领导。

令人欣慰的是,这届领导班子结构合理、团结有力、能力超强、公正廉洁,深得广大师生拥护,持续干了 20 多年。俗话说,不是一家人,不进一家门。从王越人老师身上,我能看到建生老大哥的影子。对选好了附小领导班子这件事,在建生老大哥面前,我常常感到自豪。

建生担任中国科协国际联络部部长后,我们的工作交往就更多了。在我担任科学普及出版社社长期间,他对出版社参加国际书展、扩大对外交往、输出中文版权予以了大力支持,那段时间是出版社历史上对外交流最为活跃的时期。我在中国科协机关党委、机关纪委任职时,进一步感受到了老大哥工作作风的认真和严谨,在发展新党员、召开"两委"会议等具体事项上,他都认真推敲审批程序的每一个细节、党组织决议的每一处措辞,提出过许多建设性意见,使得程序更加完善、工作更加规范、表达更加准确、流程更加科学,为机关党建工作制度化建设做出了重要贡献。在调查处理国际联络部有关同志个人事项漏报情况或其他单位有关外事工作违纪事件时,他都予以详尽解释,常常主动揽责,为下属、兄弟单位减压,支持、配合我们的工作。调到中国科技馆任职后,我经常为临时决定或变更的出访任务直接给他打电话求援,每次他都是爽快答应、迅即督办。严谨作风、担当精神、务实品格、迅捷效率、兄长风范,使人感动,令人难忘。

建生老大哥工作勤勉低调、实事求是,有着山东人的豪爽性格,敢于仗义执言。列席科协重要会议,每每见他坚持原则,如实汇报,绝不文过饰非、报喜不报忧,让我等视为榜样、引以为傲。老大哥刚正平和、言语幽默,经常以风趣的自嘲来表达不同的意见,其宽容、睿智让人折服;重要事项征求意见,他更是坦陈实情、直言进谏,在大家都爱讲好听话的当下,他的这种品格弥足珍贵。

2018 年 6 月,建生老大哥不幸罹患肺癌,之后手术、化疗、放疗,并开始在家养病。我曾多次打电话表示要去探望,他每次都笑呵呵婉拒;我也曾多次相约其他与他关系相近的领导一同探望,但都因各种原因最终未能兑现。时间长了,也就没有再把探望之事放在心上,心里总认为以后有的是机会。谁料想,从此阴阳两隔,成为永远的遗憾,至今悔恨不已,深感对不起老大哥。

2019 年国庆节前,到中国科技会堂开会,我还向机关部门的同事打听建生老大哥的病情,告知几个月前他已赴美国孩子家中养病去了。今惊闻噩耗,无比震惊,万分悲痛。追忆往事,建生老大哥音容笑貌历历在目,谨作《钗头凤》一词,以表深切怀念、沉痛哀悼。

秋风细,侵寒意,草衰花落桐雨泣。闻噩讯,谁能信?笑貌犹在,鹤栖仙郡。命?命。命!

诚交友,情真厚,引才招智舒广袖。言谐笑,事低调,刚正幽默,范贤遗效。悼!悼!悼!

风范精神笑语存

2020 年 11 月 10 日下午,我在北京郊区开会,突然接到同事微信,告知黑龙江省科技馆馆长张成贵不幸因病去世,办公室正抓紧起草唁电发我审核。

此时正值立冬后的第四天,我心中一紧,遂打开车窗透气,一股冷风吹进车里,顿时感到阵阵寒意。噩耗太突然了,令人难以置信,悲伤、哀痛之情不禁涌上心头。

我与张成贵相识于 2017 年 6 月在上海科技馆举办的第五届全国科技馆辅导员大赛全国决赛上。那时,我到任中国科技馆党委书记岗位刚满一个月,对这项新的工作还完全是门外汉,是抱着虚心学习、潜心观摩、广交朋友的心态来参会的。张成贵既是省馆馆长,又是大赛评委,还是总决赛评审组组长,我们自然很快就相识。

赛事第一天午餐间隙,全体评委被请到一个单间就餐,以便一边吃饭一边商量后续赛事。我不明就里,一心只想多认识些人,懵懵懂懂坐到了评委桌席,各位评委都很尴尬。这时,坐在旁边的成贵善意地笑着提醒我:"欢迎苏书记到我们评委专席来指导工作。"我顿时明白过来,赶紧找借口跑到别的房间就餐去了。真诚、侠义、坦率、热情、机智的他,立马给我这个新入行者留下深刻印象。

成贵小我 6 岁,却是科技馆领域知名专家,近 20 年来始终奋斗在科技馆一线,为黑龙江省科技馆和全省科普场馆事业发展做出了突出贡献,曾连续 8 年被评为"中国自然科学博物馆学会先进工作者"。他还是"全国科协系统先进工作者"、黑龙江省科协"优秀共产党员",兼有中国自然科学博物馆学会科技馆专委会副主任、黑龙江省自然科学博物馆协会理事长等社会职务。我在中国科技馆 3 年多的工作时间里,没少得到他的帮助和支持。

2018 年 7 月,我率队赴黑河市调研中国特色现代科技馆体系建设,成贵以调研专家和东道主双重身份同行。他是大兴安岭地区呼玛县人,对黑河一带非常熟悉,一路给我介绍所到之处风土人情、名胜古迹,让我大开眼界,收获颇丰。参观爱辉知青博物馆后,我将即兴写就的一首感怀诗请他提意见,他对其中的"青春无悔悔何诉? 岁月有壑壑谁填?"大为赞赏,令我倍感鼓舞。

考察黑龙江省科技馆时,成贵馆长全程陪同,亲自讲解、汇报。他对各件展品如数家珍,与观众互动的故事信手拈来、娓娓道出,充满感染力。担任馆长 8 年多来,成贵以身作则、率先垂范,团结带领全馆干部职工锐意改革、开拓创新、不断进取,在展览设计、管理运营、打造品牌、拓宽合作等方面都取得丰硕成果,走出了一条独具特色的黑龙江省科技馆自主创新之路,获得全国科技馆界同行的高度认可。

成贵早在 2011 年就被查出患有胃癌,2014 年复发,先后两次手术,切掉了四分之三的胃。我从认识成贵始,就见他两眼凹陷,极为消瘦,但从没听他讲过自己的病情。2019 年 9 月,我在馆里见到来京参会的他,此时他又旧病复发,消瘦脱形,胃癌已转移,吃饭也困难。我因忙着公干,没顾上多问,安慰了他几句便匆匆离别。谁知这一别,竟成永诀。

2020 年 9 月,我欲率队赴黑龙江对漠河北极体验馆进行验收。该馆由中国科技馆、黑龙江省科技馆、漠河市政府共建而成,这其中也凝聚了成贵馆长的智慧和汗水。9月9日，我打电话给成贵，请他担任验收专家，一同前往。成贵说他已报名参加中国自然科学博物馆学会年会，无法兼顾，但应诺安排好馆里专家参加验收。这是我和成贵的最后一次通话，后来得知，那次年会他也没能成行。

9月下旬，代替成贵参加验收的是他们馆的党委书记德晓龙。在哈尔滨一会合，我忙问德书记成贵的病情，他告诉我情况不乐观，但9月初还见成贵到馆里上班，心态还不错。德书记说："那天，成贵还专门送我一把漂亮小雨伞，笑着对我说，下雨时你打开车门，只要'啪'地一声张开雨伞，立马就可以遮风挡雨了。"

从机场前往北极村的路上，看到高速道上"呼玛县"的指示牌，德书记急忙告诉大家："那就是成贵的老家！"我们大家心里都装着成贵馆长，都盼着他早日康复。只是谁也没有想到，此时成贵已经病重，正在北京接受手术治疗；术后返回哈尔滨，病情开始恶化，不幸于11月10日上午辞世，年仅53岁。

张成贵馆长为人处世是典范，干事创业是楷模，相信他到另外一个世界也不会孤单，同样会领军带兵，邀朋聚友，开疆拓土，再谱宏篇。友人溘然长逝，从此阴阳两隔；故人音容笑貌，此刻仿若眼前，填《桃花忆故人》词一首，以表哀悼之意、怀念之情。

入冬惊悉良朋去，悲泪雪花飞絮。往事连翩几许？真义情难叙。

创新开拓成功旅，贵在心同力聚。风范精神笑语，瑶苑新篇续。

长恨天妒英才茂

　　在资讯极为发达的今天，我们每天都可能获得死亡的消息，但是，当亡者是你熟悉的人，甚至是你的亲朋挚友时，闻讯噩耗那将又是完全不同的感受了。2021 年 2 月 19 日，著名出版人、大学出版精英、北京大学医学出版社原社长陆银道因病不幸去世，享年仅69 岁。惊闻噩耗，深感震惊，甚为悲痛。

　　陆银道是北京大学医学出版社创建者之一，该社前身是北京医科大学出版社，创建于 1984 年 4 月。当时，北京医科大学还没有与北京大学合并，陆银道是由北京医科大学教材处办公室主任调到出版社任社长助理的，主要任务就是参与出版社筹建工作。1992 年，因业绩突出，他升任副社长；1995 年即任常务副社长，全面主持出版社工作。2000 年，北京医科大学并入北京大学，北京医科大学出版社遂更名为北京大学医学出版社，陆银道被任命为社长。我就是在这一年认识陆社长的，那年一月，我通过竞聘走上北京理工大学出版社社长岗位，成为陆银道的同道。

　　与陆社长相比，我不仅在年龄上是小弟弟，在出版资历上更是小学生。尽管我向来喜欢读书，对出版颇有兴趣，但对出版经营却完全是门外汉。当上社长后不久，我就带领社里几个骨干专门拜访陆社长，向他讨教图书经营之道。陆社长热情接待，详细给我介绍图书成本核算、印制管理、发行策略，以及各部门员工考核办法和年终奖励、分配方案，可谓毫无保留、倾情相授，令人十分感动。

陆银道在担任北京大学医学出版社社长期间,坚持"稳扎稳打,精品为先"的经营理念,大胆改革,锐意创新,开创了出版社跨越式发展新局面,树立起了"高质量、高品位、高水平、多层次"的社会形象,成为中国大学出版社协会树立的一个标杆。那段时间,教育部社政司和大学版协经常给大学社的干部职工举办各类进修培训班,陆社长是这些培训班的授课常客教师。他还受邀到许多兄弟出版社讲学,走出国门与欧洲、美洲、澳洲等地国家的同行交流、切磋。我曾有幸听过他的几次课,受益匪浅。

陆社长在用人上坚持"不惟学历、不惟职称、不惟资历、不惟身份",在分配制度上坚持"效率优先、兼顾公平"原则,营造了良好的工作环境和氛围,极大地调动了干部职工的积极性和创造性。由于所领导的北京大学医学出版社社会效益、经济效益突出,陆银道2001年被评为北京市"经济技术创新标兵",2003年被评为第四届"全国百佳出版工作者",2008年被评为"首届中国出版政府奖优秀出版人物",成为出版界的佼佼者。

我2003年初调离出版社,从此逐渐疏远了大学出版界,由于之后的工作仍与出版工作密切相关,故对往日同道好友良师依然十分关注。在陆银道步入职业生涯辉煌时期,2008年第2期《大学出版》杂志曾发表专访文章,以"深水静流,不辱使命——访北京大学医学出版社社长陆银道"为题,报道了他拼搏奋进、打造医学精品图书的感人事迹。自1984年至2008年的24年间,陆银道既是一名创业者,同时也是一位领导者,使北京大学医学出版社从开办经费仅10万元起步,发展到拥有近1个亿国有资产的大学强社,可谓居功甚伟。

2002年,陆社长因一朋友的孩子欲报考北京理工大学,曾向我咨询学校相关专业及其录取分数线等情况,我遂带同事给他和他的朋友做了详细介绍。陆社长很重情义,虽然他朋友的孩子最终并没报考北京理工大学,但录取工作结束后,他仍持意请我和同事吃了一次饭,以表达他的感激之情。

陆社长是浙江宁波人,年轻时曾在北大荒做过知青。从网上他的知青战友发的博文中得知,早在 2011 年,陆银道就因工作劳累、身体透支,健康已经出现问题,一度曾住院休养。那时,他还不到 60 岁,让人唏嘘不已。如今,故人已去,年竟不及古稀,天妒英才,令吾辈长恨上苍不公、命运多舛,感而慨之,遂填《桃源忆故人》词一首,以表对陆银道社长的哀悼之情、缅怀之意。

陆离光怪银河道,辛丑惊闻噩耗。深水静流犹记,业界悲情悼。

当年授教勤周到,满腹真经倾告。长恨阴阳隔断,天妒英才茂。

莫道人微话语轻

2010 年 4 月,我履新科学普及出版社社长、党委书记,就任头几个月就是熟悉情况,包括认识每一位职工。认识王震宇源于他参加我倡议的"我为转企改制献良策"征文活动,他的投稿"我对出版社冗余人员分流与安置的理解与设想"通过盲评获得了二等奖。获奖征文评出后,工作人员向评委公布了每一位获奖者的姓名,王震宇获二等奖引来在场的社里评委一片惊讶声。

在人们的潜意识里,一个单位的主流人员获奖那是很正常的事情,而一位被边缘化了的人获此殊荣就让人有点出乎意料了。听同事介绍,王震宇原为美术编辑,上个世纪 90 年代后期美术编辑室撤销后,他先后被社里的杂志中心、经济图书室、数字图书室"收留",从事他不甚熟悉和擅长的工作,自然难以完成编辑每年的经济指标,从而逐步被边缘化。然而,这次王震宇不仅积极参加了征文活动,而且还成为 7 位二等奖获得者之一。

第二天,我在王震宇所在的数字图书室认识了他。给我的印象,那是一位低调、低沉的人;之后,偶尔在电梯口处看见正在抽烟的他,他也只是对我的打招呼、问好予以点头示意,再无多言。寡言的他,常常让我觉得在那瘦小的身躯里有一颗被深深压抑的心。

王震宇是我社在职员工中资历最老者之一,他 1975 年高中毕业后,遂到顺义县农村插队务农,1980 年 3 月回城后进科学普及出版社工作,时年 24 岁,正值风华正茂的年华。可以说,他把自己最好的年华都献给了出版社。王震宇是一位颇有才华的人，在我刚到社里主持召开的"出版社转企改制人员安置座谈会"上，许多职工夸他是我社版式设计第一人。杨艳在谈到 2001 年她策划出版的《妇科手术笔记》图书时，感慨地对我说："这本书的版式设计是王震宇做的，在那个年代他就有这么超前的设计意识，实在令人钦佩。"我看过这本图书，作者是我国优秀妇科大夫郎景和主任医师，这确实是一本内容和设计堪称完美的优秀科技图书。

王震宇确实是一位优秀美编，1989 年他主持设计了我社重点图书《中华人民共和国重大科技成果选集（1949—1989）》，1990 年参与设计了大型画册《北京亚运建筑》，他的这些图书还获得了装帧设计奖。王震宇一直也是一位称职的职工，十多年前，他所在的编辑室主任王明东副编审曾给他这位部下的年度考核写下了这样的评语："对工作满腔热情，认真负责，精益求精，善于学习，掌握新知识、新技术，自身素质较高，年年超额完成定额指标。"

就是这样一位在美编岗位上"年年超额完成定额指标"的职工，换了一个岗位后，却成了出版社的"负担"，成为需要别人帮助"背"经济指标的"累赘"。这就好比一条在水里能自如畅游的鱼儿，你非要把它拎到岸上和兔子比赛跑，结果可想而知。

王震宇在 2005 年年度考核表短短的个人总结里，留下了这么几行字："前路未有穷期，革命尚未成功，吾辈尚需努力。"字里行间流露的是伤感？迷茫？无奈？抑或是自责？自勉？自嘲？其间的苦痛和酸楚，恐怕只有当事人才能真正体味。

王震宇一定是对被"人员分流"有切肤的体会，他在征文中指出"'冗余'人员不能简单看作多余人员，'冗余'具有候补、替代的作用"。他是这样分析"冗余"的成因："由于历史、更多则是人为的因素，如机构的调整与设置不是以生产和业务需求为中心，且无长远建设规划,决策者随意很大,甚至个人的好恶、感情因素乃至利益关系掺杂其间……其直接后果是管理层面上的薄弱甚至混乱,岗位职责界定不清,人员没有合理的分流又何谈安置?人有其职又无岗可上,'冗余'之名己所不欲,又奈之如何?"

还是在"出版社转企改制人员安置座谈会"上,有职工进言:"每一位员工都是人才,就看领导者把他用在什么位置上。"王震宇和这位职工的这些肺腑之言,对我们这些手中掌有职工岗位调配权的社领导来说,当是警言。

正是身处这种不被人待见的境遇,王震宇开始用征文为那些有过或仍然身处同样境遇的职工仗义执言,开始为我社转企改制建言献策:"如果我们以国家和集体的安定团结为大局,以企业的生存发展与壮大为灵魂,以生产和业务需求为核心,以我社长远建设规划为蓝图,以人为本作为基本出发点,如果上述要素被各级管理者及每个员工接受,冗余人员的产生当从何而来?分流与安置又何难之有?"重温王震宇这些滚烫的文字,我对他倍生敬意。

然而,天不假人。2010 年 10 月 29 日,王震宇因故不幸去世,永远地离开了我们,而且走得是那样的突然、那样的意外。

莫道人微话语轻,征文字字俱关情。

人尽其才物尽用,拥权施策须慎谨。

谨以此文沉痛悼念王震宇同志。深深地怀念着,我们的战友。

叔叔古稀学写诗

"七十衰翁学写诗,老伴笑我有点痴。"(引自《学诗》一诗)

2009 年,刚刚年愈古稀的叔叔开始学写诗,不仅我的婶婶欣喜之余时常要说点"风凉话",我这个侄儿闻讯,同样倍感惊讶。

常听父亲说,他们兄弟姐妹一共有 7 人,就数我的这位叔叔最为聪慧,但由于家境贫寒,叔叔幼时只读了两三年的小学,从此再也没有进过正规学堂,至今仍视为大憾。在我看来,学历并不完全等同于学识和能力,更不等同于工作作风和做事态度。退休前,叔叔一直在长沙市马王堆乡担任乡镇干部,做过管理,干过技术,抓过科普,搞过企业,端的是"平生勤奋未辞劳,敢把铁担肩上挑。"(引自《往事》一诗)。年轻时,叔叔多有宏愿,一腔热血,勤奋读书,"自信人生一百年,勤读书报千数篇。"(引自《自信》一诗),但因生性耿直,每每却"委派重任职为副,却将主将作幕僚。"(引自《往事》一诗),以至"一蹴事就难如愿,当年抱憾郁心间。"(引自《往事》一诗)。读叔叔的诗,我对他老人家有了更多的认识和理解,且增添了更多的敬重。

当问及为什么古稀之年才开始诗歌创作,叔叔的《惜时》一诗给出了答案:"韶华易逝无言留,志趣未了已白头。爱读诗书学无成,只缘识浅腹内空。"正因如此,叔叔晚年读书、写诗,真可谓"惜时如命老求索,领悟真谛须斟酌。夕照耕耘日西移,不用扬鞭自奋蹄。"(引自《惜时》一诗)。好一个"不用扬鞭自奋蹄",叔叔这里借用臧克家先生的诗句,如盐入水,自然周贴。

读叔叔的诗,我能想见他创作时的专注和勤奋:

两盏台灯伴窗倚,三块镜片觅诗书。

良师教诲入心田,立意谋篇梦里拈。

黄昏莫叹学生老,有恒精练醒时圆。

(引自《学诗》一诗)。老眼昏花,需双灯高照方能清晰挥笔,得佩戴老花眼镜再持放大镜方能读书辨字。有最亲近的前辈如此做榜样,我等晚辈当觉汗颜,理应奋起直追。

清晨散步林荫道,枝头小鸟问我好。

我向小鸟摆摆手,它在枝头蹦蹦跳。

相对无语安静了,莫扰邻友睡好觉。

轻步走出林荫道,又遇学童互微笑。

(引自《晨练》一诗)。别以为古稀之年的叔叔写的诗就一定都老成古板,《晨练》一诗呈现出的人鸟和谐相处的场景让人欣慰,弥漫着的长者对晚辈的慈爱以及邻里之间的互为体谅让人感动,字里行间透出的轻松自然和不拘一格更是令人惊喜。

写诗不仅是一种高级文字智力游戏,无疑还可以陶冶性情,提升修养,改善心境,从而有利健康。

善待自己不怒恼,宽容他人不计较。

少管闲事关注己,寒暑日月加添衣。

饮食起居有规律,健身学习两相宜。

不把生死记心头,百年后事不绸缪。

读叔叔的《自律》一诗,一个处世泰然、心胸豁达、看透生死的叔叔仿佛浮现在我的眼前。而《遗愿》一诗,又把叔叔的这种处世境界推向了一个新的高度,令人肃然起敬:

赤身来世洁身归,一缕青烟化成灰。

莫占人间一席地,撒向原野报春晖。

我喜欢叔叔的诗,一如我喜欢叔叔这种洒脱、自信的人生态度。

叔叔官名苏建成,我想年轻时颇留有遗憾的老人家,晚年一定会事有所建、业有所成。这当然也包括他老人家的诗歌创作。

注 本文写作于 2009 年 3 月。叔叔苏建成已于 2020 年 10 月 20 日因病去世,谨收录此文,以表哀伤、怀念之情。

第三篇

爱善·真美

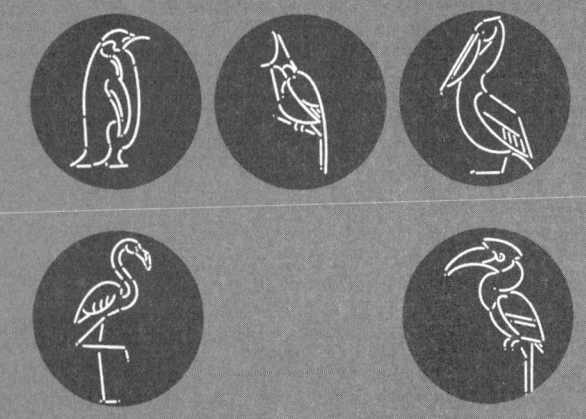

白衣天使扶死伤

病疫滔滔祸蔓延,谁甘冒险逆行前? 白衣装绿勇为先。

医院社区皆火线,神州防控总动员。拼抵奋力望凯旋。

这首题为"全家人民抗疫"的《浣溪沙》,是我专门为中国科技馆科普影视中心青年党员黄宇婕手绘同名水彩画配的词。

2020 年春节前后,新冠肺炎疫情日益严重。危难之际,不管是医院还是社区,不管是前方还是后方,总有勇士舍生忘死,逆行救险,投身到疫情防控的各个战场。他们是平凡的英雄、民族的脊梁、学习的榜样。

画完这幅画时,黄宇婕问自己三岁的女儿上面的人儿都是谁,孩子回答道:"全家人民。"回答得真好! 我和小黄一致决定,就把这幅画的名字叫作"全家人民抗疫"。

黄宇婕的另一幅绘画,讲述的是一对多日未见面、身着防护服"全副武装"的医护夫妻在隔离病房走廊偶遇,通过声音、眼神认出彼此,激动得相拥的动人故事。

"请问,你是陈炳吗?""是的。你是小奇吗?"2020 年 2 月 4 日,在浙江省绍兴市人民医院,该院放射科医生陈炳和儿科护士徐小奇,在相互试探并得到对方的肯定回答后,两人不顾一切地紧紧拥抱在一起。

原来,这家医院自设立疫情隔离病房后,徐小奇就主动报名增援,一直坚守在隔离病房一线;与此同时,她的丈夫陈炳也被安排给发热门诊和隔离病房的患者拍片。夫妻俩在各自战线上抗疫，又各自住在医院的宿舍里，一直未能见面。

这一天，徐小奇推着小车给隔离病房患者送饭、送药，陈炳正好也去隔离病房给患者拍片。两人都穿着防护服，戴着护目镜和口罩，一开始并没有认出对方。徐小奇眼尖，见走过来的人的体型很像自己丈夫，忍不住就先开口询问。于是，就发生了上面所说的这感人一幕。

我给黄宇婕这幅题为《爱之守护神》的绘画，填《采桑子》词一首，以表达对这对一线抗疫夫妻的深深敬意。

病房走道匆匆遇，身影熟悉。明眸熟悉，怯认相拥喜泪滴。

同壕夫妇阻击疫，英勇杀敌。激励杀敌，与子共仇披战衣。

2020 年 2 月 4 日，浙江大学医学院附属第四医院。在进入隔离病房抗疫一线 11 天后，该院护士陈颖终于和男友见面了。这是他们分别 11 天以来的第一次见面。为了防护安全，两人只能隔着玻璃、戴着口罩交谈、亲吻。

"宝贝，我好想你！""我也好想你！"短暂相见，两人抓紧倾诉相互之间的浓浓思念。

黄宇婕为这幅画写下了这样的注解："快乐有很多种，想你是第一种。"据此，我把她的这幅画命名为"相思吻最甜"，并填《忆江南》词一首，以表达我们共同的感佩之情。

情人见，窗阻吻无言。行逆伤离搏疫病，岂独疆场漫硝烟？思念最欣甜。

随着疫情日益严峻，各地纷纷派出精干医务人员队伍支援武汉等疫情严重地区。为了避免交叉感染，便于自身防护，给自己加油鼓劲，许多医务人员主动选择剃掉头发，誓与新冠肺炎病毒一决高低。作为同样爱美的青年女性，黄宇婕被这些义无反顾的平凡英雄所感动,专门选择其中的年轻女医务人员群体作画,并将画作命名为"女子偶像天团"。

我信守为黄宇婕的每一幅画配诗的诺言,为这幅动人的画作填写《卜算子》词一首,以示对部属的支持和褒奖。

青丝秀美颜,休妒芳华艳。天使白衣扶死伤,大爱疆无限。

抗疫请战先,不惧危和险。削发加油便防护,待命戎装检。

医务精心仁爱佑

2020年2月21日,我在"青诗白话"栏目发表"白衣天使扶死伤"文章,讲述了自己为中国科技馆青年同事黄宇婕4幅抗疫水彩画配词的故事。没想到,这几天,小黄一下子又给我发来4幅抗疫水彩画,我当然得信守诺言,继续配词。

2月20日有媒体报道,在武汉华中科技大学同济医院新生儿监护室里,有个出生不到20天的婴儿;他的父母都被确诊为新冠肺炎并被隔离治疗,小宝宝的安危就格外让人牵挂。

这个新生婴儿名叫石榴,出生后遂被转至重症监护室,这期间,通过央视直播,小石榴的父母和亿万观众都时刻予以关注,每天在线守护着他。2月19日,出生16天的小石榴从重症监护室转入普通病房,两次核酸检测结果均为阴性,健康指标一切正常。小石榴的父母特别感谢医护人员以及全国关注的"云爸云妈"们,表示治愈后希望能捐献自己的血浆,为抗击疫情做贡献。

黄宇婕据此新闻绘出《云的守护》水彩画,我应诺填《武陵春》词一首,共表对抗疫一线医务人员的敬意,共祝小石榴健康成长、全家幸福快乐。

抗疫神州春暖浸,万众瞩咳婴。父母隔离染患先,守护网云甜。

医务精心仁爱佑,幸运小石榴。检测指标两呈阴,共祝愿,谱真情。

小黄画的第二幅水彩画，讲述的是一个"战地新娘"的故事。

2月12日晚，接护士长通知，广州中医药大学第一附属医院护士唐杏杏下班后，赶紧回到她所在医院驰援的湖北省中西医结合医院医疗队会议室开会。推开会议室门，17位战友的手机灯光立刻闪烁。"新婚快乐！""祝你幸福！"杏杏没想到，战友们竟以这样的方式为她在抗疫一线准备了一场简朴而又特别的婚礼。

小唐原定与爱人元宵节过后于2月12日举行婚礼。1月26日，接到驰援武汉的通知，她所在的科室许多医务人员都报名"参战"。当天晚上，护士长打来电话，说有个师姐赶不回广州，问她能否顶上。唐杏杏毫不犹豫答应，当晚便收拾好行李，但怕家人拦着，没敢提前告诉。

第二天一早，该院18名医护人员组成的医疗队奔赴武汉，直到坐上动车，唐杏杏才打电话告诉爱人。通情达理的爱人郑重表示，等她一回来，两人马上就举办婚礼。

但是，杏杏的战友却没有忘记她婚礼的日子。提前几天，大家就抽空做准备：用简易防护衣做"婚纱"，用橡胶手套做花束，把包装袋剪碎做撒花……于是，便有了那场别开生面、让唐杏杏无法忘怀的婚礼。

黄宇婕和我都被这个动人的故事所感动，于是，我们又开始联袂合作：小黄创作水彩画《战地新娘》，我为画作配词《虞美人》。

元宵过后喜将庆，待字馨林本。忽闻武汉疫情急，忍却情郎请战卸婚衣。

相知岂在厮磨腻，危难彰高义。控防一线玉英红，战地新娘独立傲芳丛。

黄宇婕画的另外两张水彩画，题目都是"隔空拥抱"，我为两张画配的词，用的都是《减字木兰花》词牌。

第一幅是母亲和孩子的"隔空拥抱"图，其中包含好几个让人心酸、感动的故事。新冠病毒横行，无数医务工作者奋战在抗疫一线；对病人来说，他们是白衣战士，对孩子来说，他们就是放不下的牵挂。

一个不满 3 岁的孩子，他的父亲一直奋战在疫情防控一线。一天，孩子在电视里看到爸爸出现，激动得对着屏幕直喊"爸爸"。妈妈在战"疫"前线与孩子通电话，孩子哽咽喊道："妈妈，我好想让你抱抱，我都快忘了你身上的味道了。"9 岁的女儿终于在医院门前见到了分别多日的护士妈妈，母女俩却只能隔着防护区"拥抱"；女儿一遍遍喊着"妈妈"，妈妈则安慰说"打完怪兽妈妈就回家"。

这真是：

宝宝听话，莫道爹妈无念挂。抗疫离家，无刻无时不想娃。

隔空拥抱，遥感亲人怜味道。难舍爹妈，怪兽杀完就回家。

小黄第二幅"隔空拥抱"水彩画，讲的是新冠肺炎治愈患者与医务人员依依相别的故事。2020 年 2 月 15 日，火神山医院又有 4 名患者治愈出院。在纷飞的大雪中，他们向医护人员道别。十几天的短暂相处，医患之间已建立很深感情；分别时，他们倍感遗憾："你们救了我们的命，我们却连你们的样子都没真正见过……"医护人员都穿着防护服，隔空拥抱成为医患之间特殊的告别礼。

有诗为证：

患痊出院，起死回生身又健。挥手依依，恋恋难舍泪话离。

纷纷雪降，不晓天使啥长相。遗憾连连，拥抱隔空情意绵。

抖落蒙尘万里清

久日蜗居傻笨萌,景明出户赏春风,熟悉尽在陌生中。

黄素馨芳行道垄,杏桃悄放竞白红。寒冬知趣影无踪。

2020年春节过后,新冠肺炎疫情蔓延,大多数人一直是窝在建筑物内,即使恢复上班后,也是家里、车里、办公室里打转,我本人就有40多天基本没有迈出过家和单位的大门。3月13日,一大早开车来到单位,围着科技馆转了一大圈,忽然发现人变笨变傻了许多,以前熟悉的环境也觉得陌生了,只有看见道旁开放的迎春花(又名黄素馨),绽开花蕾的桃树、杏树和玉兰,感受着明媚的阳光,才感觉春天真的到来了,仿佛还是昨天的寒冬已了无踪迹。前面那首《浣溪沙》,就是当时散步时我心境的真实写照。

据媒体报道,2020年3月16日全天,我国报告新增确诊病例21例(其中湖北1例,境外输入20例),新增死亡病例13例;除湖北外,全国其他地方本土确诊病例已全部归零,全国现有确诊病例已降至9000例以内,重症病例较前一天又减少了202例。在此之前,3月10日,武汉市方舱医院全部休舱,各地支援湖北的医疗队也开始陆续返回。可以说,至此,中国的抗"疫"已度过最艰难时期,开始持续向好,疫情防控重点开始转向严格管控境外输入病例。

在疫情得以控制的情况下,有序地开始复工复产,恢复正常工作、生活秩序,促进经济社会发展,已经摆上各行各业议事日程。2

月 27 日,国家文物局发布《关于新冠肺炎疫情防控期间有序推进文博单位恢复开放和复工的指导意见》,按属地疫情低、中、高三种风险划分,对各文博单位的恢复开放予以分类指导。之后,自长春博物馆、成都武侯祠博物馆等近十家文博馆率先开放后,截至 3 月 15 日,全国已有 19 个省(区、市)的 180 多家博物馆恢复对外开放,其中一级博物馆就有 19 家。各恢复开放的博物馆均采取了严格的防疫措施,对参观观众提出了提前预约、实名购票、测量体温等明确要求,并提醒观众做好个人防护,以确保人员安全。

对于同样属于密闭式场馆的科技馆而言,上海科技馆或许是全国最先恢复开放的科技场馆。尽管 3 月 13 日恢复开放的第一天,该馆只接待了 91 位观众,但仍然采取了极为严格的防控措施,包括暂停团队接待和会员办理,单日最大承载量和瞬时承载量分别控制在 9000 人和 4050 人以内,暂不开放影院、餐厅等人员容易聚集的区域,暂时取消讲解、教育活动等,部分与观众密切接触或容易产生人员聚集的展品展项也暂不开放……各种措施可谓细致入微,为其他科技馆之后的陆续恢复开放积累了宝贵的经验。真可谓:

探路难免多涉险,从来勇士抢争先。

担当作为咋检验,紧要关头看谁前。

作为国家的政治、文化、国际交往和科技创新中心,北京的疫情防控工作容不得半点闪失,尤其是当前正面临防范日益增长的境外疫情输入风险的压力。因此,北京的文博馆和科技场馆的恢复开放肯定要晚于外地,但恢复开放却是迟早的事情,必须未雨绸缪,提前谋划。3 月 15 日和 16 日,我偕妻子先后到北京园博园、凤凰岭游览,学习、感受两个旅游景区的疫情防控管理措施。

凤凰岭自然风景区位于北京西北郊,以"奇峰""怪石""林海"

"神泉"闻名,享有"京西小黄山"之美誉。我以为,其北线景区更像西岳华山,呈现出的"奇、险、峻、幽"之美更令人神往。没想到,这个离市区20多千米的偏远景区,周日竟游人如织,我们驾车进入景区停车场,排了一千米多长的队,花了40多分钟。我想,疫情期间,各景区恢复开放如有一个统一的规划,比如,凤凰岭附近的鹫峰、阳台山、大觉寺等景区如果能同时恢复开放,这里的人流压力就一定能缓解许多。

参观北京园博园、凤凰岭,游人首先得用手机扫描统一的二维码,进行实名登记备案,登记信息包括游客姓名、身份证号码、联系电话、是否有湖北接触史、最近14天内是否离开过北京,并自动生成登记时间,以便日后需要时备查。然后是购票、测体温、出示个人信息登记截图、验票入园。游客必须全程佩戴口罩,现场排队要求一米以上间隔,园区多处设大喇叭,不间断地广播疫情防控注意事项。两个园区都有志愿者帮助维持秩序,指导登记个人信息,提醒注意防疫安全,疏导扎堆人流。

2020年3月15日是个周末,天气出奇的好,但见天空湛蓝、阳光灿烂、湖水清澈、草木复苏、花儿绽放;走进大自然,感受春天的温暖和空气的新鲜,不禁心旷神怡。联想抗"疫"有望在可期的日子里结束,蒙在每个中国人心底的阴影即将被阳光驱散,我不由得吟诗一首,以畅情怀:

一寸光阴一寸新,树枯绽绿水漾情。

老天也不甘诟病,抖落蒙尘万里清。

殷殷切切爱意浓

受新冠肺炎疫情影响,近期北京地区血库告急。2020年3月31日上午,中国科技馆27位青年职工积极响应馆里号召,报名参加了朝阳区奥运村街道办事处组织的无偿献血活动,用实际行动奉献爱心,支持抗"疫"。经体检筛查,最终共有16位同事光荣献血。目睹青年才俊同事的善举,我深受教育,十分感动,遂填《声声慢》词一首,以表敬意,以示褒奖。

滴滴点点,暗暗红红,潺潺汩汩淙淙。切切殷殷,爱意厚厚浓浓。扶伤救亡紧要,臂膊伸,起死回生。血淌艳,泰岳失高重,浩浩德功。

莫道区区小事,大义域无涯,善举恢弘。淡淡平平,恰似常见青松。凡人尚行伟大,傲同仁,玉树临风。众翘俊,榜样标齐看,赞美由衷。

对无偿献血这种无私奉献的善举,理应褒奖。但以什么样的方式褒奖,确实是一个值得认真探讨的问题。1998年10月1日,《中华人民共和国献血法》颁布实施,第二条指出"国家实行无偿献血制度",这标志着我国无偿献血工作开始步入法制化管理轨道。但是,该法并没有对无偿献血予以定义,使得"无偿"的含义并不清晰,给相关单位对这种善举予以褒奖尤其是物质奖励时造成了困难。通常认为,无偿献血是指献血者为拯救他人生命,将自身的血液无私奉献给社会公益事业,不收取超过因献血发生必要的交通、误工等成本额度以外报酬的志愿行为。或许正是基于这样的认识，采血单位通常会按献血 200 毫升、400 毫升分别给无偿献血者 500 元和 1000 元的补助，作为对献血者付出上述成本的一种补偿。

《献血法》第六条规定，"对献血者，发给国务院卫生行政部门制作的无偿献血证书，有关单位可以给予适当补贴。"那么，"有关单位"又是指哪些单位呢？如果专指采血中心，上述 500 元和 1000 元补助是不是就是落实《献血法》中的"适当补贴"？如果"有关单位"是指献血者所在单位，那就意味着该单位还可以另给献血者发放"适当补贴"。但是，问题又来了，献血者所在单位应如何来掌握这个"适当"呢？也就是说，多少钱才算"适当"？在全面从严治党的今天，这个问题很重要，如果没有把握好"适当"的度，很有可能在各种巡视检查中就要被问责。还有，如果补贴的额度越过了"适当"，带来的另外一个问题就是，那还叫"无偿献血"吗？

中国红十字总会洪峻岭曾在 1998 年第四期《中国卫生法制》上发表文章"国外无偿献血状况简介"，他认为，"无偿献血实质上是参加了一次利他主义行动，一次为了他人不思回报的行动。献血员的血液被看成是一种馈赠，一种对一个或多个需血者的慷慨解囊的表现。捐献血液者的行为，确立了他本人与另一部分人的友善关系。"作者还阐述了推行无偿献血制度的美好初衷和重要意义："无偿献血作为一种对人的友善行为，无需像卖血者那样掩盖自身的弱点，他会向医生如实地讲清自己的身体状况，从而避免不健康的血液流入临床，这对输血安全是至关重要的。"

我赞同这种观点，除采血单位即时给予必要的补助，以及献血者单位给予相应金额购买营养品予以无偿献血者慰问外，不主张再给献血者另外的金钱或物质上的补助，否则将有违无偿献血制度以及献血者本人的初衷——我们都相信,每一个无偿献血者在报名献血时,都没有想过还需要金钱的回报。这一点也充分体现在国际红十字联合会于 1991 年召开的第八届大会所做出的第 34 号决议对"自愿无偿献血"的定义之中:"出于自愿提供自身的血液、血浆或其他血液成分而不取任何报酬的人,被称为自愿无偿献血者。无论是金钱或礼品都可视为金钱的替代,包括休假和旅游等;而小型纪念品或茶点,以及支付交通费则是合理的。"

其实,在我们的周围还有许多默默无闻的自愿献血者,他们把无偿献血视为一种自己和家人践行社会公益活动的自觉行动。中国科技馆青年职工张乐、刘芳就是他们中的突出代表。张乐自 2003 年至今坚持无偿献血 15 次,献血总量超过 5200 毫升,2019 年被北京市公民献血委员会授予"无偿献血先进个人"称号。受张乐影响,刘芳 2015 年开始无偿献血,第二年带着丈夫一同参加,已连续 5 年无偿献血(丈夫连续 4 年),她本人就共计献血 1800 毫升。这两位青年党员都把无偿献血作为一种"发自内心想去做的一点点好事",刘芳甚至把在每一年孩子的生日期间和丈夫一起去献血,作为一种为孩子庆生的最有意义方式。

显然,如果只对单位组织的无偿献血者予以褒奖,我们又将如何褒奖这些默默无闻的献血者呢? 其实,每位无偿献血者对自身善举的充分肯定和内心坚守,就是一种最好的褒奖。这真是:

献血褒奖头绪多,理清还需多思索。

决策贵在思远虑,不因一叶而障目。

防控筹谋织网紧

2020 年 3 月 6 日，针对新冠肺炎疫情发展，中国科技馆对全国首个抗击新冠肺炎疫情网络专题展览——"新的对决"，进行内容的扩充、更新、优化后，正式上线升级版，持续为公众提供科学、全面、权威、适时、优质的抗疫展览内容。自初版 2 月 8 日上线至 3 月 11 日，该展览的观展人数已达 186.3 万人次，彰显了"万众一心、共克时艰"的抗疫主题，成为中国科技馆抗疫应急科普宣传的一大亮点。这真是：

抗疫书大义，防控显担当；病毒万民恨，危局众人扛。

设计争分秒，网络摆战场；创意拓思路，图文胜刀枪。

同心抗疫病，携手援前方；国馆勇引领，一呼百应强。

知识普惠民，展览传播网；筑牢抗疫地，巩固防控疆。

同仁共携手，谱写新篇章；兵戈再接厉，凯歌频传扬。

3 月 4 日，国家卫健委、人社保障部、国家中医药管理局印发《关于表彰全国卫生健康系统新冠肺炎疫情防控工作先进集体和先进个人的决定》，其中有 34 位同志被追授为"全国卫生健康系统新冠肺炎疫情防控工作先进个人"称号。这殉职的 34 人中，有 31 人为医护人员，另外 3 人为卫生监督管理人员。3 月 9 日召开的国务院联防联控机制新闻发布会披露，截至 3 月 8 日，全国城乡社区工作者已有 53 人在疫情防控中因公殉职。由此可见，抗击新冠肺炎疫情，前方有白衣战士勇斗病毒、救死扶伤拼搏奋战，后方有社区员工抛家舍亲、不分昼夜严防死守,他们共同用血肉构筑了疫情防控牢固阵地,成为打赢疫情防控人民战争的中坚力量。

春节放假,我和妻子回到天津宝坻的家中居住。没想到,宝坻因百货大楼出现"超级传播者"而成为疫情重灾区,自2月2日始,全区实行最严格的排查、隔离行动,先后有6万多人接受排查,2万多人隔离。我们所居住的京津新城小区遂实行全封闭管理,要求业主尽量不出房门,居家自我隔离,所需食物和生活用品全部由小区物业统一登记、采购,逐户送至家门。物业公司管理之严格、担当之勇敢、服务之周到、体贴之温馨,让人感动,我曾专门赋诗代表业主表达敬意和谢意。

庚子迎新,猪鼠不宁;新冠肺炎,病毒施淫。

春节前夕,形势严峻;江城门闭,全国预警。

疫情蔓延,民众心惊;小区封闭,恍若兵营。

严防死守,最为要紧;各自居家,减少出行。

小区物业,临危担命;危难时刻,彰显水平。

员工动员,职责分明;道路消毒,垃圾扫清。

安保巡逻,认真值勤;业主防疫,随时提醒。

社工辛苦,日夜劳辛;维修服务,及时技精。

代购食物,最为贴心;自担风险,体恤民情。

专人采购,戴月披星;送货上门,倍感温馨。

风雨同舟,舟行千里;患难与共,最见真情。

全体业主,共同致敬;谨赋小诗,代诉衷情。

天共日月,地结同心;防疫抗疫,定能打赢。

2月17日,我们回到北京,按要求继续居家隔离14天,再次感受到了所租住的北京印象小区物业和社区员工的关爱和担当。这期间,小区为所有外地返京人员专门建群,每天上门收垃圾、消毒、帮助收取快递、代购物品、督促上报体温,可谓热情周到、无微不至。一天,社区主任在群里发了一张管理人员深夜值守工作照,5位威武的男士站成一排,严把小区大门,俨然是全体住户的守护神。感动于物业和社区员工忠于职守、无私奉献,我遂填《浣溪沙》词一首,以表敬佩之情。

五大金刚勇猛英,严防死守把门庭,病毒谅你不能侵。

防控筹谋织网紧,彻排风险保安宁。赞歌一曲表衷情。

其实,身处疫区的广大民众也是抗疫主力军。他们识大体、顾大局,克服疫情带来的种种困难,积极支持配合属地党委政府的各项防控措施,守望相助、同舟共济抗击疫情,展现了坚忍不拔的顽强意志和甘于奉献的牺牲精神。武汉市民更是敢于直言"亮剑",向抗疫中的形式主义、官僚主义猛烈宣战。3月5日,中央领导小组在青山区开元公馆考察社区防控和群众生活保障情况时,有业主就冲着正在考察的中央领导大喊"假的,都是假的",反映社区物业假装让志愿者送菜给业主,实际工作不到位等情况。

一百多年前,武昌城头打响的辛亥革命第一枪,推翻了几千年的帝制,意义非凡。今天,武汉民众的一声呐喊,可谓打响了向形式主义、官僚主义宣战的人民战争第一枪,意义同样不可低估。在全面从严治党新形势下,有广大民众的支持,相信这个危害我党执政和群众基础的作风顽疾,一定能得到根治。有《浣溪沙》词作证:

公馆开元透玉晖,一声呐喊似惊雷。遮羞造假被撕吹。

辛亥枪声撼帝威,皇朝此去不轮回。此情意义可比追。

注 本文写作于 2020 年 3 月 10 日。

肆虐灾情定扫清

2020 年 3 月 24 日，湖北省新型冠状病毒感染肺炎疫情防控指挥部发布通告："从 4 月 8 日零时起，武汉市解除离汉离鄂通道管控措施，有序恢复对外交通，离汉人员凭湖北健康码'绿码'安全有序流动。"自 2020 年 1 月 23 日武汉开始封城，屈指算来，至今已经过去整整 62 天了。也就是说，再过 15 天，被困在武汉城中的 900 多万民众将获自由，恢复正常的生活、工作秩序。

此时，我正在为中国科技馆网络科普部青年党员汪明莹所绘抗"疫"宣传画《守护生命》配词，正好用刚填好的这首《满江红》来表达看到那则通告时的喜悦心情，以及受境外输入性风险影响可能引发国内疫情反弹的深深忧虑。

庚子春节，新冠疫，病毒侵浸。江汉危，城门封闭，人惶物罄。生死存亡情势紧，争分夺秒增援竞。降天兵，迎各路驰达，雷霆令。

行逆勇，白衣敬；无畏惧，军民警。拼全力以赴，守护生命。雷火神山救重症，方舱医院疗百姓。休懈怠，须外控内安，方赢定。

诚如抗日战争经历了"防御，相持，大反攻"三个战略阶段，我以为，中国的抗击新冠肺炎疫情阻击战也经历了从麻木、惶恐，到拉锯、反复，再到反攻、清剿的三个阶段。从媒体报道得知，2019年 12 月 27 日，武汉市中心医院送检的一例病人采样中就已发现一种新的冠状病毒，之后又有该院急诊科主任艾芬、眼科医生李文亮先后"发哨""吹哨"。但是，由于种种原因，这些危情警报并没有引起重视,甚至被人打压、隐瞒,导致很长一段时间内,即使是在疫区武汉,人们仍全无戒心,其他省市更是一派歌舞升平景象。2020 年 1 月 20 日,钟南山院士接受央视《新闻 1 + 1》节目采访时表示:"根据目前的资料,新型冠状病毒肺炎肯定人传人。"3 天后,武汉市政府匆忙宣布封城,民众惊慌失措,500 多万人逃离武汉;鄂、汉两级政府后续措施乏力,更是导致疫情一发不可收拾。

2020 年 1 月 24 日,本应是全国人民共同欢庆的除夕夜;但是,受武汉疫情影响,这一年的春晚,成为全国人民最糟心的一个春晚。当天晚上,和几家邻居相聚吃年夜饭,谁都无心看那满是欢歌笑语的银屏,也都不明白此时为什么还要搞得这么欢天喜地。当晚,填《江城子》词一首,以除心中郁闷。

万家团圆聚除夕,抢红包,玩手机。淡看春晚,悲喜氛围奇。莺歌燕舞演曲艺,同颂唱,共嗨皮。

楚天云暗鹤飞低,病毒欺,疫情急。困禁恐慌,最苦是黎民。莫忘孤城情势紧,驰相助,莫轻敌。

也就是在除夕夜,党中央发令,从解放军陆海空三军军医大学抽调,以及广东、上海等地派出的精干医务人员,多路紧急出动,率先驰援武汉,打响了与疫情的拉锯战。此时,各个领域的任何好消息,都是对全国抗"疫"民众的极大鼓舞。2 月 9 日晚,2020 年东京奥运会女篮资格赛第三阶段小组赛在贝尔格莱德举行,中国女篮 100 比 60 大胜韩国女篮,以三连胜、小组第一的佳绩昂首晋级东京奥运会,有力地声援了国内新冠肺炎疫情防控阻击战,极大地激励了全国人民的斗志。观看比赛,喜不自禁,遂填《采桑子》词一首,以示庆贺。

贝城三胜辟佳境,直进东京。决战东京,奥运拼搏就敢赢。

遥援抗"疫"添骁劲,激励千军。号令千军,肆虐灾情定扫清。

2020 年 2 月 13 日,党中央在抗"疫"特殊时期做出关键之举:湖北和武汉同日"换帅"。新任主官改变防控"打法",深入武汉的医院、社区、超市等地调研,进一步明确防控分工和职责,及时向社会发布权威疫情信息,实施全市疫情大排查,确保疑似、确诊病例"应收尽收"……开始了抗击疫情大反攻,成效立显,被动局面顿时扭转。3 月 19 日的全国最新疫情通报,我国本土新增疑似病例、新增确诊病例、现有疑似病例头一天全部归零,疫情防控迎来重要转折时刻。3 月 18 日的北京,狂风大作,呼啸恐人;次日,但见阳光明媚,空气清新,花香鸟鸣,不禁填《虞美人》词一首,以畅情怀。

狂风一夜惊呼紧,梦扰时常醒。平明窗望碧天新,如洗皇城飞鸟戏花鸣。

新冠肺炎追夺命,魔鬼狰狞影。揪心数据令人欣,疑似新增确诊尽归零。

如今,国内新冠肺炎疫情防控已进入清剿阶段,但国外疫情却更加严峻,外防内控容不得半点松懈。疫情过后,国人当认真反思,痛定思痛,吸取教训,更加科学地做好防疫工作。填《江城子》记之,祈愿瘟疫早遁,从此国泰民安。

病毒新冠逞凶狂,陷江城,祸国殃。死伤无数,冤主债谁偿?灾后总结吸教训,多补漏,筑铜墙。

陷阵冲锋救死伤,冒风险,又何妨?白衣逆行,无畏爱仁刚。万众一心齐剿疫,祈祝愿,永安康。

注 本文写于 2020 年 3 月 27 日。

鸣笛哀痛九州同

2020年4月4日,清明节。扫墓祭祖和踏青郊游,本应是这一中国重要传统节日的两大礼俗主题,但今年的清明节,神州大地只有祭祀和哀悼。

这一天的北京,轻度雾霾,日月隐耀。清晨5时54分,国旗护卫班官兵列队步入天安门广场,五星红旗随着《义勇军进行曲》升至顶端之后,又缓缓降至旗杆三分之一处,以下半旗的形式哀悼因新冠肺炎疫情而牺牲的英烈和逝世的同胞。

上午10时,我和家人肃立在露台上,低头默哀,凝听停在定慧桥上专用工程车发出的凄厉防空警报声,以及西四环过往汽车经久不息的喇叭声,不禁悲从心涌,眼泪夺眶而出。哀毕,遂写就《诉衷情·举国哀悼》词一首,以表哀伤和悼念。

银屏黑肃乐隐踪,国旗降半空。春意冷,褪花容,哀痛九州同。

疫事乱麻丛,底迷朦。鸣笛告慰覆辙拒,雾吹风。

下半旗,是一个国家对死难者志哀的最高礼仪,蕴含着丰富的文化和政治内涵。它表达的不仅仅是全体国民对死难者的哀思和悼念,与死难者亲属共同分担悲伤和痛苦,还包含国家对死难者生命的尊重,政府对民生的重视、对民情的关注和对民意的吸纳,以及对后人的警示、鞭策和激励。据说,这种志哀的做法源于1612年。一天,英国一艘名为哈兹·伊斯号的海船在北美北部海岸探索通向太平洋的水道时,身先士卒的船长不幸逝世;船员们为了表示哀悼和敬意,将桅杆上的旗帜下降一段距离。这种做法很快被其他海船效仿,到了 17 世纪下半叶流传到大陆上,遂为各国所采用,现已成为一种国际惯例。

1990 年 6 月 28 日通过、2009 年 8 月 27 日修正的《中华人民共和国国旗法》第十四条规定,除国家主要领导人,以及对中华人民共和国作出杰出贡献的人、对世界和平或者人类进步事业作出杰出贡献的人逝世下半旗志哀外,发生特别重大人员伤亡的不幸事件或者严重自然灾害造成重大人员伤亡时,可以下半旗志哀。

下半旗并不是直接把国旗升至旗杆的一半处,《国旗法》规定:"应当先将国旗升至杆顶,然后降至旗顶与杆顶之间的距离为旗杆全长的三分之一处;降下时,应当先将国旗升至杆顶,然后再降下。"

据有心人统计,新中国成立至今,天安门广场的国旗曾 53 次下半旗志哀。享此殊荣的绝大多数为中国国家领导人,以及一些和中国关系友好的外国元首和政要。为普通民众下半旗志哀,最早发生在 1999 年 5 月 12 日。这一天,天安门广场下半旗,沉痛悼念 1999 年 5 月 8 日以美国为首的北约部队袭击我国驻南斯拉夫联盟共和国大使馆中牺牲的邵云环、许杏虎、朱颖三位烈士。

2008 年 5 月 19 日,天安门广场下半旗,沉痛哀悼在四川汶川大地震中的遇难者。这是我国首次依据法律以国家最高行政机关发布政令的方式,向自然灾害中遇难的普通公民志哀。之后,为悼念青海玉树地震、甘肃舟曲特大山洪泥石流中的遇难者,庄严神圣的国旗先后再为平民百姓的逝世下半旗志哀。

孟子曰:民为贵,社稷次之,君为轻。中国共产党立党为公、执政为民,国旗当以庇护华夏子民的福祉和安康为己任,为神州罹难苍生而怜而哀而降,这是执政理念的重大进步,是"不忘初心、牢记使命"的具体彰显。这真是：

旗，半落沉沉悼痛惜。民为贵，政念上新级。

当前，中国的疫情已得到控制，2020 年 4 月 8 日零时，曾经的重灾区武汉宣布解除离汉离鄂通道禁令，全面恢复正常生活、生产秩序。但是，国外的疫情却持续蔓延，形势十分严峻。截至北京时间 2020 年 4 月 9 日 5 时左右，全球新冠肺炎累计确诊病例已超 150 万例，累计死亡病例已过 8.7 万例；美国已成重灾区，累计确诊病例全球最多，超过 42 万例；英国首相鲍里斯·约翰逊因新冠肺炎病情恶化，4 月 6 日已转入重症监护室治疗。

"太平世界，环球同此凉热。"今天的地球村，已经没有哪个国家面对疫情能够独善其身，全球疫情走势最终将取决于控制得最差的国家和地区，只要还有一个国家没有控制住疫情，新冠肺炎病毒就存在向全世界蔓延的可能。此外，最新的研究表明，继狗、猫之后，老虎也没能抵挡住新冠病毒的攻击，纽约布朗克斯动物园中的一只 4 岁马来虎新冠病毒检测呈阳性，这是全球首只确诊的老虎。人传人，人传兽？兽传人？……新冠病毒不断变异，疫情防控日趋复杂，人类正面临一场艰巨、持久、复杂、严峻的疫情防控阻击战。

为此，世界各个国家和地区唯有摒弃成见，团结起来，相互合作，彼此支持，方能共克时艰，齐度难关，同享未来。有感于斯，填《一剪梅·清明思疫情》词一首，以表情怀。

日掩清明薄霾天，汽笛长鸣，喇叭声咽。行人驻足摆钟停，短暂三分，哀痛绵绵。

漏夜深深愁断眠，内险方解，新虑平添。全球疫势猛如火，同此凉热，怎卸凝颜？

万千肖像动心扉

　　"我们为援鄂的四万两千多名白衣战士拍摄人物肖像,经历了四万两千多次的感动。尽管这可能不是这些医务工作者最好看的一瞬间,但却是他们在特殊时期所记录下来的最难忘的一刻。"2020 年 5 月 29 日下午,接受"致敬新时代、礼赞科学家——2020 年全国科技工作者日中国科技馆主场活动"现场主持人采访,中国文联摄影艺术中心原主任刘宇发出了上述感慨。

　　中国科技馆主办的这次活动由三个版块组成,第一版块"科学抗击疫情,致敬白衣战士",除了邀请北京大学人民医院呼吸与危重症医学科主治医师暴婧和北京中医药大学东直门医院消化科主任叶永安分别讲述武汉抗疫亲身经历外,刘宇主任还现场讲述了100 多位摄影师为援鄂的 4.2 万余名白衣战士拍摄人物肖像的感人故事。

　　这个创意由中国摄影家协会提出:在确保医务工作者防疫安全的前提下,为每一位援鄂医务工作者拍摄一张摘下口罩时的真实颜容,让全国人民永远记住这些勇敢逆行者的相貌,以作为这段抗疫历史的一个见证。2020 年 2 月 20 日,当协会摄影小分队出征武汉时,全部人马包括刘宇在内还只有 5 位摄影师;抵达武汉后,《人民画报》和驻武汉媒体的摄影记者纷纷加入,援鄂医疗队的摄影爱好者和武汉当地及河南的摄影志愿者也积极参与,一支由100 多人组成的强大拍摄团队很快组成。

抗疫一线,工作紧张,情势危急。早期大都在医院拍摄,通常只有两个拍摄时间窗口,一个是医护人员从病房交接班出来,摘下口罩准备吃饭的空当;再一个就是医护人员下班后在缓冲区消杀,把口罩摘下来扔进垃圾桶里准备步入淋浴间的那一刻。后期的许多拍摄都是在医护人员驻地完成。此时,摄影师只有一分钟左右的拍摄时间,必须提前做好预案,选好角度和场景,迅速按动快门,抓拍下被摄者转瞬即逝的表情。

至4月25日,全部拍摄任务完成,仅刘宇带领的摄影小组就拍摄了1300多张医务人员肖像。会场大屏幕闪放的一张张医务人员朴实无华的素颜照片,让观众仿佛看到了其背后隐含的一个个救死扶伤的动人故事,感受到了一段段临危受命的勇敢担当。有感于斯,填《虞美人》词一首,以表情怀:

白衣战士急行逆,博命江城疫。扶伤救死大医仁,德术至诚事迹感人深。

临危摄影真颜录,历史鲜活幕。万千肖像动心扉,能不长存天地竖丰碑?

第二版块活动的主题为"唱响时代强音,点赞民族脊梁",旨在通过开展全国科技馆行动、启动"星耀寰宇,箭震五洲——'东方红一号'发射成功50周年科学家精神展",传承并弘扬科学家精神。作为"东方红一号"人造卫星技术负责人和中国航天事业建设发展见证人,戚发轫院士讲述了科技工作者和相关人员为使卫星实现"抓得住"所付出的艰苦卓绝的努力。他说:"当时是靠民用电话线把全国各地测控站的卫星数据收集起来。为了确保数据传输安全,卫星自甘肃发射后,从青海、云南、四川经贵州、湖南、广西直到广东的海南岛,各个测控站之间的每根电线杆子下面,都安排有两个民兵值守。是几十万人保证了我国第一颗人造卫星发射成功,使得当年卫星在'五一'晚上9点钟飞过天安门时,毛主席和全国人民一道都能看到'东方红一号'在太空遨游。"

2020年是中国科技馆"科技与人"数字馆藏元年,年度收藏主题被确定为"全面建成小康社会"和"全民抗击新冠疫情"。活动第三版块"关联人与科技,智联数字馆藏"揭晓了这两个主题的入选数字馆藏项目:国际地球学会"数字地球之窗"和阿里巴巴"达摩院AI抗疫"。

数字地球是一个由海量多分辨率、多时相、多类型对地球观测数据和社会经济数据进行集成,并用于服务人类进步和社会发展的虚拟地球。自1998年"数字地球"概念问世以来,我国高度重视数字地球战略,聚焦数字中国创新发展,大力建设国家数字基础设施,使得数字地球在国土、农业、林业、海洋、环境、生态等领域得以广泛应用,呈现出数字描绘中国、数字改变中国和数字驱动中国的新局面,为科技强国、全面建成小康社会注入了新活力。

新冠疫情暴发后,阿里巴巴达摩院紧急研发了一套AI诊断技术,可在20秒内对新冠疑似案例CT影像作出判读,准确率高达96%。随后,"达摩院AI"进驻郑州"小汤山"岐伯山医院,先后被武汉金银潭、火神山等医院引进,继而又支援了70多家海外医院,至今已完成50余万例临床诊断,成为科技抗疫的一个缩影。

"数字地球之窗"和"达摩院AI抗疫"入选中国科技馆年度数字馆藏,示范作用明显,彰显意义重大。填《菩萨蛮》词一首,以表感佩情怀。

小康建设频推力,地球数字高科技。成果入馆藏,典型示范强。

病疑精准验,点赞达摩院。抗疫显神威,科学永耀辉。

精术仁心大爱医

继护士节、教师节、记者节之后，自 2018 年始，我国又有了"中国医师节"——第四个行业性执业者的节日。

医师，这里是指受过高等医学教育或长期从事医疗卫生健康工作的、经卫生部门审查合格的各类医疗卫生健康人员。"中国医师节"于 2017 年 11 月 3 日经国务院批准设立，体现了党和国家对我国 1100 多万医疗卫生与健康工作者的关怀和肯定，对激励他们大力弘扬"敬佑生命、救死扶伤、甘于奉献、大爱无疆"的崇高精神，进一步推动全社会形成尊医重卫的良好氛围，加快推进实施健康中国战略，具有重要的现实意义和深远的历史意义。

在中国，以医生为代表的医疗卫生与健康工作者撑起了世界上最大的医疗卫生服务体系，是人民健康和生命安全的"守护神"。他们通过践行全心全意为人民健康服务的宗旨，为提高人民健康福祉、生活水平和医疗保障能力做出了巨大贡献。国家卫生健康委员会发布的《2019 年我国卫生健康事业发展统计公报》显示，我国居民 2019 年人均预期寿命已从新中国成立前的 35 岁提高至 77.3 岁。这是一项了不起的成就。

每个人的生命都与医疗卫生健康事业密切相关，我们经常要和医务人员打交道，优秀的医务人员不仅有精湛的医术，还有一颗大爱的仁心。小时候，我所在矿区的孩子们到医务室看病，都喜欢让一位姓肖的护士阿姨打针。肖阿姨扎针前都会和患者聊天，分散患者注意力,让人放松、不感到害怕。推针时,她不仅缓慢柔和,还会用手指轻轻抚揉针眼附近的皮肤,以缓解患者的疼痛。记得有一次,肖阿姨休假没上班,给我打青霉素的是一位姓杨的医生叔叔,我刚趴在床边、褪下裤子,针头就狠狠地扎进,药水顷刻推完,疼得我半天站不起来。孩子们并不知道肖阿姨与杨叔叔谁的医术更高明,但大家都清楚谁更关爱、体恤病人。

著名病理生理学家韩启德院士早年曾长期在基层医院工作,对普通老百姓的健康疾苦和医疗需求有着切肤的体会。他认为,医学是有温度的、有情怀的,自创立以来始终都是在回应他人的痛苦中积极努力,永远闪烁着人性的光芒。他同时指出,今天,医学虽然已经取得巨大的进步和发展,但人类对自身的认识还只是冰山一角,切不可狂妄自大,以为医学可以解决所有的健康问题。他强调,医者目前能做的仍然是"有时去治愈,常常去帮助,总是去安慰"。可见,帮助病人、安慰病人,应该成为医生更为重要的工作内容。

我认识很多好医生,他们精湛的医术令人折服,悲天悯人的情怀更令人感动,德技双馨的医生无愧于"白衣天使"之美誉。解放军总医院心内科主任医师吴海云就是他们中的优秀代表。有一年,我一位好朋友的妻子想到北京来检查身体,看到某家大医院价格极为昂贵、项目十分全面、令人无比动心的豪华保健体检宣传,遂托我找熟人要到这家医院体检。我请吴海云帮忙引荐,他当即让我转告朋友不要上当,说那种体检宣传纯属噱头,目的就是骗不懂行人的钱。我朋友的妻子很固执,不相信如此大名鼎鼎的医院也会骗人,执意要去这家医院体检。海云一听急了,从我这要来朋友的联系电话和住址,竟然自费乘高铁跑到近千里之外我的朋友家,苦口婆心终于把朋友的妻子劝住,并针对朋友妻子的身体状况,给出了很好的体检和就诊意见。

我以为,设立"中国医师节",不仅可以唤醒全社会对医疗卫生与健康工作者群体的尊重、敬意和关怀,更好地保障其合法权益,同时也能激发他们的职业自豪感和荣誉感,增强这个职业群体内向的价值凝聚力,促进对极少数从业人员违反职业道德造成恶劣社会影响的深刻反思,推动建立更为和谐、融洽的医患关系,更加良好的医疗卫生环境。

早在 2020 年 2 月 21 日抗"疫"初期,中国自然科学博物馆学会就向全国科技馆发出倡议,联合开展"致敬医务工作者专项科普服务活动"。中国科技馆积极响应,决定面向为抗"疫"做出突出贡献的所有医务工作者及其家属免费开放两年。2020 年"中国医师节"的主题是"弘扬抗'疫'精神,护佑人民健康",为此,中国科技馆专门推出"致敬最美的你"专题教育活动和"科学生日会——医务工作者特别活动",竭诚为医务工作者及其家属提供专享、便捷的科普教育服务。

2020 年 8 月 19 日,时值第三个"中国医师节",填《浣溪沙》词一首,以表达对广大医疗卫生与健康工作者的敬佩之情、慰问之意。

精术仁心大爱医,扶伤救死创奇迹,健康护佑解危机。

致敬悬壶德美你,科馆活动率开题。和谐社会溢情谊。

黑茶山耸耀丰碑

巍巍黑茶山忠魂永驻,潺潺湫水河记忆长存。

沿黑茶山脚下的石阶而上,走到"四·八烈士纪念馆"门前,首先映入我们眼帘的就是这副楹联。

黑茶山,位于吕梁山脉中北部,以山势奇伟、峰高林密、奇峦异石、气候莫测而著称,其主峰位于山西省兴县城东 60 千米的东会乡,海拔高 2203.8 米。1946 年 4 月 8 日,震惊中外的"黑茶山空难"(又称"四·八空难")就发生在这里,王若飞、秦邦宪、叶挺、邓发、黄齐生等民族精英,以及同机的中美两国乘员共 17 人全部在此不幸遇难。

纪念馆展厅第一部分"中国命运,何去何从"、第二部分"赴渝谈判,共商大计"、第三部分"政协会议,又起波澜",详细介绍了"四·八空难"的时代背景。

1945 年 8 月 29 日至 10 月 10 日,抗日战争胜利后不久,国共两党遂在重庆开始了历时 43 天的谈判。次年 1 月 10 日,由国共两党及各民主党派代表参加的政治协商会议在重庆召开,国民党拒绝承认中国共产党所领导的人民军队和解放区民主政权的合法地位,共产党代表在会上据理力争,最终达成一致,会议通过《和平建国纲领草案》《宪法草案》等 5 项协议。

政协会议结束后,在国民党右翼势力操纵下,1946 年 2 月,少数特务、暴徒先后在重庆、北平等地制造了一系列针对中国共产党的破坏事件。当年 3 月 20 日，国民党召开四届二次国民参政会，公开推翻政协会议通过的 5 项协议，不断掀起反共逆流。

面对形势逆转，中共中央决定让和毛泽东同志曾一道赴重庆参加国共和谈的中共中央秘书长王若飞、中央委员秦邦宪回延安向中央汇报、请示工作。与此同时，皖南事变后被国民党扣押长达 5 年之久的新四军原军长叶挺将军获释，奉命前往延安参加"整军工作"。从巴黎刚参加完世界工会代表大会和第二十七届国际劳工大会的中共中央职工运动委员会书记邓发，也接到命令准备回延安汇报出席两个大会的情况。

展厅第四部分"雾锁航程，群星陨落"和第五部分"紧急搜寻，处理善后"用图文说明、沙盘演示、视频回放等手段，再现了空难全过程以及事故调查结果。

1946 年 4 月 8 日晨，重庆地区云雾弥漫，上午 8 时，一架美军 C-47 飞机准时从重庆白市驿机场起飞，预定飞往延安。机上除王若飞、秦邦宪、叶挺、邓发 4 人外，还有著名教育家黄齐生，八路军驻重庆办事处军官李少华，王若飞随员魏万吉，秦邦宪随员赵登俊，黄齐生侄孙黄晓庄，叶挺将军夫人李秀文、女儿叶扬眉、儿子叶阿九、保姆高琼，以及美军机组成员兰奇上尉、瓦伊斯上士、迈耶上士、马丁上士，共计 17 人。

C-47 飞机途径西安稍事停留加油后，继续飞往延安。上午 10:40 左右，美军驻延安观察组告知机组人员，延安正值雾雨天气，不宜降落，机组遂请求提供延安周边山峰海拔高度以及地理、气象等相关情况。上午 11:15，观察组与机组继续语音联系，但信号微弱，时有时无；机组向观察组报告，飞机此时大约在甘泉一带，并将下降至 2130 米高度，5055 KHz 频道已接收不到信号，请求开通 1550 KHz 频道。11:30 后，观察组与 C-47 飞机失去联系，再也接收不到机组回应。下午 2:00 左右,黑茶山一带雨雾交加,有村民看见一架飞机由西向东飞来,撞毁在黑茶山主峰海拔 1960 米处。

"黑茶山空难"由于发生在国共两党关系紧张、刚结束和平谈判的敏感时期,故空难原因备受关注,以致各种分析、推测至今不断。天津大学历史学博士秦立海教授在中国中共党史学会主办的《百年潮》2018 年第 1 期杂志上曾撰文"扑朔迷离的'四·八空难'",试着解开这个 70 多年来的未解之谜,最后的结论是,"70 多年过去了,由于缺乏令人信服的真凭实据,'四·八空难'发生的原因至今仍然扑朔迷离。现在看来,虽然属于'天灾'的可能性要大于'人祸',但也不能完全排除'人祸'的可能。"

"四·八烈士纪念馆"讲解词采用的是中共晋绥公安总局当年详察事故现场、遍访目击群众、综合分析判断后得出的调查结论:天气恶劣、浓雾阻隔导致 C‐47 飞机电讯中断、飞行迷航,在飞越黑茶山时误撞主峰山石而坠毁爆炸。

"四·八空难",擎柱顿折,华夏尽悲。展厅最后部分"空难惊四海,举国悼英烈",再现了从晋绥到延安,从解放区到国民党统治区,举国悼念"四·八空难"烈士哀况,展厅用光洁的黑色大理石镌刻了全部遇难烈士名录,专辟王若飞、秦邦宪、叶挺、邓发、黄齐生 5 位烈士生平事迹展,供瞻仰者学习、凭吊。

观英烈事迹,敬佩不已,承先辈遗志,感慨万千,填《临江仙》词一首,以表情怀。

山城浓雾迷航道,银鹰折翼林摧。陕甘边镇泪雨飞,冷风凄雨暮云垂。

陨落英魂华夏佑,彩虹寰宇彰晖。黑茶山耸耀丰碑,烈贤遗志刻心扉。

撷朵浪花做书签

古希腊哲学家赫拉克利特曾说过："人不可能两次淌进同一条河流。"意思大概是说，时光飞逝，发生了的事情皆已成过去，都化为往事，不可能重复再来。此话固然是哲理名言。但是，如果把时间比喻成一条流淌的河流，那么，人们依然可以通过采撷人生河流中的一朵朵美丽浪花，用回忆来再现过去、还原往事、重复历史，再一次体味那曾经有过的生命激情和人生风采。

这是我读完梁进《如河的行板》之后的一点小小感慨。

梁进是同济大学数学系金融数学专业教授、博士生导师，科学网上著名的博主。我与她因志趣相近，比如都爱读书、猜谜、写诗、制联，而在科学网博客上相识；继而因 2012 年出版她的《趟进博物馆》科普图书，而结为好友；同年 7 月 29 日，邀请她来北京在中国科技馆"科学讲坛"上做专题科普讲座，因深度交流而发展成为相知。文理兼通、学识渊博的梁教授让我为她的散文集新作《如河的行板》作序，我虽深感自不量力，但觉得还是在情理之中，自然恭敬不如从命。

《如河的行板》收录了梁进 16 篇散文，外加一首词作结语；记录了她与命运抗争、为事业拼搏、求真理探索的坎坷成长历程剪影，讲述了她随家人"文革"期间遭受苦难、中学毕业后海内外求学求职、学成归国后在名校从事教学科研等生活往事片段。每篇文章都似一股出涧的溪水，歌声潺潺，缓缓流淌；全部文章汇聚成一条奔流的小河,清新秀丽,浪花时起。作者似一位高超的音乐指挥家,把汉字码放得五音和谐,把文章调度得段落妥帖,把篇目安排得起伏跌宕,让读者似乎是在用眼睛凝听一场美妙的"如河的行板",甚为愉悦,甚是享受。

梁进是数学家,我很欣赏她"随机人生"这篇数理与文理、哲理相结合的散文。随机过程是一连串随机事件动态关系的定量描述。通过研究随机过程,人们可以透过事物发展表面的偶然性,描述出事物发展必然的内在规律,并以概率的形式来表达呈现。若以时间作为随机过程的一个重要变量,那么,人生和命运就是一个以时间为标志的不确定过程。在梁进看来,"如果说人生有一只看不见的命运之手引导,我们也可以像刻画风险资产价值那样试图用随机过程来描述这只手。"(引自《随机过程》)为此,她用数学语言给出了青年学子掌握自身命运的一系列定性分析建议。

生活的道路通常并非一马平川,人生实际上是在经历一个不断面临选择,并且必须不断当即做出决策的过程。不同的选择和决策,将把命运引至不同的方向,对命运将产生不同的影响。梁进的忠告是,"由于面临选择时,你并不能确定未来的随机事件,所以犹豫徘徊不能帮你,事后后悔更是没有意义,只有在分析可能性后,当断则断。"(引自《随机过程》)2005 年,梁进在学成回国前,曾有机会到著名投资银行雷曼兄弟在伦敦的总部做金融工程师;在经过一番利弊分析后,她觉得这个职位虽然收入很高,但并不很理想,不足以中断自己回国的进程,于是毅然放弃了进一步和公司高层面试的机会。2008 年,雷曼兄弟垮台,引发金融海啸。梁进庆幸自己当时做出了一个无比正确的决策。真可谓,"祸兮福所倚,福兮祸所伏也"。什么样的决策,自然决定了什么样的命运。

人生的河流并非风平浪静,前方的道路通常充满了不确定性。

按照随机过程理论,过去的信息越多,未来的确定性就越大,就越可能朝着期望值发展。《如河的行板》告诉我们,乐观的生活态度、广博的知识结构、丰富的人生阅历、深邃的人文情怀,都能增加我们未来走向成功的可能性。因此,读书,成为梁进自小就养成的爱好。"文革"期间,"对我们孩子来说,最大的饥荒是书荒。""到了爱看书的年龄,没有书看,真是'饿'得发慌。'饿'当头,饥不择'食',也不管禁不禁,是不是'毒草',抓到什么书都看,就算是饮鸩止渴吧。"(引自《"河北邦子"》)我和梁进算得上是同时代人,她采撷的一朵朵其孩提时代有关读书的往事浪花,激起了我记忆中的涟漪一同共鸣。

命运的舞台也并非永远歌舞升平,人生有高潮,自然也会有低潮。过去发生的事确定了你的人生轨迹,将会影响你的未来发展,但这种影响并不是决定性的。"因此,取得成功,应心生感激,不幸失败,当坦然接受。""只要大限未到,未来仍然有其他各种可能,你仍然可以继续调整参数。"(引自《随机过程》)2010 年,梁进被检查出患有癌症,她把这种不幸视为"不平凡的人生的又一大险滩"(引自《无影灯下的险滩》),自己不过是再闯一次险滩而已,即使是被推进手术室,照样和医生、护士谈笑风生、插诨打科,顺其自然,泰然处之。如今,她的身体已完全康复,这自然也得益于她乐观的人生态度和幽默的健康心态。在《结语》"满庭芳·夏夜遐思"这首词里,梁进把这种豁达的生活理念表达得更为豪迈:"齐得失,放眸宇际,心坦比穹苍。"

梁进对生活充满了激情,充满了热爱,充满了幻想。《杂色童年》《里斯本童话》等 16 篇散文里,人物一个比一个清纯,情节一个比一个优美,故事一个比一个动听。尤其是《玉佛之约》,讲述一名中国抗日青年地下工作者与一位美丽的葡萄牙姑娘在上海偶遇,并由此结下生死友谊、产生绝世爱情,匆匆分别后 50 多年来一直默默思念、苦苦期盼的动人故事,写得一波三折、情真意切、荡气回肠。2015 年正值抗日战争胜利 70 周年,此时读来更觉扣人心弦,令人感动,催人泪下,使人深思。

我以为,《如河的行板》就是梁进生命河流中一朵朵迷人的浪花奏响出的一首美妙交响乐曲,不妨认真欣赏,慢慢琢磨,仔细品味。

灯下书香阅美篇,撷朵浪花做书签。

如河行板静流淌,绕梁三日安睡眠。

夜深了,合上《如河的行板》样书,美美地睡觉去。

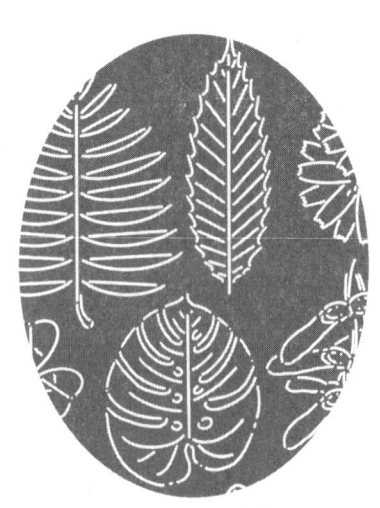

积德行善真美颂

辟地开天世界新,心高志远傲翔行。大围山耸彰忠义,槽渡水甜寄友情。

持厂旺,掌宗兴。凶逢吉至是何因? 积德行善真美颂,有道人生坎是金。

这首《鹧鸪天》是写给志翔哥的,以对他一辈子积德行善、彰行忠义的品行表示敬意。

志翔哥,官名杨志翔,2020 年满 75 岁,曾任湖南省佛教协会副秘书长、省政协委员等职,为我家数十年的故交好友。他年龄比家父小 10 岁,又比我们兄妹大十余岁,赶现在喜欢把人往年轻叫的时髦,我们兄妹也就都称他为哥了。

志翔哥因家庭"成分高",早年历经坎坷,但他谨记家人训导,处处与人为善、广播仁爱,可谓忠肝义胆,深孚众望。1965 年 9 月,他积极响应毛主席号召,到浏阳县大围山区白沙公社下彭生产队落户,成为长沙市第一个主动报名上山下乡的知青。次年 10 月,同队知青陈翔龄不幸染病身亡,追悼会上,志翔哥认陈母为干妈,誓言一定尽子忠孝之责。这以后,他经常探望陈母,视老人为亲母伺奉,陈母对他也疼爱有加,两人情同母子。1982 年,陈母卧病在床,志翔哥夫妇悉心照料大半年,陪老人家走完人生最后历程。

1970 年 9 月,经朋友引荐,志翔哥到邻近的萍乡市老关公社老关大队塑料厂做推销员。他广泛联系业务,诚实守信,勤勉有加,很快给厂里带来丰厚利润。次年底,大队用挣来的钱修了一条横跨湘赣铁路的引水渡槽,解决了农田灌溉急需,《江西日报》专门予以报道。厂里决定给他涨工资予以奖励,但志翔哥以其他同事工资仍低为由谢绝。5年后,志翔哥一家调回长沙,生产队结算他夫妻俩尚存口粮1300余斤,准备用拖拉机帮助运回长沙,他坚辞不受,全部将存粮送给了公社敬老院。

回长沙后,志翔哥工作几经变动。1982年,他被人引荐到湘成机电厂负责抓利润;由于业绩突出,次年即被高票推选为厂长。之后的10年,他多次被请去解救濒临破产的企业任职,尝遍了再创业的苦辣酸甜。

1992年9月,志翔哥受聘总经理,负责组建湖南省宗教房地产开发公司。7年间,公司共开发项目8个,建造商品房、安置房18栋,年年超额完成上缴利润任务,业绩显著。公司后因受省里部门利益争端之累,收款无望,只得关闭。这期间,志翔哥殚精竭虑,吃尽苦头,一直熬到善后完毕方才退休。

退休后,志翔哥情系当年插队的大围山乡亲,四处奔波帮助推销当地名优特产和农副产品。2009年,他邀请当年知青战友投资,协助地方办起大围山田园乐农庄,给当地农民脱贫致富带来福音。2010年,他又引资在大围山创建绿色有机蔬菜基地,并定期将种出的时鲜蔬菜赠予亲朋好友。

志翔哥一生充满传奇,晚年皈依佛门。他认为,自己每逢困难总有贵人相助,每遇危情都能逢凶化吉,乃积德行善所致,人生虽无常,结局多是欢。1976年7月27日晚,他和两位同事一同出差到唐山,次日凌晨大地震发生,所住站前旅社整楼坍塌,两位同事一死一伤,他不仅毫发未损,还协助解放军抢救出受伤同事和许多伤员。可谓一奇！

我回家探亲经常能见到志翔哥，听他讲奇闻逸事，甚是有味。有一年，他和朋友出差昆明欲打道回府，在车站和退票人刚谈妥买61次特快到株洲的卧铺票，不料被几名当地青年夺走，只好改买第二天回程车票。谁料想，那趟61次特快行至曲靖山区时突遇塌方，包括卧铺车厢在内的大半列车被埋隧道，被埋人员鲜有生还。志翔哥和朋友侥幸躲过一劫。又是一奇！

每天早晨，志翔哥都会给我发微信问候，从未间断。2020年4月，他微信嘱我给他的学姐朱念琼所画《牡丹孔雀图》配诗。念琼大姐与志翔哥同庚，1968年毕业于湖南医学院，曾在湘西自治州工作20年，调回母校后一直从事儿科临床和教学工作，桃李满天下，医术益潇湘。退休后，年逾古稀的她开始习画，进步神速，好生了得，所绘《牡丹孔雀图》颇有著名花鸟画家王雪涛、刘奎龄同题画作之神韵，可谓"国色天香，翠羽生辉"。

遵志翔哥命，填《沁园春》词一首，以表对念琼大姐的敬意，同时也是对两位长者"良善温美君舍谁"的褒赞。

国色天香，花开富贵，馥芬芳菲。看雍容大气，端庄秀丽，花中娇子，百艳难追。誉满神州，名冠天下，仪态万方越鸟随。登高望，昂首张屏彩，翠羽生辉。

祥图如此舒眉，钦慕羡，念琼学姐威。古稀习绘画，墨池练笔，雪涛现世，奎龄转回。栩栩如生，画言心志，良善温美君舍谁？共祈愿，祝国强民富，华夏举杯。

（注：越鸟为孔雀的别称。）

美自心田爱是源

同仁相处互习研,取长补短启新篇。

三人成行必有师,用心鉴学获益甜。

与人交往,只要用心学习、借鉴,必然大有收获,更何况是与天天见面的同事、经常打交道的同僚相处。

张正昌同志是中国科技馆退休老职工,高级工程师,2018年这一年,他已78岁高龄。1958年,他从北京五中考入中国科技大学,毕业后先后在二机部十一局和中国科学院高能物理研究所工作,1980年调到中国科技馆从事中国古代传统技术展览相关技术工作。张老师自幼酷爱书法,尤擅小楷,常年临帖不辍,博采欧、颜、柳、赵等名家之长,虚心求教于当代著名书家,形成了自己独到的艺术风格。他的小楷结构严谨、端庄秀丽、清逸潇洒、典雅华贵;蝇头小楷更是一绝,最小者小于绿豆,且章法依旧,仍不失娟秀隽美,可谓世上少见。张老师的书法作品,浏览让人惊喜,研读令人称奇,细品使人陶醉,学习催人奋进。

我在来中国科技馆工作之前就认识了张正昌老师。2016年春节前,在中国科协机关工会主席孙铭大姐的热心张罗下,"张正昌书法作品展"如期在中国科技会堂举行。我因对参展作品进行认真挑选、审核,赢得了张老师的信任。展览结束后,我们一直保持微信来往。我敬称他"老师",他思考多日、斟酌再三,特起"若水"之名称呼于我。对此雅称,我颇为喜爱,我们之间的交往确实

"若水"——君子之交淡如水嘛!两人惺惺相惜,遂成忘年之交。长期以来,与众多如张正昌老师这样德艺双馨的朋友相交,我深受教益。

2016年3月12日,我专门写藏头诗一首《美自心田爱是源》,以表达对张正昌老师的敬佩之情。

赞诗一首谱新篇,张纸提笔意在前。

正气凝神书青史,昌盛国运书宏愿。

书练一日岂成仙?法效百家墨洗田。

独创风格自为体,特质原在勤痴研。

字行端稳舒如燕,秀丽清新赛柳颜。

文思泉涌厚积发,美自心田爱是源。

2018年1月9日,我率中国科技馆一行人赴河北平山县北冶乡慰问我馆支教青年干部张乐,并深入乡村开展老区科普行宣教活动。途经正定县时,专门考察了正定科技馆,与秦瑞强馆长等人座谈,了解民营科技馆建设情况,并就加强两馆之间连续六七年共结对子联合开展科普服务基层行活动进行总结、商讨。

2000年,刚近不惑之年的秦瑞强筹资1200万元,在正定县城创建了一个占地1.8万平方米的综合性科技馆,使之成为全国首家民营科技馆。从那以后,他凭一己之力坚持从事科普事业,先后研制成功"天文观测车""天文演示车""影视播放车"和"天文科普车1号"等流动科普设施,并带领自己创建的科普车队赴河北、山西、山东、北京、湖北、宁夏和河南等地区的村镇、校园开展科普活动300余场。如今,正定科技馆展品已达1.2万件,开放17年来,共接待观众200余万人次。

鉴于在提高全民科学素质方面贡献突出，2017年，秦瑞强荣获中国科协、人力资源社会保障部、科技部、国资委联合颁发的首届"全国创新争先奖"奖状。望着这位曾当过工人、干部、公务员，开过饭店，办过速冻厂，干过汽修厂，创办过私立学校，坐过机关，被业界誉为"科普奇人"的科技馆同僚，我不禁感慨万分，遂相赠藏头诗一首，以表敬意和嘉勉。

秦皇汉武疆开拓，瑞祥付予身许国。

强盛运来必刚毅，科衰势去定软弱。

普及知识重教化，痴心传播轻评说。

情系场馆稀华发，汉雄燕赵事鲜活。

为挖掘、宣传中国科技馆优秀青年典型和业务骨干，激励广大青年职工学习成才，勇做干事猛将、创新先锋，中国科技馆团委在2018年初组织开展了首届"中国科技馆十佳新锐青年"评选活动。1月31日，评选活动进入冲刺时刻，28位入围候选优秀青年通过展示幻灯片进行演讲，尽展当代青年才俊的精神面貌和风采。受各位青年动人事迹和现场热烈气氛感染，我当即赋藏头诗一首《勃发英姿抒豪情》，作为对每位参赛青年同僚进行点评后的结束语，以示鼓励和羡慕。

新年开启气象新，锐意张扬溢满屏。

青春似火燃斗志，年华若水洗艰辛。

朝闻道悟昼奋进，气鼓神足岁砺行。

蓬张桨疾勇破浪，勃发英姿抒豪情。

童忆宛若水流西

近些日子,媒体都在报道"摆摊"这事儿。自 2020 年 5 月 28 日李克强总理在"两会"记者会上提到"有 6 亿人每个月的收入也就 1000 元"后,民生问题得到了更加实际的重视,各地纷纷放开商贩街边摆摊,给更多的民众提供了就业、谋生机会,受到广大民众点赞。

允许并鼓励街边道旁有序摆地摊,对疫情期间破解民生难题、促进经济复苏意义重大,是人民至上执政理念的重要体现。但是,也有个别媒体不实事求是,把摆摊美化为"高大上",甚至写出可"每天收入三万元"的昏话,着实让人恼恨。其实,摆摊实为底层民众谋生养家无奈之举,社会发展更需要依靠科技进步,以此带动实体经济兴盛,继而提升全民生活水平,实现全面建成小康社会目标。有感于斯,作《七律》一首,以表情怀。

疫情更晓庶民艰,理政兴国任小鲜。

且让炊烟接贯地,莫将蠢话鼓喧天。

莺歌燕舞晴空碧,日度家居饱饭甜。

摊贩非能兴经济,生存总在富康前。

说起摆摊,勾起了我儿时的种种记忆。改革开放前,摆摊属"资本主义尾巴",是绝对不允许的,但生存的压力仍然阻挡不了人们用流动"摆摊"的法子养家糊口。其中,打爆米花和卖麦芽糖,让我记忆深刻。

我儿时在长沙生活,长沙人把爆米花叫作人参米。20世纪60年代,人们收入微薄,加上物质匮乏,平时很难吃到糖果点心,打人参米则成为孩子们解馋、开胃的快乐时光。只要米炮匠挑着炉子一吆喝,满院的孩子就会抱着脸盆,拿着舀好的一小碗米,争先恐后跑出门,在米炮匠的炉子旁排好一溜队,等着打人参米。

打人参米的铁锅黑乎乎的像只硕大的葫芦,米炮匠把生米倒进锅里,数数加入几粒糖精,用力拧紧锅口后,便把铁锅架在火炉上慢悠悠转动。火炉连着一小鼓风箱,米炮匠一手前后往复拉扯风箱,一手左右来回摇转炉子,间或腾出手来往炉中添煤加柴,时不时瞟一眼铁锅转把上的压力表,风箱扑哧、扑哧响,炉子哐当、哐当转,煤火一闪一闪亮,颇有节奏感、画面感,让我看得如醉如痴。

最激动人心是"爆花"的那一刻。压力、火候一到,但见米炮匠先把黑锅翘起,放在支架上,然后抖开一条由橡皮和麻布交织编成的厚重大长袋子,再把黑锅伸进袋口,让锅把杆从袋口前端洞眼中冒出,最后操起一根空心铁棍套在铁锅杆上,猛地往后一拉,只听"嘭——"的一声巨响,膨胀的米花伴着浓浓的白烟喷涌,把原先干瘪褶皱的皮麻袋子冲得笔直,涨得充实。接着,米炮匠提起皮麻袋,上下抖动,让人参米聚落袋底,遂解开出口,对准脸盆,一盆雪白、饱满、膨大的人参米便呈现在面前。

此时,空气中弥漫着稻米膨化后的清香,家门口飘荡着孩子们灿烂的笑声。这真是:

钱少食乏饿肚皮,何来点心解馋痞。

一声炮响闹街巷,孩童争爆人参米。

换麦芽糖又是一番风景和快乐。平时,你就要把家人刷牙用完的牙膏皮收好,吃橘子剥下的橘皮以及橘皮上的筋丝晾干,杀鸡撸下的鸡毛、破开鸡胗撕下的鸡内金洗净、晒干……然后一一收藏起来。待听到门口传来"钉磕""钉磕"悦耳的铁板敲击声,就可以拿出那些藏物,跑出去换麦芽糖了。卖糖人有的是挑货担,有的是推小车,麦芽糖通常成整块码放在一块凹陷的木头平板上,糖面覆盖着一层薄薄的白米粉,上面再盖一块厚布遮挡灰尘。

卖糖人会根据你递上的藏物性质、数量和品质进行估价,并根据估价确定可换多少麦芽糖,然后拿出一把厚实的铁刀,将它摁放在糖面的某个位置上,再用一把小铁锤连续敲击铁刀背,把麦芽糖一块块敲下来,以此完成双方的交易。交易过程还可以协商,如果你觉得不公平,可让卖糖人再敲一块予以补偿。若是碰到好心的卖糖人,即使有的孩子无藏物可交换,卖糖人看到孩子眼巴巴地流着口水盯着,常常也会敲下一小薄片麦芽糖,让他解解馋。真的是:

遥记当年味单一,牙膏皮换麦芽饴。

钉磕钉磕音犹在,童忆宛若水流西。

回到今天,打爆米花和换麦芽糖这类流动商贩生意,早已销声匿迹。但是,生活在社会最底层的民众仍然需要用摆摊经营的方式谋生活命、养家糊口。地方政府最大的功德不是追求城市表面的光鲜亮,而是让每一个居民都能通过合法的经营和辛勤的劳动,顽强地生存,体面地生活,期盼地富裕。解禁街边道旁摆摊经营,是执政为民务实的善举,但在放开的同时,既不要"一刀切",也不应"一窝蜂",而是应该加强管理、因势利导、合理规范、贴心服务,避免挤占道路、影响交通、弃物污染、噪声扰民、假冒伪劣等老问题再次出现。

我以为,这才是对地方政府管理水平和管理能力的真正考验。

高山流水觅知音

月季花值千金,相投赠见甜心。

这是中国当代著名书画家、教育家启功先生为陈于化的月季花画作题写的诗句。在启老看来,陈于化所画的月季:"画风独特,中西融会,独具匠心。"难怪陈于化感叹:"知我者,启老也!"

陈于化,1936年生于四川遂宁蓬溪,曾任教于北京理工大学,业余时间醉心于月季花种植,著有《月季花》《月季花事》等著作,先后在人民大会堂、中国美术馆、联合国教科文组织总部巴黎、美国路易斯安那州亚历山大艺术博物馆举办月季花画展、陶瓷作品展。他一辈子与月季花打交道,与月季花长相爱、互相知,对月季花可谓一往情深。真个是:

月月花开寄冰心,花开花谢不了情。

长相厮守两不厌,情到深处互知音。

我和陈老师是校友,还是在上大学时,我就经常在学校宣传橱窗里欣赏到他画的月季、水仙等花卉,印象尤深。1995年,我时任北京理工大学校长办公室主任,负责协调学校55周年校庆具体事务,促成了校庆期间为陈老师专门举办月季花绘画个人作品展。自此,我俩遂成忘年之交,一直保持联系和往来,友谊延续至今。

陈于化老师痴迷上月季,可以追溯到1973年。那年,他的妻子突患脊椎肿瘤,手术后医生劝她要适当活动,于是,夫妇俩便利用宿舍前的荒地种起了月季花,从此与月季花结下了不解之缘。

月季花,又称"月月红",被誉为花中皇后,是常绿、半常绿低矮直立灌木,其花朵纯洁艳丽、雍容华贵、姿色多样、芳香四溢,是爱情与和平的象征,深受人们喜爱。

早年,陈老师心中就有一个梦想:在北京理工大学遍栽月季,使其成为月季之园。1979 年,他与同仁一道创办了我国第一个民间花卉协会——北京月季花协会,并被推选为协会副理事长。1982 年,他和同道创建北方月季花公司,借北京理工大学约 50 亩地种植、经营月季花,邓颖超、张爱萍、陈慕华等老一辈革命家都曾来公司赏花。

1988 年,陈于化与妻子南下深圳创业,闲暇之余潜心作画。在传统国画的基础上,他吸收西方油画、水彩画技法,形成了中西融合的独特表现手法,笔下月季无论是含苞欲放,还是鲜花怒放,都形神俱佳,娇艳动人,呼之欲出。

陈老师曾这样解释自己画月季花的初衷:"为了让'好花常开,好景常在',在种植、经营月季花卉的同时,我不断地画月季,用画笔倾诉对大自然的热爱,用画作呼唤人们热爱大自然。人们心中有了爱,就会有保护环境的意识。我画月季,就是想为保护大自然尽自己的微薄之力。"

长期种植、创作月季花,陈老师对月季的品性有着独到见解。闻讯有花商试图花重金找科学家培育无刺月季,陈老师予以强烈反对。他认为:"月季花的刺对其生存和发展起着十分重要的作用,利刺满身可避免其遭受食草动物吞食和野兽践踏。大自然在赐予人类美丽的同时,还教会万物如何自我生存的伟大哲理。无刺的月季有损月季花自尊自立的美好形象。最美的月季花就应该带刺,这是造物主的旨意,我们不能违背。"

2008 年,为照顾年迈的母亲,陈于化携妻回到了故乡遂宁。

在家乡,他不经意间做成了两件大事。一是经他倡议、指导,市政府在穿城而过的涪江两岸大种月季,遂宁市由此以月季为市花;二是完成了自己月季花艺术创作的重大转型——致力于用家乡陶土烧制出这世上独一无二的陶和瓷有机结合的月季花陶瓷艺术作品。

2017年9月,我出差到遂宁,出席"中国流动科技馆第二轮全国巡展四川省启动仪式"。公干完毕,专门登门拜访了陈于化老师。陈老师家中满眼都是月季:院子里种满了月季花,房间里堆满了月季花画作,木架上摆满了月季花陶罐,案头上摆放有矿石做的月季工艺品,另有两个用于烧制月季花陶瓷罐的智能电炉。

我的突然造访让陈老师惊喜不已。他带我参观自己的工作坊,挥毫为我画月季花并题款相赠,教我如何用高岭土捏制月季花瓣,讲解怎样用智能电炉烧制月季花陶瓷罐。晚餐,他在家中用四川小面热情款待我这位小辈,感叹自己的作品知音难觅,问我中国科技馆能否接受他的捐赠,收藏、展览他的月季花陶瓷罐作品……

陈老师告诉我,为了烧制月季花陶瓷罐,他试过国内外各种陶土,做过无数次试验,经历了数不清的失败。回到北京,凝视着陈老师倾其心血创意制作的"立体月季花"陶瓷罐礼品,我感慨万千,专作藏头诗一首,以表对这位满头白发艺术大师的深深敬意。

陈事忆来倍温馨,于蜀相见未了情。

化蝶成茧求蜕变,教书育人重践行。

授专月季常留香,艺精陶瓷屡创新。

德才远播海内外,高山流水觅知音。

服务"三农"磨卞玉

农业兴,则百业兴;农村稳,则社会稳;农民富,则全民富。"两会"期间,"三农"成为最热门的话题之一,也是提案众多的议题之一。但是,要使"三农"问题真正得以解决,就必须不断提高农业生产现代化水平,持续加强美丽乡村建设,大力普及农业科技知识。在我看来,《现代农业新技术科普动漫片》(以下简称《动漫片》)就是"三农"优秀科普作品中的佼佼者,对提升农民科学素质意义重大。有感于斯,填《浣溪沙》词一首,以示点赞、感佩。

农业关乎社稷宁,粮充心稳赞农民,乡村秀美焕然新。

两会聚焦提案挺,欲得成效贵施行。欣闻农技普及频。

《动漫片》由农业教育声像出版社出版,包括10集科普影片及配套科普丛书和宣传小折页等,它以黑龙江省农业科学院农技推广服务和精准扶贫成功经验及真人真事为原型素材,通过讲述龙江大地新型农业主体依靠科技干事创业、实现脱贫致富或增产增收的故事,为北方农民普及种植、养殖两大产业十大类型的198项现代农业实用新技术。认真观看各集动漫影片,仔细阅读丛书各册内容,我认为作品具有如下诸多创新点。

一是聚焦农民现实需求,践行"论文写在大地上,成果留在农民家"创作理念。项目创作坚持以农民为中心,急农民之所急、所需,所普及的各项技术均来自黑龙江省农科院科技人员下乡服务过程中农民咨询最多的生产实际问题。团队全程邀请农民参与创作,广泛听取农民意见,以是否便于农民理解、掌握、应用作为检验作品成败的依据,实现了科普作品来源于农业生产实际,服务于农民大众需求的初衷。

二是围绕服务脱贫攻坚、乡村振兴大局,精心选择题材内容。黑龙江是我国最重要的粮食基地,创作人员将振兴东北农业经济、提升东北地区农业科普教育水平,给"中国饭碗"增添科技分量,视为历史责任和光荣使命;服务对象定位为北方农民,聚焦黑土地优势农产品,精选适应性强、应用效果好、收成收益高的水稻、玉米、大豆、马铃薯、木耳、苜蓿、西瓜、猪、肉牛、奶牛等十大农产品,充分彰显区域优势和地域特色。

三是突出作品原创性,力求科技与文化深度融合。项目团队由农业专家、科普作家、画家、导演、词曲作者、技术农民等在内的155人组成,实地采风原创剧本、绘画创作、动画合成、配音配乐及影片剪辑等全部原创制作,最终形成了10集原创故事动漫及配套卡通丛书,成功塑造了52个原创人物角色和30个原创卡通形象,把农业技术原理演绎得淋漓尽致,使农民看了就想学,学了就能用,用了就有收效。

四是力求作品通俗易懂,让科普作品深受农民喜爱。每集动漫片的名字就颇见功力,《俺村的玉米合作社》《龙稻屯的故事》《小土豆增效记》《大豆种植小九九》《牛倌父子养牛记》《小西瓜大身价》《胖婶养猪记》《奶牛场大变身》《种苜蓿养牛羊》和《小木耳大产业》均生动有趣,过目难忘。影片表现方式充分照顾东北农民欣赏喜好,卡通形象、二人转、快板书、顺口溜倍感亲近可人,让科普作品立马生动起来、鲜活起来,使农民一看就懂、一学就会、一用就见效。

五是发挥全媒体优势,深入基层线上线下全方位传播。作品以《动漫片》为母本,配套开发了具有自主知识产权的口袋书、小折页、明白纸,以及"云平台"和手机 APP,使农民随时随地可看可学可用。同时通过组织农民和农技人员培训,借助电视、广播、网络、高职农校授课播出,扩大宣传普及范围,取得了良好的社会效益和经济效益。

据项目团队负责人刘娣和韩贵清两位资深农技专家介绍,项目技术已在黑龙江、内蒙古、辽宁、吉林、新疆生产建设兵团等地的广大农民中培训应用,央视、省级电视台广为传播,"学习强国""云上智农"以及"优酷""腾讯""抖音""快手"等主流视频网站、APP 也频频推介,反响热烈。抗"疫"期间,依托《动漫片》项目中的实用农业技术,黑龙江省农科院和黑龙江电视台联合创办了《科技助农在线帮》节目,专家答疑解惑,与农民互动,直接为农业抗"疫"服务,深受广大农民欢迎。

我曾多年参加科普作品评奖工作,深感《动漫片》科普作品选题精准、形式新颖、生动活泼、特色鲜明,有感于该项目创作团队科技人员扑下身子深入基层搞创作,一心一意为"三农"做实事,肩负使命开展科技精准扶贫,满腔热忱投入疫情防控,感佩不已,特填《苏幕遮》词一首,以表敬意。

白山水,黑土地;致富脱贫,把脉频施计。农技普及成重戏。易懂通俗,百姓方欢喜。

卡通书,情景剧;网络传播,曲艺真谐趣。服务"三农"磨卡王。精品出版,红遍龙江域。

时令祥和吉兆高

亲情，是有血缘关系和法定亲属关系人群之间存在的一种特殊感情。通常，这种感情不受年龄大小、贫富贵贱、地位高低、距离远近等客观因素的影响，它是维系亲人之间关系的一种特殊黏合剂。

2020年5月4日，外甥张骐与娇妻杨诗祎在上海喜得同卵双胞胎千金。是日，恰逢"五四"青年节，上海天气晴朗，春光明媚，一派祥和吉兆景象。喜闻佳音，各地亲朋好友无不欢欣鼓舞，纷纷表示祝贺。

居住在长沙老家张骐的外公也即我的父亲告诉家人，曾外孙女出生的前一天夜晚，星城暖风习习，春雷滚滚，骤雨潇潇，夜梦鲜花怒放、鞭炮齐鸣，次日欣闻喜事降临，真是心有灵犀、遥相感应，特赋诗祝贺，以表情怀。一时间，家庭微信群中，外甥小夫妻的父辈亲人纷纷作诗，相互唱和，共贺晚辈新人弄瓦之喜；同辈兄弟姐妹争先恐后在群里抛撒鲜花、飞吻，庆贺小弟夫妻喜得千金。

外甥张骐与我的相貌和性情最为接近，欣闻喜讯，我自当赋诗祝福，遂填《沁园春》词一首，祝娇明珠健康快乐、长大成才，愿小伉俪恩爱互敬、生活美满。

皋月风光，青年节日，妖媚妖娆。观春雷滚滚，潇潇雨骤，百花舞动，万树逍遥；金乌初升，申城普照，时令祥和吉兆高。闻佳讯，降双胞碧玉，贺语如潮。

祖翁诗性涛涛,羊毫纵,梦言蕴乐陶。父辈同祝愿,夫妻互敬,生活盛茂,精育新苗。兄弟姊妹,情如足手,飞吻频频裹爱抛。寄来日,看娥眉聪秀,各领风骚。

孩子出生后,取名成了家庭的一件大事。妹妹、妹夫信任我,嘱我代为给两个孩子取名,要求一个跟父姓,一个跟母姓,名中都有"心"字,最好蕴含夫妇的名或音或意。我斟酌再三,提出姐姐取名张心憶、妹妹取名杨心愫的建议。

心愫即心愿,表达了父母对孩子的寄托和祝福,同时也可理解为孩子长大后对父母的感恩和回报。憶,通忆字,心憶即心忆,意为回忆、思念,可理解为父母给予孩子的所有都将成为美好回忆,孩子长大后无论走到哪里都会让父母牵挂思念。"愫"和"憶"都是竖心旁,加上两姊妹名中都有一个"心"字,表明姐妹俩心心相印,与父母心心相连。姊妹俩姓名中都包含父母姓氏,且跟父姓的含母名(憶与袆同音),跟母姓的有父字(愫与骕同音),意蕴孩子是父母爱情心血的结晶,爸爸心中永远装着妈妈,妈妈心上永远都有爸爸。此外,张、杨为大姓,"心"乃常用名,"愫"和"憶"可算作生僻字,因而不容易重名。再有,"憶"和"愫"两字相像,与长相难辨的双胞胎相对应;"憶"的笔画多,"心憶"理应为姐姐,"心愫"当然就是妹妹了。

当然,取名权终归属于孩子父母,家里所有的亲人都必须尊重小两口的选择和决定。外甥小夫妻很懂事,在家庭微信群里大赞了一番我取的名字后,遂告诉了他俩最后商定的取名结果:姐姐心河,妹妹心淇。读小两口对取名的释义短文后,让我对才情并茂的两晚辈刮目相看,更添喜爱之意。

"爸爸和妈妈都对宇宙星辰感兴趣,遂将起名的风格定为宇宙风,并潜入浩瀚的古汉语中寻找合适的词字。'迟迟钟鼓初长夜,耿耿星河欲曙天'出自白居易的《长恨歌》，意思是细数迟缓的钟鼓声，愈数愈觉黑夜漫长，遥望微明的星河，直到东方吐出曙光。后找到成语'星罗棋布'，天空中罗列的星星似棋盘上的棋子自然分布，数量众多，撒播宇宙，令人遐想。于是，将星河送给姐姐，星棋送给妹妹，爸爸妈妈愿为亲爱的女儿亲手摘下朵朵繁星，实现她们一个又一个的梦想和心愿。"

"考虑到'星'字比较常见，重名概率高，故将'星'改为'心'，期盼孩儿们天天好心情、好心思、好心愿；同时将'棋'改为与'河'字形似意近的'淇'字。"

"心河，有心平气和之意，符合姐姐安静贤淑、温婉大气的性格；心淇，有新奇齐心之意，符合妹妹活泼可爱、古灵精怪的性格；心河与心淇'流淌'到一起，预兆姐妹俩长大后亲密无间，永远相亲相爱。"

"为方便平时称呼，另给姐姐、妹妹分别取小名佐佐、佑佑。希望双胞胎互相辅佐，保佑姐妹俩健康成长。"

观襁褓中的佐佐、佑佑相拥互爱视频，细品张骝、诗祎为碧玉娇娃取名释义，方觉心河、心淇美名甚好，不禁感慨万千，欣填《念奴娇》词一首，以示褒赞，再表祝贺，尽抒情怀。

蜜言悄语，脸贴脸，拥抱难分衣被。互爱温馨，拼探吻，足舞眉张音美。佐佐平和，顽皮佑佑，精怪古灵最。苍天恩赐，碧玉瑶蕊佳配。

棋布浩瀚星罗，看东方已晓，霞光柔媚。细水潺涓，流润处，草茂花红林翠。汇涌长河，奔腾向大海，浪涛宏伟。凭栏遥望，楚天辽阔欢慰。

最是无私舐犊情

　　春节休闲欲何求,科馆观展话说牛。

　　牛史牛人牛趣话,案头说起至田头。

　　2021 年为农历辛丑年,也即民间所说的牛年。按惯例,中国科学技术馆在新春佳节来临之际,如期推出"牛年话牛"专题展览。展览由"牛身探秘""史海寻牛""想象与牛"和"牛年的事"4 大版块组成,通过图文展示、互动展品、音视频、模型与实物等方式,全方位展示与牛相关的趣味知识、历史典故,以及科技界的"牛人""牛事"。

　　牛字乃象形字,甲骨文和金文的"牛"字,都是双角向上翘起的牛头模样。古人选取牛的头部正面像,用最简洁的笔画把牛这个庞然大物勾勒出来造字,让人很快就能辨认、记住,可谓聪明至极。据考证,早在 7000 多年前,牛就被人类驯化,我国的河南、浙江、内蒙古、山东、甘肃等地的新石器时代遗址中就有牛骨发现,河姆渡遗址中更有水牛骨骸挖掘出土。记载甲骨文的甲骨,其中"骨"就是指牛骨,安阳殷墟出土的卜骨大多取材于牛的肩胛骨。

　　牛在古代中国人心中是具有灵性的动物,据称可以通神,因此,重大祭祀活动都要选用牛作牺牲,以此彰显庄重、肃穆。《左传》曰:"国之大事,在祀与戎"。祭祀和战争乃是古代国家的头等大事,而祭祀的最高规格则是使用"太牢",所谓太牢就是用牛、羊、豕(猪)三牲齐全来祭祀社稷。可见,作为三牲之首,牛在祭祀中地位崇高,用牛作祭品代表着君王的权威。

东汉泰山太守应劭辑录的民俗著作《风俗通义》中言:"牛乃耕农之本,百姓所仰,为用最大,国家之为强弱也。"可见,在农耕时代,牛,不仅是重要的生产资料,还是关乎国家安全的战略物资,与君王的执政固基和百姓的生产生活关系密切。日常生产、生活中,人们用牛耕地、犁田、推磨、运输……并把它视为家庭财富的象征。战争中,牛除了能驮运军用物资外,还曾被当作武器乃至战术运用,战国时代齐将田单的"火牛阵"就是军事用牛取胜的典范。正因如此,封建社会历朝历代统治者都十分重视牛,历代刑罚中多有禁止屠宰牛的规定,违反者将受到不同程度的惩罚,屠杀耕牛由此也成为民间禁忌。

我是南方人,从小在湖南和江西长大,农村常见肌肉发达、结构紧凑、两角斜立的黄牛,以及体格健壮、身材硕大、双角弯曲的水牛。但是,小时候,即使是过年,我也从没见到过宰牛的场景,改革开放前也基本没吃过牛肉。在南方的一些地区,民间有"不食牛肉,家无疫患"的"牛戒"传统,以及吃牛肉容易上火、导致牙疼的禁忌。南方水稻田过冬涵养通常都要种植红花草(学名紫云英),这是一种固氮能力极强的绿肥植物,腐解时可大量激发土壤氮素,对维持农田生态系统氮循环具有重要作用。红花草营养丰富,口感好,是优良的牲畜饲料,但牲畜却不宜多吃,否则很容易引发腹胀病,故当地农民又把红花草叫作"胀死牛"。

现在看来,上述禁止屠牛的刑罚规定、"牛戒"传统和民间禁忌以及相关警示,或是为了维护祭祀的权威让统治者的执政地位不受挑战,或是为了保护耕牛的存活使全社会的农耕生产免遭影响。随着文明的不断进步和科技的不断发展,牛在人类社会政治、生产中的地位日渐式微;到了现代社会,牛已沦落为人类肉食和乳制品的重要来源。

但是，数千年来，正是牛对农耕文明做出了重要贡献，让人类对牛充满了深厚感情；牛身上承载着的象征勤勉忠厚、稳重平和、忍辱负重、踏实肯干、甘愿奉献、开拓进取的崇高品德，更是作为一种精神被人们所铭记并弘扬光大。如今，臧克家"老牛亦解韶光贵，不待扬鞭自奋蹄"诗句所展示的"老黄牛"形象，鲁迅"横眉冷对千夫指，俯首甘为孺子牛"美文所彰显的"孺子牛"品德，深圳特区政府门前所树立的"时间就是金钱，效率就是生命"的"拓荒牛"风采，更是构成了牛文化的精神内核，成为中华民族生生不息的宝贵精神财富。

我和夫人都属牛，今年都是本命年。辛丑春节期间，邻居好友金克瑜先生画《其乐融融》双牛图相赠。凝神赏画，见两牛相互依偎陪伴，互为照应关爱，令人感动。有感于斯，填《沁园春》词一首，以表情怀，以作答谢。

旭日初升，薄雾朦云，旷野踏青。沐春风阵阵，荡胸涤肺，欢蹄轻快，相视哞鸣。孺子呆萌，老牛慈爱，最是无私舐犊情。尤欣慰，观款蹉信步，其乐融盈。

年华交替更频，循天道，又迎辛丑临。叹多舛庚子，新冠病疫，猖獗寰宇，鼠窜难宁。世界同村，普天同运，万物苍生连一心。莫争斗，献和谐词画，共享丰赢。

筑窝飞鸟遭横祸

谁道群生性命微,一般骨肉一般皮。

劝君莫打枝头鸟,子在巢中望母归。

这是唐代伟大的现实主义诗人白居易写的一首题为《鸟》的小诗,充分彰显了诗人对芸芸众生的尊重和仁爱。可见,爱鸟、护鸟,保护野生动物,在中国有着悠久的历史传统。

鸟是体表被覆羽毛的卵生脊椎动物,通常认为鸟类起源于恐龙,为6500万年前白垩纪物种大灭绝事件中的幸存者。鸟类的种类很多,在脊椎动物中仅次于鱼类,目前全世界现存鸟类约有156个科9000余种,其中中国就有111个科1400余种,是世界上鸟类种类最多的国家之一。

鸟类的存在和繁衍最能反映生物的多样性,通过保护鸟类及其生存环境,人类就能更好地保护生物多样性,生物多样性的实质是生命的多样性,它是人类社会赖以生存发展的基础。每年5月的第二个星期六是世界候鸟日,这个日子是由联合国环境规划署于2006年确定的,旨在提高人们保护候鸟及其栖息地的意识,更多地关注鸟类等野生动物与人类可持续发展之间的关系。可见,鸟事也是人事,关注鸟类的生存发展,其实就是关注人类的生存发展。

2020年5月9日,正好是五月的第二个星期六,恰逢世界候鸟日。但是,就在这一天,发生在北京的一起鸟事却在人间引起了轩然大波。

据北京网友爆料,在北京丰台区东高地的梅源里小区,因为有鸟屎落在了某人停泊的车上,于是,某人一个电话就把城市绿化队叫来了。接着,绿化队忙碌一整天,启用大型吊车把小区的鸟窝全都给端了。看到这则新闻,我的心里非常难受。不知那位车主为何如此蛮横,这般霸道,非得跟鸟儿们过不去?鸟没有人的智商,拉屎不会选地方;鸟也不像人那样势利,不会看到强人就不拉屎,见到豪车就不撒尿。鸟屎拉到车上,车主打扫打扫不就得了,何至于拆人家鸟的房屋,甚至搞"连坐",殃及整个小区的鸟窝?

人类对待鸟类的认识和态度确实经历过曲折,也干过不少蠢事。1958年2月12日,中共中央国务院曾发文《关于除"四害"讲卫生的指示》,将麻雀与苍蝇、蚊子、老鼠一同列为"四害",提出用10年或更短的时间将其消灭。那个时候国家还很穷,粮食产量也不高,人民的温饱尚未解决,人们只看到麻雀糟蹋农作物的害处,却没看到它们在繁殖期大量吃害虫,冬寒季还吃杂草种子等好处,就要把它们斩尽杀绝,这些尚可归结为认识上的局限,勉强还可以说情有可原。

但是,改革开放以来,国人的环保意识已不断提高,开始将保护鸟与维护生态平衡紧密相连,爱鸟、护鸟意识不断提高。1981年9月,国务院批准林业部等8个部门《关于加强鸟类保护执行中日候鸟保护协定的请示》,确定将每年的4月底至5月初的某一个星期为"爱鸟周",在此期间开展各种宣传教育活动,自1982年第一次开展"爱鸟周"活动,至今已有39年历史。1988年11月8日,第七届全国人大常委会第四次会议通过《中华人民共和国野生动物保护法》,之后又四次修订,不断予以完善。爱鸟、护鸟,宣传教育可谓深入人心。

　　北京人有爱鸟、护鸟的好传统。不久前,也即 2020 年 4 月 24 日,市第十五届人大常委会第 21 次会议刚通过《北京市野生动物保护管理条例》,其中第二章对野生动物及其栖息地保护有着详细的规定,要求"采取种植食源植物,建立生态岛或者保育区,配置巢箱、鸟食台、饮水槽等多种方式,营造适宜野生动物生息繁衍的环境",强调"制止追逐、惊扰、随意投食、引诱拍摄、制造高分贝噪声、闪烁射灯等干扰野生动物生息繁衍的行为"。烦请法律工作者发声,丰台区那个绿化队的行径是否涉嫌违法违规?退一万步讲,绿化队为什么这么不明事理,竟然如此卑贱地听任某人的颐指气使,悍然对三春繁殖季节的鸟巢大动干戈?将心比心,如果你做了一点错事,别人就把你的住房都给扒了,让你露宿街头、流离失所,你又会做何感想?

　　和人类的住所一样,鸟巢也是鸟类安居乐业、生息繁衍的重要场所。前些年,社会上的违法违规强拆现象可谓天怒人怨、臭名昭著,如今竟然从地上拆到了空中,连鸟儿也不肯放过,实在是太过分了! 看来,依法治国,把权力关进制度的笼子,依然任重道远。有感于斯,填《菩萨蛮》词一首,对一切违法违规伤害野生动物、侵害公民财产权利的野蛮行径表示愤慨和谴责。

　　筑窝飞鸟遭横祸,只因鸟屎私车落。车主怒发威,可怜巢尽摧。

　　滥权实太过,无爱德行堕。拆霸鬼讨嫌,强拆牛上天。

放飞羽翼健翱翔

　　2015 年 1 月，朋友将他初中毕业女儿韩晴出版的诗集《想象中的自己在飞翔》送我，希望我予以点评、指教。我喜欢诗，偶尔也试着写写，但我不是诗评家，谈不上点评、指教，尤其是"面对一个如此真诚、干净、美好的心灵时"(《序言二——内心纯净，笔底"含情"》)，更不敢妄加评论。好在和朋友一样，我也有一个聪慧、可爱的女儿，女儿已经历韩晴现在的年龄，并在那个年龄段和韩晴一样，幻想、彷徨、忧郁和惆怅与成长相伴。读韩晴的诗集，仿佛看到了自己女儿当年"飞翔"的影子，由此想就女孩子的青春期成长问题谈点个人的理解和看法。

　　韩晴从上小学就开始写诗，一年级写的《银河》充满了好奇，充满了想象，充满了幻想，这是一个心地纯净的孩子用单纯的眼睛对奇妙的大千世界探索的起航：

　　　银河银河，请你告诉我，

　　　你那里有没有一阵一阵的波浪，

　　　有没有多彩多样的贝壳？

　　　银河银河，请你告诉我，

　　　你那里有没有长长的水草，

　　　有没有奇特的寄居蟹？

银河银河，请你告诉我，

你到底是不是河？

对大自然的好奇和探索，贯穿于韩晴的整个小学阶段，五年级写的《春天的魔法》就是最好的例证：

春姑娘有个魔法，

每次到她出场时，

就把魔杖一挥，

小草就绿了。

春姑娘有个魔法，

总是带来小惊喜，

咒语刚刚出口，

花儿就开了。

春姑娘有个魔法，

常常有点不可思议，

就是一夜工夫，

河水就自由了。

……

"春姑娘有个魔法，用处多又对自然好"，韩晴小姑娘当然很羡慕，自然会问、想要，欲把自己也变成会施魔法的"春姑娘"："她有这么多个魔法，为什么不分给我一点呢？"

每个孩子的童年都有十万个为什么，心中的疑惑会随着年龄的增长呈几何级数增长。当这些问题和疑惑因家长工作繁忙不能及时解答，因老师知识欠缺不能很好回应，因课外读物匮乏不能充分满足，因作业太多不能尽兴补充……孩子难免就会不安、焦虑，甚至感到孤独、寂寞，就要发出呐喊。韩晴初一写的《盼》就表达了同龄孩子对纷繁的外部世界和复杂的内心感受的共同困惑与冀盼。

一切的一切

没有回应

远方的山

眯着眼

不说话

远方的湖

轻轻地

摇着头

一片寂静

我的呼喊

谁回应

一片荒芜

我的哭诉

谁肯听

孤独，孤独

怕孤独

孤独终是谁掌握

抬起头

雨水打满泪窝。

孩子的心灵是最纯洁的,眼睛是最干净的,因为他(她)们眼里的世界是美好的,心灵的感受是愉悦的。随着年龄的增长,随着与人和社会交往的面不断扩大,这个世界开始变得纷繁复杂,眼中的色彩也开始由单色变成双色、多色、杂色……不仅有令人愉悦的艳丽,还有使人沮丧的灰暗,甚至会有让人消沉的黑色。青春期的少女身体发育迅猛,心智的成熟却相对滞后,自然会有不断增加的困惑和不解,难免会存在感知的对立和分裂。我以为,韩晴初三创作的诗《一分为二》就是这种矛盾心理得不到有效缓释的真实写照:

我用两只眼睛观察世界

看到的世界各不相同

身体如同被砍成两半

左边飘在云端

右边如赴烈火之中

写字的手在右

主力腿在左

心脏在左

肺在右

当你向前走去飞向天空

当你那灼热的手冒着火焰

写下无穷的争斗

心在跳,你还在飘着

而呼吸的一声一声是

撕裂的疼痛

我左眼看世界清明

右眼看能抹去所有的罪恶。

初三的女孩儿,正是花季的青春妙龄,有着多愁善感的浪漫年华,经历着感情丰富、情绪波动、性格敏感、脾气反复的躁动岁月,这个年龄的心理感受正如韩晴的《无题》诗中所写:

怕见花落

怕听风声

怕闻鸟鸣

我躲在树林的中心

一路向北搜寻

只听得风声划过树梢的惨凄

而露水滴落石上湍急

我怕了,真的怕了

相似的树枝无穷无尽

而黄鸟不停啼着归家的调音

向前向前拨开叶片的阴影

等待着水珠将全身润浸

开始期盼树林没有尽头

开始渴望跨越脚下的小溪流

而我仍怕着怕着

在其中习惯阻碍的来临

怕见花落无归处

怕听风声卷暖荫

怕闻鸟鸣啼悲音

怕随落雪入奔溪。

在这个"想象中的自己在飞翔"的年龄,不仅孩子自己会感到深深的困惑,家长同样也会感到浓浓的担忧。但是,韩晴是幸福的,她有悉心呵护她的好父母,有真心帮扶她的好老师,还有精心点拨她的好长辈……这些对她健康成长、快乐写诗至关重要。韩晴的父母也是幸运的,他们拥有这么一个善良、聪慧、多才的优秀女儿,且写诗成为女儿观察世界、表达感情、排解烦忧的最佳途径。"写诗对我来说是一种遣怀,不论写得如何,它都可以让我感到放下担子的一种轻松。"(《后记——我的文学爱好》)从这个意义上说,作为父母,我们不必为青春期孩子的成长过分担忧,因为我们自己曾经也是这样走过来的。

我很欣赏也非常喜欢韩晴读初三时写的众多《无题》诗中的这首《无题》诗:

我学着鸟儿飞起

天空是永远的栖息地

我寻上自由的踪迹

按一贯的方式游弋

我迫于穷冽的冬季

听从风暴的低语

我向着凝结的水滴

奔向沉寂一般的苦旅

会有风,会有雨

我会下落

不留一丝痕迹

我要光,我要热

我也许会蹉跎

大概会继续开拓。

"不知是谁为你戴上了一对翅膀/我托着它/向更远的地方奔去"。(《风说》)韩晴未来的路还很长,生活的道路难免会"蹉跎",但我坚信,多才多艺、勇敢向上的她一定会努力"继续开拓",谱写出更加壮丽多彩的人生诗篇。

愿天空中的翅膀健康飞翔,愿翱翔的诗篇永远健康向上。

情感空谷怎填补

2020 年春节期间,夫人的朋友把自己儿子李润宽写的《空谷》一文发进群里,立刻引起众多父母的共鸣和热议。我读后感动不已,遂推荐给《科普时报》尹传红总编辑,尹总不仅当即拍板刊登,还命我撰文点评助阵。群里的朋友得知,又是一片雀跃,同时推选另一位家长 13 岁的孩子夏誉天专门创作木刻画配图。

《空谷》只有 800 多字,内涵却极为丰富,道出了现实生活中两代人之间普遍存在的感情缺失、缺位以及沟通交流障碍等重大社会问题。见此情景,我也被感染,遂填《如梦令·空谷》词一首,以示应和。

习作如石击鼓,惊动群中父母。相继共研讨,两代情感题目。空谷,空谷,怎样沟通填补?

在《空谷》作者李润宽同学看来,爸爸是一座山,妈妈也是一座山,孩子就像生活在两山之间的小鹿,家庭的幸福与美满,更多地取决于小鹿的存在及其情绪变化。

在长途汽车站,农民工父母背井离乡打工,留守儿童与父母从此天各一方,由此造成两代人情感缺失的"空谷",让人难过无比。

爸爸妈妈由于工作忙碌,很难经常看望年迈的爷爷奶奶。在小区里,爷爷奶奶两座山峰之间,时常也会出现感情缺位的"空谷",同样令人伤感。

"小朋友的爸爸是一座山,她的妈妈也是一座山,小朋友就像山谷里的小鹿欢快地跳跃着。"这是作者及其父母眼中的幸福、美满家庭。正因如此，这种景象才让人无比羡慕、珍惜，以至于"我们的车静静地跟着他们，没有催促，直到这一家人离开。"

即使像作者这样一个让外人看来十分幸福的家庭，"山"里的"小鹿"如果不能"欢快地跳跃"，两代人之间的情感难免也会存在某些缺憾，出现令人遗憾的"空谷"，同样也很难称得上美满。孩子不快乐，父母会幸福吗？

让人欣慰的是，李润宽同学终于懂得了，妈妈每天晚上唠唠叨叨地"献殷勤"，实际上也是母子之间情感缺失、缺位的表现。可见，亲人之间的感情沟通和交流是多么的重要！

李润宽同学写这篇文章时，正值高三忙着一门心思复习考大学之际，自然无暇顾及父母的感受和情感需求，这或许也是造成家人感情出现"空谷"的原因之一。这里又涉及我们的功利教育以及独生子女政策等深层次敏感问题。

扯远了，就此打住。

附：空谷

空 谷

李润宽

高三开始，每天晚上吃完饭，我就默默坐到书桌前沉浸在我的课本和习题里。有一天，爸爸问我："宽宽，你想考哪所大学啊？""我想考同济大学，去上海学城市规划。"虽然背对着他们，但我能清晰地感觉到妈妈的目光紧紧盯着爸爸，爸爸笑呵呵地说："好，去学喜欢的专业，很好。"

那天以后，忘了从什么时候开始，妈妈总会问："宽宽，吃水果么？"我答："吃。"

"吃芒果,还是橙子?""芒果。"

"那我给你削了皮吧?""好的。"

"你要吃硬一点的,还是软一点的?""随便。"

"那我把芒果放到盘子里了。""……"

"是拿到你房间还是出来吃?""拿来吧!"

后来的对话变成了这样:"宽宽,吃水果么?""嗯! 嗯!"

"吃芒果,还是橙子?""……"

"那我给你削了皮吧?""……"

"你要吃硬一点的,还是软一点?""……"

"你怎么不说话呀?""我忙着呢!"

爸爸是搞城市研究的。他告诉我,有一年春节过后,他去四川农村搞调研,在长途汽车站,看到一对农民工夫妻过完年后回城打工与年幼的孩子依依不舍告别,不禁潸然泪下。从那以后,爸爸开始专门研究农民工的市民化问题,想让农村留守儿童能和爸爸妈妈一起在城市生活。

小时候,我经常由奶奶领着四处游玩,自上高中开始,我就很少去爷爷奶奶家了。今年的春天来得特别猛,没几天的时间,路边、花园里的花都开了,爸爸妈妈带我去看爷爷奶奶。爷爷奶奶家的小区里到处都是出来赏花的人,一对年轻夫妻领着一个孩子走在我们车的前面,小朋友左手拉着爸爸,右手拉着妈妈,在爸爸和妈妈中间又跑又跳。在我的眼中,小朋友的爸爸是一座山,她的妈妈也是一座山,小朋友就像山谷里的小鹿欢快地跳跃着。

我们的车静静地跟着他们,没有催促,直到这一家人离开。

离开爷爷奶奶家的时候,爷爷和奶奶都下楼送我们,车快驶出小区时,我转头从后窗里看到了爷爷和奶奶的背影,爷爷像一座山,奶奶也像一座山,但他们之间的山谷是空的。

　　现在，每当晚上妈妈再问我吃什么的时候，我知道，那是妈妈非常想和我说话。

　　（作者为复旦大学学生，本文为其在北京市二中读高中时所写文章。）

栏目缤纷芳沁透

青诗白话道真言，真言诚道不自嫌。

自嫌只因难心安，心安方可酣睡眠。

2017年9月22日，我在《科普时报》开设"青诗白话"专栏，为避免写的文章不至于天长日久后因虚假、粉饰、矫情而害臊，遂写下了这首自勉诗。转眼已过去4年，我与《科普时报》的情缘日渐深厚，围绕着开办相关专栏的桩桩往事一一浮现在眼前。

2017年9月15日，《科普时报》逆势创办，报社领导广邀专家学者开设专栏，希冀共同办好一份名家荟萃、栏目精品、独具特色的权威品牌科普纸媒。受时任总编辑尹传红"蛊惑"，我遂开设"青诗白话"专栏，所写文章力图诗情画意，讲真话、实话、大白话；一周后，第一篇专栏文章"我以诗联话离别"发表，并确定了栏目特色：每篇文章1700字左右，均含一两首清新诗词，并配一幅摄影美图。《科普时报》为周报，我坚持每周写一篇，自创刊至2021年10月底已写180篇。在众多专栏作者中，我算得上是最勤奋者之一。

2019年下半年，家父苏畅斌的自传体著作《筑梦人生》将付梓出版，我请尹传红写推荐语。读罢全书，他认为全书充满正能量，很励志，遂建议我动员老父也在《科普时报》开设专栏。我和父亲商量后，便以"彬彬畅言"为栏目，由我摘编《筑梦人生》精华，在报纸上连载。栏目LOGO由我女儿设计，孙女助力，令爷爷苏畅斌倍感欣喜。自2019年12月27日"彬彬畅言话人生"开篇至今，家父已在《科普时报》发文 32 篇。

为单位职工写作撰文创造锻炼提高机会，为科技馆界同仁搭建学习交流平台，是我到中国科技馆任职后的心愿。2018 年底，我和尹传红共同策划"馆窥天下"专栏，重点刊发反映国内外科普场馆特色亮点、发展动态和实践案例方面的文章，供业界同行学习借鉴，为公众了解科普场馆增设渠道，发挥好科普场馆提升公众科学素质的社会教育功能。自 2019 年 1 月 4 日发表中国科技馆助理研究员莫小丹的开篇文章"独具匠心的探索馆展品"，至 2021 年 10 月底已刊载专栏文章 82 篇。"馆窥天下"面向全球征稿，推介的科普场馆遍布世界各地，受到广泛欢迎，栏目文章日后将结集出版。

2019 年底，结合分管的网络科普和科普影视业务工作，我又为《科普时报》策划了"媒眼看世界"专栏。栏目宗旨为"谈媒体发展，看世界变化"，重点刊载科普科幻影评和科技馆新媒体展品（展览）宣介文章，以科学的视角解读、评论热点科普影视作品和新媒体展品（展览），阐述科普科幻影视作品中新媒体技术特效原理和高新技术运用，揭示媒体技术和信息技术在科学传播中的作用，预测科学技术给人类社会发展带来的变化和影响。2020 年 1 月 3 日，中国科技馆耿娴讲师带病撰写的开篇文章"从《阿丽塔：战斗天使》看赛博格技术的发展"，让人眼睛一亮，令人倍加感动。新冠肺炎疫情暴发后，中国科技馆青年工程师赵铮撰写的"疫情来了，媒体也是一名战士"，更是吹响了新媒体业界同仁抗击疫情的集结号。截至 2021 年 10 月底，"媒眼看世界"已刊载 50 篇专栏文章。

李文彬教授是我的邻居，1978 年从湖南新化一个偏僻小山村考入东北林学院（现东北林业大学）读大学，1984 年公派出国留学，先后在日本的静冈大学和爱媛大学深造。1990 年，获得农学博士学位后,他携家人回国效力,就职于北京林业大学,现为该校二级教授、工学院卸任院长。自 2019 年 2 月始,李老师在公众号上连载题为"改革开放的春风把我带出了小山村"美文 60 篇,讲述一个懵懂山村农娃成长为我国林业机械领域知名学者的奋斗历程,礼赞伟大的改革开放。文章真挚朴实、令人感动,内容睿智隽永、给人启迪。我十分喜爱李老师文章,经我说服动员,他随即在《科普时报》开设"文彬有语"专栏。自 2019 年 12 月 27 日发表开篇文章"改变我命运的那一年",他至今已发表专栏文章 12 篇。

《科普时报》为科普工作者搭建了施展才华、展现风采的舞台,广大作者也在这块科普园地贡献了聪明才智,王渝生的"余生趣谈"、金涛的"往事漫忆"、李大光的"摇曳烛光"、星河的"阆苑有书"、嵇立平的"科海史迹"、高宜亮的"药物传奇"……真可谓:专栏缤纷异彩,群英荟萃云集,美文目不暇接,内容增知益智。

能有幸为 5 个专栏奉呈绵力,我倍感欣慰,有感于斯,填《水龙吟》词一首,以抒情怀,以表谢意。

光阴冉冉白驹逝,欣慰品牌成就。科普时报,创刊逆势,今屹独秀。栏目缤纷,名家邀撰,满园芬透。览佳文美图,龙蛇笔走,悦心境、舒长袖。

笔者岂甘后。力全倾,才疏谊厚。青诗白话,馆窥天下,友情援手。贤荐能举,彬彬言畅,红争艳斗。媚眸观世界,文彬有语,新媒康寿。

......

第四篇

情理·心绪

吴侬软语媚多情

吴侬软语娓娓动听,弹拨说唱细腻绵长。

抑扬顿挫轻清柔缓,弦琶琮铮绕梁悦耳。

作为苏州特有的一种地方曲艺,评弹被苏州地区以外的更多国人知晓,主要源于两次事件。一是 1960 年由赵开生谱曲、余红仙演唱的毛泽东诗词《蝶恋花·答李淑一》曾轰动一时,让评弹跻身于全国主要曲种行列;二是 20 世纪 80 年代,媒体多次报道老一辈革命家陈云热爱评弹并就发展评弹曲艺作出一系列指示,让评弹从此家喻户晓。

我也是从那个年代开始了解评弹,并在广播电视里听过、看过一些评弹演奏的。2021 年 7 月 9 日,借出席在苏州市相城区举行的首届"赛先生"科学和医学公共传播奖颁奖大会之际,我有幸在网师园近距离聆听了当地艺人弹奏的苏州评弹。

评弹是苏州评话和苏州弹词的合称,与昆曲、苏剧并称苏州戏曲艺术"三宝";评话只说不唱,弹词既有说表又有弹唱,评弹则是采用吴语徒口讲说表演的一种传统曲艺说书形式。据悉,苏州评话源于宋代小说,盛行于明末清初;苏州弹词则被认为起源于宋元时期江浙一带的曲艺"陶真",兴盛于清初。

"赛先生"科学和医学公共传播奖由中国科协名誉主席韩启德院士、首都医科大学校长饶毅教授及夫人董建瑾女士、浙江大学王立铭教授及夫人沈玥女士联合发起,旨在面向华语世界,奖励在积极开展科学和医学知识及技能普及、传播、教育、培训,直接服务于公众与社会、促进公众理解科学方面做出杰出贡献的个人或民间机构。首届获奖者为兼天文学家、科普作家、翻译家、出版家头衔于一身的卞毓麟先生和"科学松鼠会"CEO、著名科普大咖嵇晓华。

晚上的颁奖大会结束后,相识十多年的老朋友、现任苏州大学传播学院博士生导师贾鹤鹏教授遂邀请我和另外几位参会专家夜游网师园。苏州以园林而闻名天下,而苏州众多的园林中又以拙政园、留园、狮子林最负盛名。贾教授之所以带我们去游玩大家都不太熟悉的网师园,一是因为他的家就在网师园边上,二是夜游网师园可以欣赏到包括评弹在内的许多地方艺术表演。

网师园始建于南宋,是苏州园林中型古典山水宅园的代表作品,网师即渔夫、渔翁,隐含"渔隐"之意。贾教授告诉我们,苏州园林大都为官场失意、商场得意者所建,因而园林名字大都含有看破红尘、远离官场、隐退江湖之意,如拙政园、网师园、退思园等。

我们赶到网师园已近九点半,是最后一批游客,网师园很守信用,仍然按规定为我们这拨人依次表演了古筝、独舞、越剧、评弹、昆剧等节目。评弹由一男一女两人表演,女弹琵琶,男拨三弦,交替弹唱,配合默契。虽然每个节目都是节选,只有五六分钟,但能近身聆听、专场欣赏,我们自然非常满意、十分兴奋。

曲艺具有浓郁的地域特色和民间属性,它是最接地气的艺术表演形式,常以悠闲消解忙碌,以戏谑调戏矜持,以玩笑嘲弄正经,以通俗诠释高雅,以世俗解构神圣,以市井抗衡庙堂。苏州评弹也不例外。据参会的苏州学者介绍,老一辈演奏者喜欢在弹词中掺夹一些当地的惯用语和歇后语,只有苏州老人或久居苏州的有心人才能体会到个中的风趣、讥讽和睿智,从而发出会心的微笑,与表演者达成默契的心灵互动。

中国有 7 大方言,苏州话属吴语方言。我出生在湖南,但对讲同属南方语言湘语的我来说,吴语可谓鸡同鸭讲,尽管网师园的弹词悦耳动听,我却一句都没听懂。在普通话不断得以普及、互联网高度发达的今天,年轻人中已经越来越少的人讲方言,甚至不少苏州本地人也淡忘了家乡话,加上传统曲艺传人日渐断层,因此,听说苏州评弹开始日渐式微,就不会感到那么惊讶了。

尽管如此,为了振兴这一独特的国家级非物质文化遗产,苏州市政府还是做了不少努力。自 2000 年始,每 3 年都要举办一届中国苏州评弹艺术节,至今已成功举办 7 届,艺术节已成为在苏、沪、浙具有重要影响力的品牌文化活动。2011 年,张艺谋执导了《金陵十三钗》抗战影片,片中的"秦淮景"以苏州评弹方式演唱,让这门传统艺术再度引起人们关注。新冠肺炎疫情暴发后,苏州古城区倾情打造夜经济品牌"姑苏八点半",让评弹艺术走近城市夜生活,与园林观赏、夜市餐茶、水城游览相融合,进一步提升了苏州评弹在新时代的创新活力。

苏州一行,令人难忘;友人情谊,山高水长;地方曲艺,独具特色;夜游美园,不亦说乎。有感于斯,填《浣溪沙》词一首,谢友美意,以表情怀。

顿挫阴阳婉转清,评弹拨唱动人心,吴侬软语媚多情。

曲艺苏州今古耀,高山流水觅知音。绕梁三日绪难平。

略技人间非游戏

鸡有鸡的言

鸭有鸭的语

围棋的语言

被称着手谈

捻起黑子

吹响冲锋号

落下白子

发出防守令

伸出手指

翻云覆雨

摇起羽扇

遣将调兵

一声不吭

充满杀机

一旦开口

输赢已定。

这是笔者专门写的一首有关围棋的新诗,诗的题目就叫

"手谈"。

围棋起源于中国,相传为帝尧所作,西晋张华在其神话志怪小说集《博物志》中说:"尧造围棋,而丹朱善围棋。"春秋战国以降,围棋成为民间备受欢迎的游戏;到了唐代,围棋开始盛行,尤以士林为甚,读书人把下围棋看作高雅、时尚的休闲娱乐方式。白居易曾有诗云:

职散优闲地,身慵老大时。

送春唯有酒,销日不过棋。

禄米獐牙稻,园蔬鸭脚葵。

饱餐仍晏起,余暇弄龟儿。

在香山居士看来,下棋和喝酒、养龟一样,都是闲时消磨时光的上佳方式。隋唐时,围棋经朝鲜传入日本,后流传到欧美各国,现已成为世界上许多人喜爱的一项棋类智力项目。

围棋蕴含着中华文化的丰富内涵,是中国文化、文明与智慧的呈现。从布局、中盘到收官,行棋者始终在大与小、先与后、厚与薄、生与死、眼前与长远、局部与全局等变化莫测的矛盾之中决策,考验着双方的大局观、得失观、取舍观、价值观。因此,行棋时必须心态平和、权衡利弊、兼顾得失、进退有据,需要争让适度、换位思考、得势让人、推己及彼。推而广之,做人做事、治国理政,莫不与行棋同理。

围棋以占地多少论输赢,在一局棋的初始阶段,布局双方都千方百计抢占棋盘战略要点,为后续扩张奠基铺路。此时,因落子尚少,无法做精确计算,因而更能考验棋手的大局观和均衡感,落下的棋子要高效率地为中盘战斗搭建攻防兼备、进退自如的四梁八柱。现实社会也如此,我们每做一件事情,都必须认真筹划,提前准备,兵马未动,粮草先行,为后续方案的实施奠定坚实基础。所

谓《布局》,真可谓:

　　为开战准备

　　给厮杀祭旗

　　用最少量棋子

　　获取最大收益

　　星位建据点

　　分投占要津

　　着眼未来

　　立足当今

　　拆挂守地

　　飞跳扩形

　　腾挪有度

　　消长较劲

　　看似防守

　　意在入侵

　　仿佛闲子

　　实藏杀心

　　布下罗网

　　挖好陷阱

　　双方都不动声色

　　棋盘已刀光剑影。

中盘是棋局过程中最具魅力的阶段,是一盘棋战斗的开始和

持续,需要应用各种基本技术。而从布局引入中盘,用围棋理论固定下来的最稳妥的行棋顺序和落子位置的下法,就构成了行棋的定式。定式是先人成功经验的总结和探索智慧的结晶,运用定式行棋,将更加高效、稳健、安全。但是,如果不懂得灵活应用,而是一味地拘泥于理论,死搬硬套定式,最终也难逃失败的命运。现实社会里,经常有人不懂得理论联系实际,凡事只知翻书本、找依据,教条主义十足,到头来只能成事不足败事有余。笔者《定式》一诗,可为证:

高手公开的秘笈

新手信奉的圣经

你一招来我一式

都透着狡诈精明

用活了

是妙手

用蠢了

是死形。

下面这首是我写的名为《打劫》的短诗:

兵与兵的较量

将与将的比拼

战场犬牙交错

敌我相持难赢

你放出一匹快马

我应战一骠悍骑

来来往往

意在搅局

破绽就是劫材

紧要全在勇气

劫材和勇气

决定着结局。

打劫是围棋的一项重要战术，对局中形成打劫的机会很多，但是否需要开劫以及何时开劫、怎样应劫，则是一门高深的技艺，需要根据敌对双方形势的优劣、劫材的多寡、劫的轻重等因素进行综合判断来做出决定。通常，形势对自己有利时，没有必要开劫；劫对对方影响不大时，即使开劫，对方也不见得应；自己劫材不够，开劫后也肯定打不赢劫，最终将自取其辱。因此，不经过周密考虑，仅凭一时意气而轻易开劫，常常会陷入万劫不复的境地。

围棋对弈不过是一场智力游戏，棋盘上的黑白棋子没有生命，开劫最坏的后果只是输棋，最大的损失也只是少挣一些对弈的奖金而已，弈者一般都不会有太大的心理负担。我想，这也是围棋为什么叫手谈的原因，手谈，手谈，手掌谈兵而已。现实社会中，开劫意味着挑起战端，开弓没有回头箭，战事一起，死撑到底。双方争斗，当以智谋取胜为上，如果没有绝对的胜算，就不要率性挑起事端、随意喊打喊杀，否则，只会落个自陷泥潭甚至自掘坟墓的下场。

笔者喜爱围棋，虽棋艺平平，但行棋、观棋、品棋时，也爱琢磨其中的哲理。上述心得凝为《七律·对弈》诗一首，以示分享，以求指教。

纹枰对弈兴无忧，生死搏杀任我由。

弃子轻松图取势,开劫散淡竞伐谋。

黑白世界行颠倒,乌鹭乾坤挑斗殴。

略技人间非游戏,输赢定是血河流。

(注:纹枰、黑白、乌鹭、略技,均为围棋的别称。)

均衡和谐事理清

　　上一篇有关围棋的文章《略技人间非游戏》写完后,感觉意犹未尽,接着又写了这篇《均衡和谐事理清》。

　　围棋既是游戏、竞技活动,更是一门充满哲理的艺术。不同的棋手对围棋有着不同的理解。围棋大师吴清源先生认为,围棋的棋盘象征着宇宙,棋子圆以法天,天圆而动;棋盘方以类地,地方而静;白子代表白昼,黑子代表黑夜;棋盘上 361 个交叉点代表农历一年的天数,从天元到四个角将棋盘分成四等分,分别代表春、夏、秋、冬四季。

　　宇宙运行遵循固有规律,天地交融讲究稳定均衡,宏观与微观、天与地、夜与昼、一年四季……分别在运动对立的过程中追求和谐与统一。对弈同此理,四方对称的棋盘奠定了手谈和谐的基调,黑白分明的棋子构成了竞技冲突的基础,行棋的过程就是一个不断产生冲突和不断解决矛盾、不断展开竞争和不断达成均衡、不断追求效率和不断化解危机、不断制造混乱和不断实现和谐的过程。

　　布局阶段,开拆是快速占据要津、迅速扩张形势的常用战法。但是,拆几路合适? 拆多远正好? 却需要审慎掂量,这不仅要考虑双方在开拆处已有的棋子配置,还与开拆的棋盘位置关系密切,讲究的是分寸和适度。布局伊始,棋盘还非常广阔,可供开拆的地方很多;棋一旦行至棋盘中央,没了根据地依托,也就丧失了开拆的余地。现实生活也如此,人生起步,可供选择的发展方向很多,但必须认清自我、把握机遇,行稳方能致远。一旦步入万众瞩目的权力中心,看似风光无限,实则"高处不胜寒",腾挪、回旋的余地也变得十分狭小。有笔者写的短诗《开拆》为证:

拆二还是拆三
讲究的是分寸
宽一路太松
窄一路太紧

和所处位置
也密切相关
位低可拆远
居高宜拆近

一旦走到瞩目的中央
就丧失了开拆的余地。

围棋最基本、最重要的战略思想,是要有大局观、均衡观,不能去计较一时之得失;先与后、厚与薄、取与舍、多与少、争与弃中的对立统一和矛盾转化的辩证规律,无时无刻不在棋局中得到反映。中盘厮杀,着眼未来,服从大局,服务全局,这一指导思想必须贯彻行棋始终。特写《中盘》小诗一首,进一步阐明我这一观点:

调兵遣将完毕
辎重粮草备齐
短兵顷刻相接
狼烟已经四起

试应手

摸清对方底细

暂脱先

不理敌人挑衅

关　飞　跳

步步向中腹挺进

镇　封　压

招招给敌人打击

目光短浅

贪图蝇头小利

深谋远虑

不把暂失较计

中盘

关键在把握大局

厮杀

要害是衡量利弊。

弃子是围棋的一种重要基本战术,是指舍弃若干棋子以换取外势或图取其他利益的下法。弃子战术通常在以下3种情况下使用:一是争主动、抢先手,"弃子争先"即为此意;二是甩包袱、丢"鸡肋",轻装续弈;三是抛诱饵、留伏兵,给后续行棋留下余味。生活中,我们也应该学会"弃子",为了全局利益和长远发展,要舍得牺牲局部和眼前利益;为了争取主动,要舍得抛弃那些貌似优良传统实为僵化、陈旧、落后的思维定势。"将欲取之,必先予之",放弃常常是为了更好地获取，如同收回拳头是为了让打出去的拳头更加有力。拙诗《弃子》，愿为此观点佐证：

不是手心就是手背

不是兄弟就是姐妹

迫不得已舍弃

谁人不会心碎

派兵增援

越增越成拖累

遣子解救

越救越成鸡肋

舍就要舍得

利落又干脆

弃就要弃得

仍留有余味

舍能展示胸襟

舍能体现魄魅

弃更彰显大局

弃更映射站位

掌握了弃子

就掌握了围棋的精髓

悟透了舍取

就悟透了人生的意味。

围棋的胜负是以获得地盘的多少来决定的,它取决于自身的发展和敌我双方的消长,常常并不一定要将对方赶尽杀绝。

你侵我的土
我占你的地
破对方的眼
紧自己的气

相互都不肯退让
理智都没有清醒
鱼死网破
以死相逼

退一步相互交融
松一气和睦安定
棋盘上叫双活
外交上叫共赢。

这是我写的一首题为《双活》的短诗。"双活"是围棋的一种特殊活棋形式,敌我双方纠缠在一起,尽管都没有两只眼,但却共享公气,谁也吃不了谁。在这种情形下,紧对方的气,就是撞自己的气,欲致对方于死地,同时也把自己逼到了绝境。此时,敌我双方最好的结局,就是彼此退让、相互妥协,达成"双活"共识,从而实现共赢。

这真是:

行棋悟道促膝茗,均衡和谐事理清。

黑白世界争天下,你死我活谁是赢?

古诗"信息"溯本源

作为一种以电子信息技术为基础,以信息资源为基本发展资源,以信息服务性产业为基本社会产业,以数字化和网络化为基本社会交往方式的新型社会,信息社会使用最为频繁的一个词就是"信息"。通常,人们会想当然地认为,"信息"乃地道舶来词,因为,与"信息"词意相近的"音信""消息"两词,在古代汉语中比比皆是。

其实,"信息"一词早就出现在中国古代诗词作品中,它比"消息""音信"更带感情色彩,常常和离愁别恨、思亲念友联系在一起,个中的意味值得细细品味。

人们通常认为,"信息"一词最早出现在南唐诗人李中的律诗《暮春怀故人》中。

池馆寂寥三月尽,落花重叠盖莓苔。

惜春眷恋不忍扫,感物心情无计开。

梦断美人沉信息,目穿长路倚楼台。

琅玕绣段安可得,流水浮云共不回。

李中生卒年不详,后人考证大约是公元920至974年在世,距今至少也有1047年了。

其实,在李中写这首诗的一百多年前,晚唐诗人杜牧(803年—852年)的《七律·寄远》中就已经有了"信息"这个词。

两叶愁眉愁不开,独含惆怅上层台。

碧云空断雁行处，红叶已凋人未来。

塞外音书无信息，道傍车马起尘埃。

功名待寄凌烟阁，力尽辽城不肯回。

比杜牧更早一点的诗人崔备（747 年—816 年），在唐德宗年间写过一首律诗《清溪路中寄诸公》，也提到了"信息"一词。

偏郡隔云岑，回溪路更深。

少留攀桂树，长渴望梅林。

野笋资公膳，山花慰客心。

别来无信息，可谓井瓶沉。

和杜牧同时代的陆龟蒙在《春歌》一诗中也留下了"信息"一词。

山连翠羽屏，草接烟华席。

望尽南飞燕，佳人断信息。

陆生年不详，大约卒于唐中和元年（公元 881 年），他是晚唐著名文学家，但其农学研究成就却鲜被人知。

陆龟蒙写的《耒耜经》是我国最早专门记述农具的文字作品，全篇仅 633 字，除简要介绍"爬""砺礋""礰礋"3 种农具外，重点对唐代最重要的农具犁从各部结构、使用功能，到尺寸大小、所用材料等做了详细、准确的记述，以致近代考古学家阎文儒据此成功复制出了唐代的犁。

在文星璀璨的唐代，马匹奔跑的速度就是鸿雁传书的速度，自然也就是信息传递的速度。如果隐居山野，交通基本靠走，通讯基本靠吼，治安基本靠狗，取暖基本靠抖，友人折柳一别，从此天各一方，相互之间的"信息"自然难觅。正因如此，上述这些诗都不约而同地表达了作者对"沉信息""无信息""断信息"的远方亲朋、恋人的思念和牵挂。

宋代词人也喜欢用"信息"这个词,婉约派词人代表柳永的一首《满江红》,就幽怨地流淌出了"信息"一词。

访雨寻云,无非是,奇容艳色。就中有,天真妖丽,自然标格。恶发姿颜欢喜面,细追想处皆堪惜。自别后,幽怨与闲愁,成堆积。

鳞鸿阻,无信息。梦魂断,难寻觅。尽思量,休又怎生休得。谁恁多情凭向道,纵来相见且相忆。便不成,常遣似如今,轻抛掷。

感情真挚细腻、词句委婉动人的李清照,自然也不会放过使用信息量极为丰富的"信息"一词。

......

车声辚辚马萧萧,壮士儒夫俱感泣。

闾阎嫠妇亦何知,沥血投书干记室。

夷虏从来性虎狼,不虞预备庸何伤。

衷甲昔时闻楚幕,乘城前日记平凉。

葵丘践土非荒城,勿轻谈士弃儒生。

露布词成马犹倚,崤函关出鸡未鸣。

巧匠何曾弃椓杯,刍荛之言或有益。

不乞隋珠与和璧,只乞乡关新信息

......

这是李清照一首长诗中的节选。宋朝偏安杭州,家乡沦陷,夫婿病故,李清照集国恨乡愁家苦于一身。1133年,闻宋高宗遣派枢密院事韩肖胄和工部尚书胡松年出使金国,探望被囚禁的徽钦二帝,易安居士禁不住家国沦陷之悲、思乡怀旧之感、家破人亡之痛涌上心头,随即写下了这首忧国怀乡思故的感奋之作。

在诗人心中,"烽火连天日",可谓"家书抵万金",稀世的"隋侯之珠"和"和氏之璧",又怎能比得上来自故乡最新的音信和最为悬挂的消息更为珍贵、更令人企盼呢?

在我看来，所谓"信息"，有"信"就有"息"。沟通和润滑亲朋好友感情的"信"一旦寄走，如同钱款借出，是要按时来计"息"的。在古代文人骚客的诗词里，这个"息"就是感情的积累和寄托，就是思念的积淀和释放，就是牵挂的描述和抒发。

互联网时代，人们即使远在天边，也可借助手机通过微信、视频随时问候、见面，信息的交流和沟通已如"闪送"随叫随到，手指轻轻一摁就能完成"信"的往来，又怎能奢望彼此之间的情感增值生"息"呢？又怎么能给后人留下像唐诗宋词那样流芳千古有关"信息"的动人诗篇呢？

这正是：

古诗"信息"溯本源，人文浸润析美篇。

现代"信息"再无"息"，何谈内涵拓外延。

一球乾坤定霸权

　　4 年一度的世界杯又开战了,这是全世界足球迷最盛大的狂欢节。2018 年 6 月 15 日,第 21 届世界杯揭幕战打响,A 组俄罗斯 5 比 0 血洗沙特阿拉伯,创下世界杯揭幕战最悬殊比分记录。目睹同为亚洲人的沙特队惨遭东道主蹂躏,回顾中国足球队进军世界杯历程,不禁感慨万分,遂作《一球乾坤定霸权》诗一首,以吐心中块垒。

　　豪强拼杀起烽烟,东道揭幕洗沙田。

　　三个世界分天下,一球乾坤定霸权。

　　技不如人差看客,耻多似虽恬厚颜。

　　夜深常悔熬心血,皇帝不急急太监。

　　中国男子足球冲击世界杯队历史,乃是一部中国球迷的伤心史。除 20 世纪 80 年代初苏永舜带的队伍昙花一现,2002 年米卢曾将国家队带进过一次世界杯外,中国男足进军世界杯战绩可谓乏善可陈。从曾雪麟的"5·19 事件",高丰文"只差一步到罗马",徐根宝的"黑色三分钟",朱广沪的"大话王",到施拉普纳、霍顿、阿里·汉、卡马乔、阿兰·佩兰等如同走马灯轮换的外教,男足不仅屡战屡败,而且见谁输谁,越输越难看,令人失望至极。

　　2016 年 10 月 17 日,本次世界杯预选赛亚洲区 12 强赛,国足客场 0 比 2 完败乌兹别克斯坦,4 轮战罢,1 平 3 负仅积 1 分,出线几近绝望。观场上队员漫不经心,毫无羞耻,足协、体育总局推卸责任,球迷无端指责主教练高洪波,不禁叹然作词《沁园春·足球》,以表愤慨。

颜面输光,惨遭零封,球旗零飘。望亚洲诸强,惟余粗莽;举国上下,口水滔滔。总局委蛇,足协装象,尽把责任推给高。须何日,看男足正果,也现妖娆?

战史如此多"骄",引无数教练竞"折腰"。昔雪麟丰文,初显衰老;根宝广沪,败相极骚。几代外教,摩拳擦汗,到头个个成死雕。俱往矣,数最差一届,还看今朝。

2018 年 6 月 16 日,还是俄罗斯世界杯,D 组名不见经传的冰岛队竟然 1 比 1 逼平世界冠军阿根廷队;终场前最后一分钟,被冰岛队门将羞辱的梅西把任意球狠狠地踢向空中,以泄心中愤懑和不甘。

你还真不能小看这个全国人口总共才 33 万多点的冰岛队。在 2016 年的欧洲杯上,冰岛队前两轮均 1 比 1 战平葡萄牙和匈牙利,最后一轮 2 比 1 击败奥地利,小组昂首出线。1/8 决赛时,又 2 比 1 淘汰了号称要夺冠的英格兰队。当时的冰岛队,还自豪地贴出海报,告诉世人该队 23 人是如何挑选出来的。

根据最新人口统计,冰岛全国共有 332 529 人,减去女性 165 259 人,除去 18 岁以下、35 岁以上男性 122 862 人,再减去太胖不适合踢球的 22 136 人;剩下的男人中有 1246 人正忙着观鲸旅游业,314 人要监测地震,164 人去观测火山了,1934 人在放羊,1464 人剪羊毛;而在剩下的男人中,又有 194 人是盲人,7564 人患病,23 位银行家在坐牢,还有 564 位医生和消防员忙得走不开;还剩下的男人中,除了跑去看球的外,另有 2 位是队医,2 位帮着球场送水,7 位帮助运营球队。那么,最后剩下的 23 人都在哪呢?

答案当然是:他们全部入选了冰岛国家队。

　　这虽然只是一个搞笑的段子,但是,拥有 13 亿多人的中国,较之于还不足天通苑常住人口的冰岛,男足的差距竟如此之大,实在是令人汗颜。

　　况且,扑出梅西点球的冰岛门将哈尔多松,踢球还只是他的爱好;他的主业为导演,执导的 MV 还获欧洲音乐大赛奖项。反观中国男足,不思进取,虱子多了不怕咬,拿着天价薪水输了竟心安理得,真可谓厚颜无耻。

　　竞技运动从来都是胜负论英雄,足球比赛更是一球定乾坤,谁夺冠谁就是霸主。可怜中国球迷,中国男足如此不争气,仍有许许多多像我这样的痴傻,逢国足比赛必看,看得还牵肠挂肚、还动真感情,一副"皇帝不急太监急"样范。

　　其实,足球本是一种娱乐、一场游戏,对待国足的成败也没有必要太较真。用这样的心态看国足比赛,欣赏世界杯,就会少去很多烦恼,平添更多快乐。这正是:

　　怒你不争气,怨恨你没志气,你就是一团糊不上墙的稀屎烂泥,活该被人们用口水拨来搅去。

　　明知肯定输,却总幻想奇迹,你就是一群死不悔改的痴情球迷,折腾完老婆孩子再折磨自己。

　　看什么足球?想撞什么大运?本就是一场全民喜乐哀嚎的游戏,看完了还不赶快去睡睡洗洗?

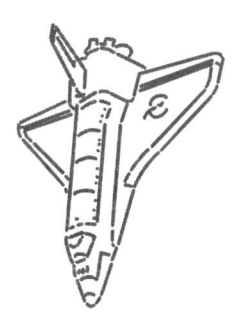

乐赏夕阳红彩秀

五月繁花羞翠柳,解甲归田,喜上眉梢扭。且问人生何富有?问心无愧安酌酒。

梦里桃源欣慕久,放牧南山,信马由缰走。乐赏夕阳红彩秀,耆耈年少青春又。

自 2021 年 6 月 1 日始,我正式退休,再不用上班打拼,长期高度紧张劳累的身心顿觉轻松,遂填《蝶恋花》词一首,以表庆贺。

退休是指根据国家有关规定,劳动者因年老或因工、因病致残,完全丧失(或部分丧失)劳动能力而退出工作岗位;它是文明社会的一项人性化制度安排,是对劳动者人权的有效保护。我于 1985 年 5 月研究生毕业后参加工作,到退休整整工作了 36 年,这期间先后从事过期刊编辑、教学管理、图书出版、党务行政、纪检监察、科学普及等工作,历经十几个岗位。回顾过往,尽管履历浅薄、视野狭窄、业绩平平,唯感欣慰的是,在每个工作岗位上,我都能坚持克己奉公、尽心履职、谦虚好学、开拓创新、勇于担当、提携人才、关爱同事,力争不做庸碌无为、精致利己之辈,当可问心无愧安度桑榆之晚。

退休之后,首先得放平心态,尽快消弭失落感,保持身心健康。在位之时,每天众星捧月,美言绕耳,自然热闹开心,舒服贴烫;一旦退休,立刻冷冷清清,门可罗雀。明智的人知道,这并非完全是世态炎凉,人情冷暖。在位时,更多地是因工作和职务维系了繁杂的人际关系;退休后,没了这个纽带,相应的关系中断实属正常。想不明白这点,不仅自怨自艾容易毁伤身体,而且很可能自讨没趣,甚至自取其辱。我认识一位领导退休后就没调整好心态,结局很是让人扼腕。这位领导忍受不了卸任后的门庭冷落,仍然经常往单位跑。刚开始,僚属们碍于情面,还能强忍着陪他聊大天,时间长了,一听他要来,一个个都吓得赶紧躲起来——毕竟,每个人手里每天都有一大堆忙不完的事。老领导很是恼怒,见人就骂这个忘恩负义,那个狗眼势利,没几年就郁郁寡欢染疾而终。

其实,退休实在是好处多多。在位时,各种任务表、责任状、承诺书常常压得你喘不过气来,长此以往,再好的身体也难免出问题。我过了 55 岁后,身体明显走下坡,体检结果给出的警告一年比一年多。退休才两个多月,许多指标开始转好,年初突然暴瘦 20 多斤不仅得以遏制,而且又回长了近 10 斤。窃喜!

每个人在不同的阶段都会结识不同的人群,继而形成不同的交际圈。这不,退休没几天,我就被同事拉进单位"离退休老同志群",开始欣赏、享受与在职时迥然不同的人生。时逢中国共产党百年华诞,中国科技馆有 18 位老党员荣颁"光荣在党五十年"勋章。2021 年 6 月 20 日,在群里看到老党员佩戴勋章合影留念,不禁感慨万分,遂填《浣溪沙》词一首,向他们深表敬意,与他们共享荣光。

立志一生献锤镰,光荣在党五十年,初心使命铸心间。

热血青春鲜灿艳,传播科技勇当先。桑榆更胜少当年。

在职时,由于工作忙碌等原因,许多愿望和梦想都没能实现,原想退休后都补偿回来,如常回家乡陪伴父母,尽孝道慈心,多享亲人团聚天伦之乐;又如周游各地名胜,广赏大好河山,不负美妙人生;还有发挥自身优势,多做一些对国家、对社会、对亲朋有益的事情。不料，一个多月来，河南暴雨，殃及无辜，令人心伤；南京疫情，影响全国，让人心惊。真可谓，世事难料，生活多舛，正常生活再次受到影响，原答应父母每隔一两个月就回家探望一次的许诺，看来又要食言。想到这里，不禁悲从心起，8月7日正值立秋，遂填自创词牌《青牛调》一首，以表心境。

南望神州泪眼迷，归鸿断翼。伤旅吟诗难成句，华东惊疫，中原悲雨。

人老情怯思故里，往事依稀。纸鸢遥放斜风紧，心难锚定，愁绪何寄？

退休之后，最开心的莫过于与社区志趣相投的朋友欢聚，一同参与社区娱乐活动。两个多月来，我所在的小区已组织两次消夏晚会，男女老少自告奋勇表演节目，我们几家邻居夫妇串烧演唱竟然博得一片喝彩，自信和兴奋立马爆棚。即兴填的一首《如梦令》，表达了业主们的共同感受。

好友芳邻相聚，舞蹈欢歌评剧。老少演同台，花蕾桑榆美玉。心绪，心绪，疲惫烦忧抛去。

太阳东升西落，人有生老病死，实乃自然规律，谁都应该承认这个现实并顺应而为之。我已过花甲之年，开始步入老年人行列，当然也应有自知之明。但是，人老，心却不应该老，余生仍大有可为，照样可以活得精彩，有自填《卜算子》词为证。

花甲效青年，白发心仍少。老树新花添异彩，犹展风姿俏。

俏也不争春，只映桑榆妙。待到秋来群英落，入土滋芳草。

点缀芬芳情景融

在自家庭院里生长的玉米苞上,将金黄的、红紫的、橙色的玉米穗编织成不同的发型,再用园中的小野花点缀在发辫上,一个个鲜活、动人的美少女就在玉米地里"生长"出来了。

这是早上起床我在朋友圈里看到小区邻居发的摄影美图。此时已是 2020 年 7 月下旬,正值玉米收获季节,邻居把丰收的喜悦赋予新的创意,给充满田园气息的生活带来了艺术的灵光,令人惊喜不已。观图生情,我遂填《破阵子》词一首,以示褒赞,以展襟怀。

养眼田园春色,丰收在望憬憧。苞谷棵棵呈满粒,青帐婀娜款款风。欢愉葱郁浓。

慈爱多生慧眼,巧思创意新萌。金穗编织鲜少女,点缀芬芳情景融。院庭万绿红。

玉米是禾本科的一年生草本植物,原产于中美洲和南美洲,现已在中国、美国、巴西及其他许多国家广为种植,成为全球重要的粮食作物。与传统的水稻、小麦等粮食作物相比,玉米具有很强的耐旱性、耐寒性、耐贫瘠性以及极好的环境适应性,因而非常便于种植。

我小时候也在家中菜园里种过玉米,南方很少大面积种植玉米,能亲历玉米从发芽、长叶、拔节、开花到灌浆、结苞、抽穗、爆粒,由一粒小小的种子长成两米多高挂着两三个苞米的青秆全过程,喜悦之情不禁油然而生。在那个缺衣少吃的年代,玉米成为孩子们的最爱，还没等它长成熟，上部的嫩茎就会被掰下来，像甘蔗一样被啃食；等到再长高一点，玉米底部裸露的根须也会被一根根偷吃掉。那种腻人的清甜、诱人的味道，至今难忘。

玉米全身是宝，玉米粒是北方许多地区的主粮，也可压榨做食用油，秸秆和玉米棒还可做饲料。有人说，一根玉米穗对应一颗玉米粒；也就是说，一个苞米棒子上有多少根玉米穗，就会有多少颗玉米粒。玉米穗含有粗纤维、粗蛋白、多糖和粗脂肪等营养物资，具有养生保健作用，故民间有"一根玉米须，堪称二两金"之说。用新鲜的玉米穗煎煮出的水，味道甘甜，清冽爽滑，有泄热通淋、平肝利胆之功效，夏季常被当作凉茶饮用。

据媒体报道，一些地区的农民艺术家能用玉米秸秆制作工艺画，用玉米皮编织手工艺品。以前，每逢玉米丰收，北方农民大都把堆积如山、无处安放的玉米皮和玉米秸秆一烧了事。如今，许多地方开始聘请专业手工艺技师，给当地妇女进行玉米皮编织、秸秆画制作和手工玉米串珠加工培训。这一举措既解决了秸秆焚烧污染环境问题，还带动了当地就业增收，为脱贫致富做出了贡献。

把生活过出艺术的味道，这是中国农民的智慧。2018 年 7 月 24 日，我曾赴黑龙江省北安市调研，有幸知晓了当地农民的稻田艺术创造才华。时任市长冯云是一位人文情怀浓郁、文学功底深厚的地方官员，他告诉我，当地的稻田画已成为乡村文化的一大特色。他还专门给我看了一张稻田画摄影美图：农民用三种彩色水稻为"颜料"，以辽阔的稻田为画布，绘出了人们庆祝丰收的喜悦图画。画中的花鼓女婀娜多姿，大头郎憨态可掬。原来，这是北安市主星乡朝鲜族民众为庆祝"初伏节"专门在稻田里绘制的巨幅图画。冯市长还专门赋诗助兴。

骤雨初歇暮云长，柳枝拂面晚风凉。

婀娜一现花鼓女，精怪如昔大头郎。

高天变幻涂异彩，大地依然理新装。

今夕忘却红尘意，欲枕蛙鸣醉稻香。

主星乡是中国最北端的朝鲜族自治乡，地处通肯河畔，是北安市的水稻主产区。"初伏节"是朝鲜族的一种民俗仪式，每年入伏的第一天，当地朝鲜族民众都要制作打糕等传统美食，穿上民族盛装，载歌载舞，欢庆丰收，祈愿幸福。自2016年始，主星乡每年都举办"初伏节"活动，参加活动的群众除表演朝鲜族歌舞、品尝朝鲜族美食、展示民俗商品和民俗文化外，还开展摔跤、跳绳、拔河、荡秋千等独具民族特色的体育活动，一派祥和欢乐景象。

据冯市长介绍，该市东胜乡也有绘制稻田画的传统。近年来，东胜乡以万亩蟹稻基地为基础，统筹乡村文化、田园社区、自然生态、循环农业协调发展，构筑起了科技、生产、休闲体验与健康养生为一体的农业综合体项目；已建成的现代农业水稻生产示范基地有万亩蟹稻田，稻黄蟹肥时节，但见：

金稻波涌易染灿烂秋色，画卷舒展难绘幸福生活；

东方白鹳飞传丰收喜讯，塞北民众竞歌全面小康。

如今，北安市主星乡的"初伏节"已被列入省级非物质文化遗产保护名录，冯云市长也于2019年8月荣升北安市委书记。2020年7月16日是入伏的第一天，按惯例，北安市应举办第五届"初伏节"庆祝活动；受新冠肺炎疫情影响，不知今午有没有举办？如何举办？甚为挂念！

注 本文写作于2020年7月20日。

扶贫着眼提素质

党的十九大报告指出："要动员全党全国全社会力量，坚持精准扶贫、精准脱贫，……确保到 2020 年我国现行标准下农村贫困人口实现脱贫，贫困县全部摘帽，解决区域性整体贫困，做到脱真贫、真脱贫。"按照习近平总书记要求，全面建成小康社会，要突出抓重点、补短板、强弱项，特别是要坚决打好防范化解重大风险、精准脱贫、污染防治的攻坚战。精准扶贫、精准脱贫成为全面建成小康社会的重要攻坚战。

长期以来，中国科协负责对口支援山西吕梁地区，近年来重点支持该地区岚县、临县的扶贫工作。2015 年 12 月上旬，我曾陪同科协主要负责人调研两县，据此制定中国科协科技扶贫帮扶方案。吕梁地区是国家级贫困地区，临县又是山西人口最多的贫困县。这里是革命老区，1947 年，党中央撤离延安后，中共中央西北局曾在此地办公，为推进全国解放战争的胜利做出了重大贡献。临县为山西省农业大县，盛产红枣、核桃，被誉为"中国红枣之乡、核桃之乡"。陪同考察期间，我曾写诗《题临县》，对科技扶贫发出了"拔除穷根图富庶，民智教化是要首"的感叹。

黄河东渡驻碛口，西北设局抗敌酋。

吕梁松茂育英雄，湫水河绵润热土。

东山核桃西山枣，前辈遗志后辈酬。

拔除穷根图富庶，民智教化是要首。

考察打前站时,我曾深入到两个县最贫困的农户家庭访谈。除了自然条件恶劣外,文化、教育落后,懒惰、依赖都是当地农民致贫的重要原因之一。走进贫困农民家里,许多人无不例外盘坐在炕上,向我们一直伸出双手,等待接受慰问金、慰问品,一副理所当然的样子,让人心里很不舒服。这真是:

穷困常使心自衰,思惰人懒志短埋。

扶贫着眼提素质,兴科重教民智开。

看来,脱贫致富首先必须提高当地民众的科学文化素质,使他们切实转变观念,摈弃"等、靠、要"思想,自强自立。

之后,中国科协加大了对临县岚县的科技扶贫支持力度,广泛开展科普宣传、科技教育,引入先进农业技术,成效显著。近年来,我供职的中国科技馆连年面向两县组织开展"老区科普行"活动,赠送科普大篷车、流动科技馆、农村中学科技馆、科普图书等,给乡村师生讲授科学实验课,进行青少年创新方法培训,巡演大型互动科幻童话剧《皮皮的火星梦》。有感于斯,2017 年 9 月我带队服务时,再次赋诗抒发情怀。

扶贫支教赴吕梁,精准投放科技方。

夯基教育提素质,致富技术期小康。

岚州日暖温冰玉,临县月明溢枣香。

科技场馆进学校,全民行动驱愚顽。

如今,临县,岚县人民在当地党委和政府的领导下,因地制宜,大力发展特色农作物产业,绿色农业蓬勃发展。2017 年 7 月,岚县政府在北京举办土豆经济全产业链系列产品展销会。我应邀参会,欣喜地看到该县主推的马铃薯等特色绿色农产品受到北京市民欢迎。岚县属高寒地区,气候与马铃薯原产地南美洲的安第斯山极为相似,尤其适合马铃薯块茎的膨大。该县的马铃薯以"品质纯优、色泽光艳、个大均匀、营养丰富、不易腐烂"著称,已成为县重要农业产业。岚县人擅长土豆深加工,研发了"磨、蒸、烤、捣、煮"108种烹饪加工美食,注册了"岚县土豆宴"品牌。品尝烤土豆、土豆饺子、土豆捣拿糕、土豆面圪僵等美味,我不禁感慨万分,即兴口占一首。

岚县土豆进北京,红枣陈醋又添新。

源自无霾高寒地,定居有心百姓庭。

磨蒸烤捣煮全宴,纯艳大优丰食品。

畅享绿色新生活,一糕一面总关情。

党的十八大以来,中国贫困地区农村居民收入年均增长10.4%,全国农村贫困人口累计减少6853万人。但是,截至2017年底,全国仍有农村贫困人口3046万人,脱贫攻坚任重道远。2018年3月17日,北京瑞雪,习近平总书记在十三届全国人大一次会议上全票当选国家主席,新一届国家领导人进行宪法宣誓,决心"为建设富强民主文明和谐美丽的社会主义现代化强国努力奋斗!"在以习近平同志为核心的党中央坚强领导下,全国人民正大步走在共同富裕的道路上,中国梦一定会实现。这正是:

瑞雪履新领征程,遵宪宣誓表心声。

初心不忘民为本,继往开来立殊功。

扶贫济困上吕梁

2019年12月17日晚,"典赞·2019科普中国"揭晓盛典在北京举行,我所熟悉的北京交通大学青年物理教师陈征博士赫然入选"2019年十大科学传播人物",可喜可贺。就在这之前的一个星期,陈博士还应中国科技馆邀请,马不停蹄地奔赴山西吕梁的临县、岚县,分别给一所小学、中学的孩子们作题为"一堂'给力'的科学课"和"大自然的AB面——当诗词遇见科学"的精彩科普讲座。

自诩"科学实验大玩家",陈征善于用一些常见的材料演示物理实验,给孩子们呈现自然现象的神奇和美妙,让他们从小就充满对科学的好奇和热爱。让他想不到的是,他的这次吕梁老区科普之行,竟是中国科技馆2019年度结对科技扶贫吕梁的收官举措。这正是:

科普盛典绩表陈,传播人物行远征。

别开生面亲示范,开蒙启智乐孩童。

2019年,中国科技馆优秀青年中层干部常羽挂职岚县副县长,另一位青年业务骨干赵奇挂职临县程家塔村第一书记,抛家舍口助力吕梁地区脱贫致富工作。11月中旬,我带队专程奔赴临、岚两县,看望这两位挂职干部同事,落实结对帮扶收尾工作。第一站走访程家塔村,与县乡村三级扶贫干部和周围多位驻村第一书记交流,详细了解基层扶贫工作真实情况,以及驻村挂职干部实际困难,携米面油慰问全村200多家贫困户,走访"五保户"老党员代表。

临县地少人多，山高土瘠，沟壑纵横，城区夹东、西两山之间，紧临湫水河，腾挪受限，发展困难。该县享有"中国红枣之乡"之美誉，用枣芽制茶，以枣香入酒，提枣素做化妆品，汇红枣核桃产美味，借先贤赵中元创品牌，主打的红枣红火兴旺。2015 年至今，我曾先后 5 次进驻吕梁，每次均见诸多明显变化，临、岚两县的进步发展令人欣喜。凌晨，沿湫水河畔散步，晨曦中，但感群山沉寂，但见明月高照，但闻寒水凝淌，不禁多生感慨，遂赋诗一首，以表情怀。

湫水风寒水凝延，西山月冷山沉眠。

枣芽制茗清心肺，木芒入酒育中元。

程家塔村访贫困，科技场馆献爱绵。

黄土高坡兴三晋，丘陵沟壑换新颜。

第二天到岚县，可谓轻车熟路，下高速后直奔上明乡阎家沟村。来之前，常羽副县长告诉我，据该村一位 90 多岁的老党员反映，抗日战争时期，离阎家沟村几里地的一山梁上，曾有 6 位八路军为掩护老乡被日本鬼子杀害，村党支部希望中国科技馆援建一个烈士纪念碑，以利开展革命传统教育。我们一行在干部、村民的带领下，翻梁越壑，拔荆折棘，勘寻烈士遇害现场，商谈发掘英烈教育资源、援建烈士纪念碑事宜。

在岚县社科乡中心小学，我馆与中国科技馆发展基金会联合举办科普图书及科普活动室捐赠仪式。看到孩子们快乐地操作从没见过的科普展品，我们感到十分欣慰。随后，来到结对帮扶的下马铺村，与该村党支部共同召开"不忘初心、牢记使命"专题组织生活会，和与会党员交流学习十九届四中全会精神体会。老友乡亲重逢，村民们一声声"回家了"的问候，让人感到格外亲切。傍晚，专程看望中国科协派驻普明镇所辖屯营村第一书记、我多年前的旧属张建华,实地了解该村生产经营情况,多有所获。

县乡领导纷纷反映,挂职干部十分不易,希望上级领导经常深入基层,体察民情,予以更多人文关怀,帮助解决一些实际问题。金玉良言,当谨记于心。奔波两日,连夜总结,得诗一首,留存备忘,以供自勉。

轻车熟路到岚州,直奔田间和炕头。

寻慰先烈拨棘密,科普孩童施教优。

下马铺宣专题会,普明镇访驻村友。

基层体验扶贫累,当敬一线苦乐忧。

吕梁扶贫走访、调研,深感基层干部扶贫工作十分不易。上面千条线,下面一根针,扶贫干部常年要完成大量刚性规定任务,承担层层上级指派任务,直面各种具体矛盾困难,接受花样繁多考核检查,每日加班点灯熬夜工作,填不完的报表,写不完的汇报,其先后苦乐之品、进退忧思之情、公私分明之廉,令人敬佩,让人感动。

我以为,扶贫工作难就难在需要全面、准确理解、把握党中央的指示精神以及相关政策,既要紧密结合当地实际,实事求是帮扶到位,坚决杜绝形式主义和花架子,又不能包办代替,以免纵容闲人懒汉、滋生"等靠要"思想;扶贫攻坚当以提升志智为要,激励自尊自强为重,授人以渔为主,使贫困村民真正做到思想生活两脱贫,精神家庭双新貌。这正是:

顶风沐寒赴临岚,扶贫济困上吕梁。

替代包办养骨软,勤劳互助滋脊刚。

结对支援旨助力,齐家富裕当自强。

政策把握贵求实,耕至塬上方觉难。

倾力扶贫凯歌奏

不要人夸颜色好,只留清气满乾坤。

此句出自元代著名画家王冕所作《墨梅》一诗,曾任北安市科协主席、现任市档案局局长的李东霞认为,用它来评价曾在黑河市挂职工作的庞晓东副市长是再合适不过了。

2018 年 4 月,时逢全国脱贫攻坚决战决胜之际,受中央组织部委派,中国科技馆副馆长庞晓东挂职担任中共黑河市委常委、副市长,重点负责扶贫开发工作。刚一到任,当地就有同事向他道贺:"庞市长,你运气不错,分了一个好地方! 黑河人少地多,脱贫攻坚任务不重,压力也不大。"

庞晓东没有把这话当真,头一个多月,扑下身子全心搞调研,走访乡镇、村屯和贫困户、脱贫户、边缘户……与乡镇干部、驻村工作队、帮扶对象和农民深入交流,跑遍了全市所有县(市、区)。不了解不知道,一调研吓一跳,他得出的结论是:黑河的脱贫攻坚任务不是不重,而是很重! 压力不是不大,而是很大!

作为北京大学教育与经济管理专业博士学位获得者,庞晓东自然要用数据和事实来证明自己的结论。他总结了黑河市扶贫工作存在的 5 大问题:一是"三通三有"等硬件条件还远未达标,全省未通硬化路的贫困村共有 12 个,黑河就占 5 个;全省未通宽带的贫困村只有 3 个,黑河就有 1 个。二是贫困发生率总体偏高,截至 2017 年底,全省贫困发生率1%以上的县(市、区)共 39 个,黑河就有 3 个,其中北安市贫困发生率高达 4.07%。三是农村住房、饮水短板明显,全市还有 1306 户建档立卡贫困户的危房改造任务没有完成,仍有 27 个贫困村、2498 名贫困人口的饮水安全问题没有彻底解决。四是全省脱贫攻坚问题整改第三督查指导组指出了黑河市脱贫攻坚工作还存在的 13 个方面 70 个问题,其中大部分问题都是因为工作没有做严、做细、做实所致。五是对扶贫工作重视不够,存在上紧下松、工作标准不高、盲目乐观等问题。

庞晓东把上述问题在会上合盘端出并撂下"重话":"如果全市上下不改变这种思想认识,不看到这些问题,而是盲目乐观,那么,一手好牌也可能被我们打烂!"他的意见得到了市委主要领导充分肯定,下一步就是对症下药定措施、抓落实,黑河脱贫攻坚工作很快打开局面。2018 年,黑河的扶贫工作在全省脱贫攻坚电视电话会上还被点名批评,到了 2019 年已被指定做书面经验交流,其中全市扶贫对象动态调整数据质量全国排名第一,爱辉区小新屯"志智双扶"典型案例 2019 年入选全国 100 个优秀脱贫攻坚典型案例,全市脱贫攻坚工作打了一个漂亮的翻身仗。这真是:

对症下药开方剂,一针见血剖问题。

走马观花盆景赝,求真务实泰山移。

作为中国科协派出挂职干部,庞晓东充分利用自身专业优势和行业资源,为促进黑河科普事业发展尤其是科技馆建设做出了重要贡献。目睹黑河市没有科技馆,到任不久,他就提出了要为黑河建设一座实体科技馆的想法,并得到了省、市两级主要领导的认可和支持。通过调研,他提出了"理念先进、功能齐全、特色明显"的建馆思路,主持完成了黑河科技馆由成立机构、立项审批到方案设计、场地改造等一系列开创性工作。挂职期间,除市政府投入改造布展资金 700 余万元外,他还协调中国科技馆援助了 700 余万元的展品展项。目前,黑河科技馆正在抓紧施工布展,力争年内建成开馆。

为支持北安市科技馆升级改造,庞晓东协调中国科技馆为该馆捐赠原值 1200 余万元的展品,协调省科协、省科技馆为孙吴县科技馆提供了大部分展品展项和 70 万元经费支持,使孙吴县科技馆 2019 年 12 月顺利建成开放。为支持嫩江市因地制宜建设科技馆,他出谋划策,积极协调展品展项等方面的支持。挂职期间,庞晓东为黑河市争取到了援建 7 所农村中学科技馆,实现了所属县(市、区)全覆盖;争取定向配发一辆科普大篷车,完善了科普设施的流动功能。2019 年 6 月,经他牵线,中国科技馆与俄罗斯阿穆尔州签订协议,实现流动科技馆赴俄罗斯跨国巡展,首站赴黑河对岸的阿州首府布拉戈维申斯克市巡展,为助力"一带一路"倡议和中俄科技文化交流做出贡献。两年来,他共为黑河市协调各方经费支持及捐赠科普设施价值共计 2300 余万元,极大地提高了黑河地区的科普设施建设水平。

2020 年 4 月 26 日,庞晓东结束挂职回到中国科技馆工作。他感慨道:"挂职工作必须付出真情,真抓实干,有一分热发一分光,才能得到大家的认可。"他的工作业绩得到所在地充分肯定,本人也被黑龙江省委组织部推为优秀挂职干部。有感于斯,特作《平湖乐》词一首,以表敬意。

黑河耕作两春秋,盘点欣昂首。倾力扶贫凯歌奏,美名留。

科普助力功成就,场馆兴建,大篷车秀,巡展誉阿州。

如梭时光手中握

今天是 2018 年元旦,是新的一年的第一天、第一周、第一月。告别 2017,拥抱 2018,辞旧迎新之际,难免会勾起一些回忆,引发一番感慨。

想起了 1995 年元旦北京理工大学机关党总支举办的那次迎新年联欢文艺会。其时,我在校长办公室任职,终日与同事们忙着接待来自机械、电子、兵器系统所属高校的校领导,申请"211 工程"项目经费,筹备 55 周年校庆,编纂学校第一部校志……可谓工作紧张、辛苦有加。当机关总支书记何昌杰老师让我为会场写一副对联助兴时,我当即就把大家一年来的酸甜苦辣和各种感慨、期盼全部汇聚在了这样一副对联中。

一年劳作幸得半日悠闲何不潇洒一曲清平乐;

几度耕耘喜逢元月春光暂且浪漫几步少年游。

是啊,忙碌了一整年,谁不想吼几嗓子解解乏,哪个不想跳上几曲舞松松气?如今,我已年过半百,"听清平乐依旧,叹少年游已讨好时光,恰似空亭日暮晚云高,大江东去,愿效福马郎持得胜令,破阵子,夺锦标。"(注:清平乐、少年游、好时光、空亭日暮、晚云高、大江东去、福马郎、得胜令、破阵子、夺锦标均为词牌名)

上大学时,我的学习成绩在班上一直处于中上游,一度非常羡慕那些学习始终优秀者。有感于自己的碌碌无为,大三那年元旦,曾写了一首题为《自勉》的短诗激励自己:

把羡慕别人的时间

用于自己加倍的努力

这样　终会有人

羡慕你自己。

其实,古人早就给过我们同样的教诲:临渊羡鱼,不如退而结网。而我们常常梦想不劳而获、少劳多获,把更多的时间花在了"羡鱼"上,不愿意劳神费力"退而结网"。

前些天,各大影院都在热映冯小刚的怀旧军旅电影片《芳华》;这些日子,微信朋友圈都在晒自己十八岁的花样年华照片。叹白驹过隙,日月如梭;恨青春早逝,华发已生。其实,时光这架飞逝的穿梭机,归根结底还是自己在驾驭,早知今日,何必当初? 正可谓:

岁月如歌也如梭,无愧青春苦求索。

如歌岁月可吟唱,如梭时光手中握。

青年朋友们,好好珍惜这美好的时代、大好的春光、壮丽的年华吧!

2017 年元旦,获中央党校朋友所赠其父亲张永谦用他所摄花鸟照片制作的 2017 年精美年历。张老先生,山东人,曾任中央党校哲学教研部教授,1996 年退休后,业余时间专事花鸟摄影和诗歌创作,作品丰硕,好评如潮。年历上,每个月配的图都是与节气相对应的花与鸟的摄影合成美照,同时配一首短诗予以图解。鲜花与小鸟相映成趣,摄影与诗歌搭配巧妙,画面与文字相得益彰。

无功受禄,受宠若惊,何以报答? 我唯有回赠短诗答谢朋友。

多谢令尊赐日历,美轮美奂屏呼吸。

惟恐心跳传身外,鸟惊云散花羞闭。

写完之后,仍觉意犹未尽,再写一首,大赞张永谦老先生童心未泯、青春不老的良好心态,桑榆充盈、不输中年的雄心壮志,耄耋有成、有益社会的奋进精神。

　　负机荷镜一老翁,踏遍青山觅鸟踪。

　　人生快意花为伴,桑榆盈实霞作朋。

　　心蕴大爱物皆美,影存小诗情愈浓。

　　耄耋明眸奋追梦,岱岳峰顶不老松。

　　有意思的是,今晨醒来,见窗外光秃秃的树杈上,停了好几只叽叽喳喳的小鸟,又联想到了张老先生镜中所拍翠鸟,不禁脱口吟出以下短句:

　　翠鸟如花,怒放枝丫。

　　冬添暖意,醉悦人家。

　　残冬已至,新春还会远吗?

　　写于 2018 年 1 月 1 日凌晨。

除腐去恶理道同

2020 年 1 月 5 日下午,北京天空逐渐阴沉,气温开始下降,傍晚,京津冀地区飘下了新年第一场雪。这也是近年来北京下的最大的一场雪。真可谓:

琼玉飞满天,入地成絮棉。

休生养息后,庚子是丰年。

次日清晨,天刚蒙蒙亮,我遂起床小区散步、赏雪。但见天色朦胧,漫天皆白,满地洁净,杳无人迹,许多道路没有一个脚印,让人实在不忍踩踏;于是,便四处拍照,存留美景。北方的冬天,与我的家乡南方大为不同,小区的树木全不见绿色,只剩孤零零的树枝;但雪花堆砌在树枝上,晶莹剔透,洁净利索,仿若玉叶琼枝,煞是好看。抬头仰望,在空蒙的天空背景下,这些形态各异的树枝,构成了一幅幅大片留白的写意中国水墨画,我不禁即兴口占一首,以表欢欣喜爱之情。

滕六开恩雪降丰,玉皇垂帘天地蒙。

琼枝雀跃书画卷,水墨诗情写意浓。

(注:滕六为中国民间传说中的雪神)

天大亮,孩子们开始三三两两跑出家门,堆雪人、打雪仗,小狗、小猫在雪地里撒欢,鸟儿也在树上喳喳叫,想必是为雪后难以觅食而着急。睹物生情,顿生感慨,回家后遂填《江城子·清晨踏雪有感》词一首,以抒情怀。

梨花飞舞天地朦,颂风光,丽词穷。琼楼玉宇,不是在梦中。缟缎素锦不忍踏,裁方寸,寄云鸿。

雀闹枝头心郁忡,日三餐,无影踪。白狗黄狗,身抖复轻松。试问何人少忧虑,玩雪仗,乐孩童。

词中的"白狗黄狗,身抖复轻松"句,用典于唐代张打油的《咏雪》一诗。这首大家都熟悉的诗是这样写的:

江上一笼统,井上黑窟窿。

黄狗身上白,白狗身上肿。

全诗用电影蒙太奇的手法描写雪景,先将镜头由远处的漫天雪舞全景,拉至身旁的雪中水井静物特写,再上下摇动镜头扫描灰、黑对比强烈的天地万物,最后定格于雪中两只黄、白狗儿的可爱神态。通篇写雪,却不着一个"雪"字,雪的形神跃然纸上。该诗最大的特点,就是文字平白、用语俚俗、风趣幽默、生动传神。张打油由此开创了一个深受下里巴人喜爱的全新诗体——打油诗。

看雪中孩童猫狗戏耍,孩子们扔出的雪团散开后,雪花落在猫狗身上,猫儿狗儿马上抖掉,我对张打油这首名扬千古的《咏雪》诗顿生疑惑。狗对外界的刺激非常敏感,反应也非常激烈,人只要一弯腰,狗儿马上就会站稳,盯着对方,时刻做好进攻或逃跑的准备;有异物落在身上,狗马上就会抖落,绝不会让它长久停留在身上。因此,即便是下大雪,狗也会不停地把落在身上的雪花抖落下来,如果不是傻乎乎地站在那一动不动,是不可能形成黄狗身子变白、白狗身子变肿的景象。我以为,张打油的《咏雪》诗是坐在书斋里写出来的,是诗人想象的产物,并不是狗儿雪地生活情境的真实再现。

大雪停后,社区物业及时组织员工清扫,将人行道上的落雪全部清理干净,并将清扫出来的雪堆积在道路两旁,以防雪化结冰,避免路人摔跤。1月11日，又是一个周末，我一大早又在小区散步，见四处尚有许多积雪还未融化。仔细观察，楼前楼后上周被白雪覆盖的绿化地带，凡南面朝阳之处，积雪均已融化，了无踪迹；凡朝北背阴之处，积雪则依然如故，生机盎然。道路两旁也如此，且有人来往行走之地，积雪也都融化；而无人光顾之处，积雪则仍随处可见。

小时候，我的手指经常被利器划伤，到医院治疗，护士涂上紫药水、撒上硫磺粉后，只做最简单的包扎，并嘱咐我第二天别忘了拆去绷带。我问为什么，她告诉我，包扎后不透气，伤口反而不容易愈合。我的一位外科医生朋友也曾跟我说过，对于轻度烧伤，临床上通常采用"暴露疗法"，伤口只要不接触水和脏物，开放有利于空气把伤口中渗出的液体带走，使得伤口更快"结痂"，从而更有利于愈合。

自然界也如此，有阳光的地方就很少生霉菌，潮湿阴暗之处，则病菌丛生。现实社会不也同样嘛！权力如能接受包括媒体在内的各方监督，用权者就不敢肆意胡作非为；决策只要能够公开透明，决策者就一定会谨而慎之；而暗箱操作，乃是一切腐败的根源。因此，公开透明，杜绝遮掩，无疑也是成本低廉的反腐倡廉利器之一。

2020年1月13日，中纪委十九届四中全会在京召开，会议强调，要坚持和完善党和国家监督体系，强化对权力运行的制约和监督。14日晨观看新闻，不胜感慨，遂填《江城子·观残雪有感》词一首，以抒情怀。

京冀日前降雪丰，地棉白，天玉彤。冰结路滑，行走虑忡忡。清扫社区宣鼓动，挥帚铲，大窝轰。

俯瞰明了存与融，阳光临，化无踪。阴暗潮黑，残琼郁葱葱。除腐去恶理道同，多通透，少遮蒙。

见微知著识人品

　　62 年前的今天,也即 1956 年 7 月 13 日,我国第一辆自行试制生产的汽车——"解放"牌载重卡车在长春第一汽车制造厂诞生。时隔不到两年,该厂又诞生了中国第一辆国产小车——"东风"牌轿车。自此,中国的民族汽车工业开始起步,尤其是改革开放后,汽车工业得以飞速发展,近 8 年我国汽车年销售量连年排名世界第一。截至 2017 年底,全国机动车保有量已达 3.10 亿辆,其中汽车 2.17 亿辆,持有汽车驾驶证者高达 3.42 亿人。其中凝聚了无数国人尤其是科技工作者的智慧和艰辛,真可谓:

　　民族车业可泣歌,解放东风开先河。

　　六十余载大发展,莫忘道路多坎坷。

　　汽车驶入寻常百姓家,不仅改变了人们的生活方式,创造了巨大的社会财富,同时也带来了诸如停车困难、交通拥堵、环境污染等一系列社会问题。今天,全国已有 7 个城市汽车保有量超过 300 万辆,北京更是高达 564 万辆,位居第一。每天驾车上路,堵车已成为北京交通运行的顽症,城市管理者的心病,尽管出台了限行、限购、限外地车辆进京等严厉措施,但仍然不见根本好转。因开车而诱发心理问题的人越来越多,驾车冲突事件也越来越频繁,情绪失控的"路怒族"成为新新人类又一族。

　　有感于斯,专作《开车互勉歌》顺口溜一首,自我告诫,并规劝不守行车规矩的他人。

马路窄,胸应阔;驾车行,戒躁恶。

前车慢,少催促;多体谅,莫发火。

路拥堵,排队过;不抢行,有风度。

遇剐蹭,商为妥;互尊重,人气和。

红灯停,绿灯过;守交规,少犯错。

讲安全,慎操作;重生命,避灾祸。

世间事,多坎坷;若较劲,自折磨。

心态平,路开阔;宁吃亏,不争夺。

人生短,驹隙过;开心驶,快乐活。

其实,在拥挤的道路交通面前,每一个驾驶者的行驶方式和驾车习惯,不仅反映了他的性格特征和情绪变化,而且还能据此映射出他的品行和德性。经常闯红灯的人,你很难相信他在日常生活、工作中会认真遵守规则。酒喝多了还坚持要开车,你认为这会是一个对家庭、对社会负责任的人吗?雨后高速驶过积水,毫不顾忌道路两旁的行人和骑自行车者;前面的车稍微开慢一点,喇叭就"啪啪"地催促个不停;车子里面干干净净,口香糖、橘子皮、烟头却往马路上扔;占着高速公路快车道慢慢腾腾地开,任由背后车队堵成长龙;不停地在拥挤的高速公路上蛇形变线;夜间行驶始终都开远光灯……这样的人,要么就是极端自我,一切以我为中心,哪管它什么规则不规则;要么就是极端自私,天下老子为大,无视他人的存在。

我每天上班都要驾车经过北辰东路附近的北京市朝阳外国语学校。该校号称近十几年来高考本科升学率一直100%,可见是一所名校、好校,学生应该大都出自富裕家庭——有每天接送孩子的豪车为证。但是,每天早晨七八点之间,这里都拥堵无比,送孩子的私车大都临近校门随意停车,经常把全部车道都占据,全然不管后车通行。这些家长的素质堪忧,他们能把孩子培养成品学皆优吗?

我常想,如果一位年轻人正在谈恋爱,很想了解对方的性格和品行,我建议,最简单的办法是陪驾,不动声色地观察对方的驾驶习惯。如果对方属于我所描述的上面那类人,我劝你三思而后行。由此联想到我们的干部选拔制度,从党委动议、民主推荐,到组织考察、个人申报事项核实、干部人事档案审核、纪委廉政审查、公示……考察程序不能说不严格,考察内容不能说不全面。但是,即使这样,仍然无法阻挡贪官混入、"带病"提拔。

这不,2018 年 5 月 18 日,山西省纪委、监察委发布消息:吕梁市委常委、孝义市委书记马文革涉嫌严重违纪违法,目前正接受审查和调查。对于官员落马的消息,百姓们早已习以为常,但是,这个副厅级的县委书记落马,还是把山西人吓了一跳。要知道,马文革乃是 2015 年山西经过"塌方式"腐败后作为县委书记选拔试点被千挑万选才选拔出来的样本啊!据省委组织部介绍,为了避免"带病"提拔,当时对最后进入考察阶段的 16 个候选人的调查可谓是穷尽了手段。但结果又如何呢?

其实,和通过看驾驶习惯识人品一个道理,我以为,干部考核除了走严格的正常组织程序外,还应多考察其日常生活表现,尤其是在非工作环境和状态以外的一言一行。有感于斯,作《见微知著识人品》诗一首,立此存照。

如今驾车乱象多,文明缺失路蹉跎。

闯灯飙驰胡远照,抛物骤停乱穿梭。

目无他人行霸道,心有交规驶安妥。

见微知著识人品,善恶优劣可评说。

为官高下看担当

2020年3月，一篇题为"依靠还是依赖"的文章深受网上热捧，作者是老一辈革命家陶铸的女儿陶斯亮，现任《中国市长》主编。陶大姐结合鄂、汉领导在处理新冠肺炎早期疫情表现，指出从政者即使在没有得到授权的情况下，仍可有所作为，强调"依靠但不依赖，不仅是从政者的智慧，也是一种不忘初心的担当。……把谁的利益放在第一位，是市长必须要解决的首要问题。保护好市民，是每个市长神圣的职责。"

诚哉斯言。其实，在应对突如其来的疫情面前，并非所有的地方主官都像换帅前的鄂、汉负责人那样乏善可陈。据央视报道，早在武汉封城前一周，在没有得到上级命令之前，湖北省下辖的潜江市已经自行做出了包括封城在内的一系列疫情防控措施。

2020年1月17日，在及时收治、集中管理32位确诊因肺炎感染而发热的病人之后，结合对武汉疫情的了解和判断，潜江市委书记吴祖云马上意识到了问题的严重性，当天就出台了"封城"通告：对机动车、电动车在市域范围内实行限行交通管制，终止全市所有娱乐活动，对全体市民进行体温摸排，要求大家待在家中，切断病毒传播渠道；农村则采取"五户联保"管理模式，对返乡人员进行相互监督、互相提醒……

实践证明，这些防控措施行之有效。3月18日，当湖北省宣布疑似、确诊病例全部归零时，在全省17个地级市（自治州、省直辖县)行政单位中,离武汉仅 170 公里的潜江市,累计确诊病例和累计死亡病例数均位列队尾,创造了疫情防控担当作为的佳绩。3 月 10 日,又是潜江在全省率先宣布全城"解封",带头全面恢复生产生活秩序。

接受采访时,吴祖云书记感慨道:"我们觉得(疫情)这个事情太大了,所以(必须)先下手为强,哪怕是冒一点不是太合规的风险。"

确实,危急时刻,只要心中装有人民,主政者就不会消极等待、被动依赖上级指令而按兵不动,从而错失防控最佳时机,致人民死活于不顾。潜江市领导班子预判准确、主动作为、果敢决策,彰显了从政者的智慧和担当。感佩于吴书记一行的抗"疫"事迹,特填《十六字令》三首大赞。

急,病疫如炙炙烤逼。收医治,切不可迟疑。

急,决断筹谋贵当即。休观望,观望丧良机。

急,危难尤需策缜密。担当勇,豪气贯虹霓。

有意思的是,前段时期,网上还传颂一篇北宋著名散文家曾巩写的《越州赵公救灾记》,它讲述了北宋名臣赵抃在越州(今绍兴)成功组织救灾的感人故事。

宋神宗时期的一年夏天,越州遭大旱,执掌该州的资政殿大学士赵抃处变不惊、运筹帷幄,还在旱灾暴发初期,便意识到必须未雨绸缪、早做打算。于是,他认真调研,详细了解多少具乡遭灾,多少百姓缺粮,多少灾民需赈,何处城墙需修建,能动用官库多少钱粮,能从富商处征募多少粮食,寺、观、校有多少余粮可支配,并让吏属将这七大问题"各书以对,而谨其备"。

粮食募集齐后,赵抃遂科学、细致、周密制订分配原则和分发方案,确保发放井然有序、赈济持续稳定,避免了分发时可能出现的混乱、哄抢、冒领、浪费等负面问题发生。他在全州合理设置发粮点,规定灾民只能就近领粮,跑到别处便没有饭吃,把老百姓稳定在家里,避免了灾民四处流窜。他还把全州闲散官吏组织起来,专门为无钱无粮的饥民服务;实施以工代赈,雇佣难民修补城墙,把闲置人力转换成公共资源;同时让官府出面替难民担保,向富家借钱,促进尽快恢复生产。

救灾如救火。关键时刻,赵抃敢打破常规,果断拍板,解灾情于倒悬。宋代规定,遇灾年给穷人的赈济最多只能发三个月,赵抃却根据越州灾情实际,冒死将赈济发至五个月方停止。

整个救灾过程,可谓有条不紊、环环相扣、严丝合缝、成效显著。《越州赵公救灾记》让赵抃的才智、担当和魄力大放异彩,让赵抃的人性、情怀和温暖倍加感人。诚如曾巩文中所言:"(赵抃)其事虽行于一时,其法足以传后。"

相较于赵抃的不耻下问、详研民情、掌控灾情、指挥若定,换帅前的鄂、汉主官可谓十分官僚,前期对疫情缺乏警觉,封城后又应对乏力,致使救灾物资匮乏、医护人员上班困难……阅览潜江市抗"疫"报道,重温《越州赵公救灾记》,感慨万千,填《水调歌头》词一首,褒赞为民作主、敢于担当的古今优秀官吏,耻笑唯上唯书、尸位素餐的过往庸官腐吏。

越州逢大旱,断粮庶民慌。为官一域,赵公谋断毅然杠。七问详情察记,未雨绸缪部署,周密扣环环。赈灾彰才干,危难耀忠肝。

冠状病,武汉疫,病毒狂。同为主政,慌乱失策太荒唐。幸有潜江果敢,"冒险"提前管控,民众保平安。今古论官吏,高下看担当。

注　本文写作于 2020 年 3 月 20 日。

赏春无心春也恼

2020 年 4 月 19 日,时令谷雨,意即"雨生百谷";此时,南方新种的秧苗菜圃,北方初长的树木花草,均急需雨水滋润,正可谓,好雨润万物,春雨贵如油。

这一天,与家人驾车至延庆"百里画廊"野游,傍晚尽兴而归,春雨果然如约而至,行至离家不远处,但见云雨朦胧,彩虹当头,如梦如幻,煞是好看。夜晚,狂风不止,呼啸惊心;清晨,但见小区枝叶散地,绿草落英相伴,远方山黛天青,一派怡人景象,不禁填《虞美人》词一首,以表情怀。

狂风一夜心惊紧,草绿织芳锦。纤枝嫩叶哪堪摧,霾散天清云爽不觉悲。

春雨润养知时沁,万物颜新镜。踏青归晚兴方休,忽见彩虹迎面挂车头。

春天是一年中最美的季节,也是文人骚客最喜欢歌咏的季节,而身历不同的境遇、身处不同的心境,诗人笔下描绘出的春天可谓迥异。诗圣杜甫一生坎坷,大约有 1500 余首诗传世,春天是其中最重要的题材之一,《春夜喜雨》则是他少有的心情喜悦、语调欢快描写春景的名作。

好雨知时节,当春乃发生。

随风潜入夜,润物细无声。

野径云俱黑,江船火独明。

晓看红湿处,花重锦官城。

诗成于唐肃宗上元二年(公元 761 年),此时杜甫已定居成都浣花溪草堂两年,总算过上了安稳日子,闲时耕作,养花种菜,与农为友,怡然自得,听春雨淅沥细润,看黑夜江火独明,思雨停花湿娇艳,欣蜀都繁花锦绣,赞美春雨、春风、春花、春夜、春城之喜悦心情,跃然纸上。

唐代宗广德二年(公元 764 年),在外漂泊近两年后,杜甫又回到了成都草堂,心情暂时安定,遂写下了极富诗情画意的颂春佳作——《绝句二首》。

迟日江山丽,春风花草香。

泥融飞燕子,沙暖睡鸳鸯。

江碧鸟逾白,山青花欲燃。

今春看又过,何日是归年。

诗人以大开大合的视野,反复扫描远景、拉伸近景、特写细节,描绘了所居田园阳光灿烂、春风和煦、鸟语花香、风光明媚的绚丽景色,抒发了羁旅异乡、心无安放者"何日是归年"的感慨,欣喜之余流露出淡淡的忧伤。

杜甫在颠沛流离之中写出的春之诗,则是满目凄然、满耳心惊、满腹感伤、满篇泪苦。唐玄宗天宝十五年(公元 756)七月,安禄山和史思明率领的叛军攻陷长安,太子李亨在灵武(今属宁夏)即位,是为唐肃宗,改元至德。杜甫闻讯,只身前往灵武投奔肃宗,不料途中被叛军俘虏,解送至长安,幸因官职卑微才未被囚禁。次年(唐肃宗至德二年)春天,他写下了《春望》这首哀叹长安春天的千古绝唱。

国破山河在,城春草木深。

感时花溅泪,恨别鸟惊心。

烽火连三月,家书抵万金。

白头搔更短,浑欲不胜簪。

昔日繁盛的长安城,沦陷后遭叛军蹂躏,如今野草丛生,萧条零落,一片凄然,目睹如此惨景,杜甫不禁悲从心涌,满篇尽忧国忧民、感时伤怀之悲愤字句,美好的春天竟然是"花溅泪,鸟惊心"。无怪乎,元代诗评家方回在点评这首描写春天的杜诗时会说:"想天宝、至德以至大历之乱,不忍读也。"

战乱时期,好的消息无疑是季节最好的兴奋剂。唐代宗宝应元年(公元 762 年)冬,唐军在衡水打了个大胜仗,收复洛阳和郑(今河南郑州)、汴(今河南开封)等州市,第二年,史思明的儿子史朝义兵败自缢,其部将相继投降。至此,持续八年之久的"安史之乱"宣告结束。开春之际,闻此大快人心消息,流落在西蜀的杜甫欣喜若狂,挥笔写下了这首被清代著名学者浦起龙誉为杜甫"生平第一首快诗"的《闻官军收河南河北》。

剑外忽传收蓟北,初闻涕泪满衣裳。

却看妻子愁何在,漫卷诗书喜欲狂。

白日放歌须纵酒,青春作伴好还乡。

即从巴峡穿巫峡,便下襄阳向洛阳。

谷雨乃二十四节气的第六个节气,也是春季的最后一个节气。谷雨过后,春天将暮,春色将退,和煦的春光将让位于炎热的夏日,不免令人感伤。新冠肺炎疫情从冬至春,历经三个多月,波及 200多个国家和地区,给各国人民健康造成重大损害,给世界经济发展带来重大影响。疫情防控期间,人们的出行也受到限制和影响,北京市仍有许多景区尚未开放,即使是开放的景区,游人也很有限,相互之间也谨慎提防。

诗言志。诗，不仅是对自然的描写，还是作者心境的写照，更是诗人情感的抒发。当下正是赏春的最好时光，周末出行，置身于风景如画的"百里画廊"，时刻惦念着疫情何时结束，何时才能恢复正常生活工作秩序，大好春光也无心欣赏，不禁令人感慨万分。这真是：

休言四月春光好，赏春无心春也恼。

君观绚烂百里画，荡漾春情付水抛。

好奇岂止害死猫

固执不听人阻挠,天罡地煞出洞逃。

从此大宋无宁日,好奇岂止害死猫。

这是笔者重读《水浒传》开篇,看到洪太尉不听众人劝阻,执意打开三清殿里神秘洞穴闯下滔天大祸,有感而发写下的一首小诗。

话说宋朝嘉祐三年(公元 1058 年),京师瘟疫盛行,伤损军民甚多。仁宗帝钦点太尉洪信前往江西龙虎山,宣请嗣汉天师张真人来朝,专门祈祷、做法驱除瘟疫。洪太尉完成请人任务后,游龙虎山至三清殿,见廊后一殿宇,大门紧闭,铁锁把门,封条重叠,上书 4 个金字"伏魔之殿"。众真人告知太尉:"这是老祖大唐洞玄国师封锁魔王在此,子子孙孙不得妄自打开。若走了魔君,那可是了不得的事啊!"洪太尉顿生好奇心,不听众人苦劝,执意命人揭了封皮,锤开大锁,推开殿门,掀开石碑,掘开地穴,放出那天罡地煞 108 妖魔,从此搅得大宋王朝不得安宁。

可见,当官的尤其是当大官的好奇心太重,加上过于固执,任性用权,不计后果,常常会惹出意想不到的人祸来。"好奇害死猫",这是一句西方谚语,出自英文 Curiosity kills the cat,说的是猫有九条命,怎么折腾都不会死,最后恰恰是死于自己的好奇心上。这古老的谚语就是想告诫人们,日常生活中,人的好奇心是要有一定限度的,有时过于好奇反而会害了自己。2006 年,著名导演张一白拍摄了一部爱情悬疑影片《好奇害死猫》,讲述的是都市里有人正是因为对他人的私生活过于好奇而招致杀身之祸的惊悚故事。

好奇乃是人类的天性，为了克服这种天性给职业生涯带来的危害，会制订很多看似不近人情的规章制度。比如说，"不该看的不看，不该听的不听，不该问的不问，不该说的不说"，就是对各项保密工作最基本的要求。如果做不到这一点，好奇难免会害死猫的。但是，并非所有的好奇心都应限制、扼杀，在科学研究领域，好奇心是科学发现的原动力，就应大力倡导、精心呵护、积极培育。

2013年度诺贝尔物理学奖获得者弗朗索瓦·恩格勒在谈及自己的成功之道时，提得最多的一个词就是"好奇心"。他说："对于从事物理工作的研究者来说，我认为最重要的素质应该是保持对物理的直觉、独立工作及运用的能力和好奇心。当然，保持好奇心是最基本和最重要的。研究者正是有了了解未知世界的强烈愿望，才会去思考如何做好研究，以及如何运用研究成果。"

荣获1976年诺贝尔物理学奖的丁肇中，用自己发现第四种夸克的束缚态——J粒子科研事例，也证明了"好奇心是科学研究的原动力"。20世纪70年代，科学家普遍认为，所有已经知道的基本粒子都可归结为由三种夸克组成，所有的现象都可以用三种夸克来解释。当时，丁肇中十分好奇：为什么宇宙中只有三种夸克呢？

正是出于这样的好奇，丁肇中决定建造一个灵敏度高达一百亿分之一的探测器，借此来寻找新的粒子。他这样打比喻解释这个灵敏度：某地下雨，每秒大约落下一百亿个雨滴，而其中只有一个是蓝色的；找到这个蓝色的雨滴，就需要一百亿分之一的探测灵敏度。

但是，这个实验当时并不受物理界欢迎。一是人们认为所有的物理现象已经可以用三种夸克来解释了，没有必要再找第四种夸克；二是没人相信这么困难的实验可以做成。因此，全球几乎所有的加速器实验室都拒绝做这个实验。最后，是美国的布尔凯文国家实验室支持丁肇中做了这个实验，由此发现了一种新粒子——J粒子，即一种全新的夸克，据此也证明了物理学家认为只有三种夸克的看法是错误的。

丁肇中的好奇心并没有就此打住，他接着追问："有了这第四种夸克，是不是还可以有第五种、第六种夸克？"事实上，迄今为止，物理学家已经发现了六种夸克。因此，他的结论是："基础研究工作需要充分的自由空间，以及社会给予的宽容态度。要实现一个目标，最重要的是要有好奇心，要对自己所做的事情感兴趣，要勤奋地工作。"

人，刚从母腹出生来到世上，因大脑一片空白，对外部世界充满了好奇，因而探知欲望极为强烈。随着年龄增长，当我们自以为知识储备已经足够应付生存与发展的需要时，好奇心就会慢慢消退，尤其是当好奇心会被认为是异端时，这种衰退将迅速加剧。对于那些习惯于接受知识灌输和甘愿思想被"洗脑"的人来说，好奇心因得不到刺激、激活，很快就会枯竭。而没有了好奇心，人类思维将僵化、固化，社会将缺乏活力，如此又怎奢谈创新、创造呢？

这正是：

科学研究非功利，好奇本是原动力。

思想解放得自由，创新创造展双翼。

传统优良承后继

共忆当年热血，戎装砥砺雨风。铁马冰河威四海，号角连营魂梦融。真情战友浓。

聚似火燃炽烈，散如星耀明彤。传统优良承后继，业务精深新立功。启程唱大风。

2020年"八一"建军节前夕，为庆祝中国人民解放军诞辰93周年，中国科技馆党委举办主题为"弘扬好传统，引领好作风"的在职复转军人座谈会，上述《破阵子》一词，是我即兴填写赠送给我馆全体在职军转干部的。

中国科技馆现有在职军转干部18名，转业前分别在陆军、空军、武警、火箭军、装甲兵、工程兵等部队服役，部队大熔炉锤炼了他们坚强的意志品质，练就了他们过硬的素质本领。与会军转干部围绕军旅生涯、部队传统、优良作风、首长教诲、战友情谊、科馆工作、岗位职责、肩负使命尽情畅谈，共抒情怀，同表心愿。

党委办公室谭艳梅回忆了她参加国庆60周年天安门广场阅兵仪式的难忘经历。2009年1月，小谭几番过关闯将后，被选拔到三军女兵方队，作为预选领队参加训练。由于入队比别人晚两个月，谭艳梅不断给自己训练加码，腿上绑沙袋每天早晚各跑3公里，成绩迅速提高，顺利进驻沙河阅兵村参加集训。三军女兵方队是徒步方队中受阅人数最多的方队，为了让喊出的口令使整个方队375人都能清晰听见，小谭每天4点半就起床，躲到小树林里吊嗓子,个中艰辛谁人知晓?骄阳下苦练正步,脚被鞋子磨得大泡套小泡,体重从 120 斤减至 95 斤;训练结束脱下长筒军靴,腿上三节颜色黑白分明:被靴子和裙子覆盖的是正常的肤色,裙子到靴子部位晒得黝黑发亮,伙伴们戏称"三节棍"以为乐趣。当年的受阅情景,至今仍在谭艳梅脑海里像电影一样闪现。在她看来,"一次受阅,一生荣光"。确实,由于出色完成了率领三军女兵方队接受检阅任务,谭艳梅荣立个人二等功,并于 2012 年当选党的十八大代表。

人力资源部青年干部贾超在部队当过纠察连指导员。他所在的连队是北京卫戍区的标兵连队,有着光荣的传统和优良的作风,其中"抬头做人、低头做事",对小贾影响甚大。纠察连的战士平常训练时,要求"抬头挺胸,脖颈贴后衣领,下巴微抬,两眼目视前方",以彰显执法者的威严;连队借此教育战士"抬头做人",目光远大,襟怀坦荡,永远向前。纠察连战士都是清一色的大个子,连里规定整理内务不许用拖把,战士们就俯身甚至跪地用刷子刷、用抹布擦地,养成"低头做事"好习惯,保持环境光亮如洗;藉此培养、教育战士谦虚低调、脚踏实地、勤勤恳恳、甘于奉献、攻坚克难、永争第一。

医务室转业军人马丽春的发言幽默风趣,她通过从军学医的 2 件小事,道出了部队在自己成长道路上的悉心培养。在第四军医大学上解剖课时,教员十分严厉,要求每位女学员都必须动手翻看人体标本,熟悉人体的每一块肌肉,克服心理障碍。记得第一次上完解剖课,午餐吃的是陕西的肉夹馍,小马眼里看着手中的肉夹馍,心里想的却是解剖课上的人体标本,胃里一阵阵翻江倒海。还有一次,有学员给实验狗做脾脏切除手术,不小心碰破了脾动脉,顿时狗血飞溅,学员们惊慌失措;教员立马冲过来,用止血钳夹住出血的脾动脉,慌乱场面迅速平息。此时,学员们定睛一看,那位教员已被弄了个"狗血喷头"。讲完故事,马丽春无限感慨:国家培养一名医生是多么的不容易啊!培养一名女军医,更是难乎其难啊!

中国科技馆复转军人干一行爱一行,从军是沙场精兵,转业是科普闯将,在新的岗位上一如既往地保持勇于进取、甘于奉献的精神风貌和敢打敢拼、团结协作的工作作风。新冠肺炎疫情暴发期间,他们更是挺身而出,主动担当作为,积极发挥骨干作用,成为广大干部职工学习的典范。拥有26年军龄的安全保卫部主任魏丹波放弃春节休假,舍弃与家人团聚,连续7昼夜在馆值班,为其他同志做出了表率。曾在空军第一航空学院任教的王剑薇,2020年2月8日,作为内容策划组组长,和展览设计中心同事以最快的速度策划推出了"新的对决——抗击新冠肺炎疫情网络专题展",受到广泛好评。观众服务部复转军人刘珩与国防科技大学校友一道,积极募集善款,克服重重困难,于2月12日将紧急购买的2台自动控氧呼吸机运送到了最需要的湖北省黄冈市黄州区人民医院。

感动于复转军人同事的迷人风采和动人风范,特填《十六字令》词3首,以表敬意。

兵,投笔从戎护泰宁。熔炉铸,烈火炼钢精。

兵,葱郁年华再履新。从头越,赤胆勇搏拼。

兵,科普沙场展翅英。彰徽范,天道永酬勤。

鲜血教训当铭记

烟浓火漫车停靠,呼救揪心。扑救揪心,号令无声危险迎。

应急预案彰明要,苦练精兵。上阵精兵,搏命英雄溢温情。

2021年2月28日,一青年男子携妻子、幼儿专程来到中国科技馆,赠送一面印有"大火无情人有情,助人为乐显真情"内容的锦旗,感谢馆安保人员及时出手、奋勇扑火、救助其全家的义举。欣闻佳讯,特填《采桑子》词一首,以表褒赞、奖掖之情。

2月16日,大年初五,晚八时许,一辆后备厢冒烟起火的小轿车突然紧急停靠至中国科技馆北门,开车男子打开车门后遂高声呼救。馆里的值班保安王振国赶紧跑前查看,并协助男子将车内惊恐万状的一女子和一幼童引导、安顿进安保亭内,使其远离正在燃烧的车辆。随后,王振国迅速取来2具干粉灭火器协助车主灭火;此时,车内座椅皮革等易燃物已被引燃,全车被大火、浓烟包围,人员已难以靠近。王振国赶紧拨打119火警电话,安保部的辛学鹏、毛海晋、赵永永、王明宇、吴选辉、吴选萌闻讯急赴现场参与救援,值守人员任洪洋、曹松伟密切监控事态发展,时刻准备启动馆消防设备设施。

消防救援车接警很快赶达现场,中国科技馆安保人员配合消防队员设置路障,指挥车辆、行人远离火场。大火很快被扑灭,交管部门遂将起火车辆拖离现场,馆安保人员协助清理现场、事故善后,一起极有可能"城门失火,殃及池鱼"的消防事故被成功处置。

常言道,火起于幽微,灾缘于疏忽。据悉,此次车辆着火,就与车主违规携载烟花爆竹不无关系。这使我想起了2019年和2020年西昌市凉山州连续两年发生的森林大火,可谓损失惨重,教训深刻。

2019年3月30日,四川省凉山州木里县雅砻江镇立尔村发生因雷击引起的森林火灾,大火持续燃烧近5天,造成31人牺牲,其中27人为森林消防指战员,4人为地方干部群众。一年后的同一天,也即2020年3月30日,还是在凉山州,其下辖的西昌市马鞍山方向又发生森林火灾,造成19名扑火人员牺牲,其中18人为打火队员,1人为向导。连续两年在同一地区发生同样的火灾事故,并造成重大人员伤亡和财产损失,实在是让人匪夷所思。

各地区、各单位主政官员若不高度重视消防安全,尤其是出问题后不能亡羊补牢、吸取教训,及时制订科学、有效的预防、灭火、抢险预案,今后难免还会重蹈覆辙。凉山州两次特大山火事故最后都以当地媒体大肆宣传、隆重表彰救火英雄而落幕,令人感慨万分。为此,填《青玉案》词一首,以表对英烈的缅怀之情,对失职官员的愤慨之意。

又观媒体英雄谱,字白冷,框黑堵,谁悯漫天钱纸舞?壮青夭逝,户折梁柱,白发哀痛雨。

连年山火伤亡聚,牢补羊安未心入。试问为官专几许?不思进取,思无案预,随遇而安去。

2020年9月24日,我曾率专家组赴北极村验收中国科技馆分馆——漠河极地体验馆,并专程参观了位于漠河市区的大兴安岭"五·六"火灾纪念馆。1987年5月6日,当地清林作业工人违反森林防火规定,野外吸烟乱扔烟蒂,失误操作割灌机,导致大兴安岭特大森林火灾发生,后经5.8万多名军、警、民奋力扑救,山火终于在 6 月 2 日被彻底扑灭。

这次森林大火持续 28 昼夜,火场总面积高达 1.7 万平方公里,吞噬西林吉、图强、阿木尔 3 个林业局,盘中、马林等 9 个农场,以及整个漠河县城,焚毁 85 万立方米木材;导致 200 多人死亡,近 300 人烧伤,5 万余人流离失所;造成直接经济损失 5 亿多元,大兴安岭森林覆被率由 76％降至 61.5％,大量中幼林被烧毁,放眼满目焦土,荒山秃岭随处可见。

参观"五·六"火灾纪念馆,目睹劫难惨状,不胜感慨、痛心,当场作诗一首,是为警示告诫后人,定当深刻铭记教训。

五六火灾世人惊,吸烟误操毁万林。

满目疮痍火魔掠,生灵涂炭阎鬼侵。

祸起违规人侥幸,堤溃蚁穴风起萍。

鲜血教训当铭记,岂容灾祸重发生。

纪念馆记载的救火英雄事迹令人感动,让人敬佩。当大火烧到位于漠河县西林吉镇的油库时,油库领导张志奎、张庆田、张连法带领全库职工,与烈火作殊死搏斗,即使眼睁睁看见自家房屋被焚,却无一人离开扑火现场。最后,硬是靠人力保住了贮有 1300 多吨汽油、柴油的油库,使 32 个油罐安然无恙,避免了城镇居民遭受灭顶之灾。英雄壮举,感天动地,可歌可泣。

如今又值冬春交替之际,天干物燥,极易着火,消防安全责任更是重于泰山。风起于青萍之末,防患于未然之时。中国科技馆安全运营当进一步健全制度、完善预案,坚持时刻排查隐患、堵塞漏洞,重在日常抓紧、责任到位,决不能心生侥幸、临时抱佛脚。这真是:

安全责任大如天,失职将致命倒悬。

防范关键在日常,临时抱佛佛也颠。

百鸟林中奏交响

一场新雨枝叶繁,锦带黄花暗递香。款款,何人能解痴情双,怒放凋零又何妨?

金乌醉醒妒曝光,竹杨仗义舞青芒。杠杠,风劲臣服炎输凉,百鸟林中奏交响。

2020年5月26日,北京中雨,夜间风劲,气温骤降。次日凌晨,上班前赴中国科技馆旁边的奥林匹克森林公园急走锻炼。但见,空气清新,花草繁盛,高树舞蹈,阳光和媚,百鸟齐鸣,不禁心潮澎湃,诗兴大发,作上述长短句一首。自我感觉有点词的味道,遂取我和妻子名字相娱,自创词牌《青静欢》,是以为记。

如果说诗是世界上各种文字通常都拥有的一种文学形式,词恐怕则是中华汉字独有的文学艺术了。人们常说"唐诗,宋词,元曲,明清小说",这一方面彰显了中国在不同时代有着不同形态的文学创作高峰,另一方面也表明,词是介乎于诗与曲之间的一种文学形式。"上不类诗,下不类曲",李笠翁的这一名句或许可作为此说之依据。

有学者认为,词是为了配合隋唐燕乐歌唱而依其曲调创作的以长短句为主要形式的新兴音乐文学样式。这样的定义既讲清楚了词的起源,也道明白了词的主要特征,以及它与音乐之间的关系。作为诗的一种别体,词"调有定格,字有定数,韵有定声"(出自明代徐师《文章辨体序说》),应该是它最重要的特点。

词牌是词的调子的名称,也是词的格式的表征。不同的词牌在总句数、阕数,以及每句的字数、断句、平仄、押韵上都有明确且严格的规定。你可以说"写诗",但却要说"填词",词牌就是给创作者划定的写作框框,你只能在这个框框内按照一定的音韵码字,越出这个框框码出来的句子,就不能叫词了。

这一点很像律诗。从某种意义上说,词是长短句的律诗,律诗是整齐划一的词。

我的朋友林海对诗词颇有研究,他在《林海谈诗》著作中借助结构主义理论,对汉语古典诗词格律进行了解析。他认为,词的结构是从一个汉字开始生长的,一首词可以取 3 至 6 个汉字作为词的种子,根据"邻眼平仄相反"等规则,以词的种子为基础,通过对偶、粘连、重复、变化,就可以逐步生成一首词的格律。按照他的方法,你可以轻松地创造出许许多多新的词牌。

每一种词牌的格式,叫作这一词牌的词谱,依照词谱所规定的字数、断句、平仄、韵脚等格式来写词,叫作"填词"。从古至今有很多词谱供初学者学如何填词,如清人编写的《钦定词谱》《词律》,今人编写的《中华词律辞典》等。这些词谱通常都会给每个词牌拿一些名家词作示范,让初学者模仿、借鉴,使其便于更好地理解词牌。细心的读者会发现,不同作者在创作同一词牌的词作时,其在字数、断句乃至平仄上都会有一些差异。最先创造这个词牌的人,他的作品常常被视为正体,其他在此基础上进行改进、创新的作品,则被视为变体。

所以说,当你看到有人填某一词牌的词,其字数、平仄等与你所熟悉的某一同一词牌的名作不尽相同时,千万不要以为一定是他搞错了,还是认真查证清楚了再说为好。

58 字以内的短词被称为小令,91 字以上者为长调,介于二者之间的称之为中调。就填词的格律要求来说,通常,小令的格律最严,中调次之,长调则较宽。

我没有林海大哥自创严格意义上词牌的本事,我写诗、填词往往是凭感觉。新冠肺炎疫情最严重的时候,有几天,北京连刮大风,并伴喜人春雨,之后雾霾尽散,天空碧蓝,生机勃勃,春意盎然,让人不胜感慨,我遂作如下类似于长调的长短句一首。

一场大风,劲刮两三日,洗涤,四季最美春,五洲尽享芬芳意。看六方清澄爽净,七彩祥云,自八面汇集。九虑冠疫,严防死控,当十全谋划周密。百日辛劳,举国千军聚力,万里河山妖霾定扫清,亿众同心归一。

喜雨兆佳讯,淅淅沥沥,毫微潜润,节气分厘。听燕子呢喃,喜鹊喳叽,争先寻虫米。喜吐故纳新,忽换丽妆,柳丝垂荡,花香四溢。欣疫后孩童,可爱顽皮,飞扬稚气。莫辜负大好春光,谨珍惜,点点滴滴。

整首诗中含"一、二、三、四、五、六、七、八、九、十、百、千、万、亿、兆"15个汉字数字,以及"米、分、厘、毫、微、丝、忽、纳、皮、飞"等10个汉字长度单位。各长度单位之间的换算关系为:1米等于10分米,1分米等于10厘米,1厘米等于10毫米,1毫米等于10丝米,1丝米等于10忽米,1忽米等于10微米,1微米等于1000纳米,1纳米等于1000皮米,1皮米等于1000飞米。

就算是我自创的词牌吧!由于内容与汉语的数字和长度有关,不妨冠名《数度长调》,题目为《疫中春天》。

纯属自娱自乐,让各位朋友见笑了。

水都古郡乐神游

一座骑楼城，半个梧州市。

这句俗语可谓是对梧州市城市风貌和建筑风格最准确的概括。

梧州是广西壮族自治区下辖地级市，位于桂东，扼浔江、桂江、西江总汇，自古就有"三江总汇""绿城水都"之美誉。这里曾是古苍梧郡、古广信县所在地，是粤语、粤菜和岭南文化发源地之一。1897年，梧州被辟为对外通商口岸，开始兴建骑楼建筑，昔日的骑楼城商家云集，鼎盛时共有大小商号1500多家，造就了成千上万的富商巨贾，梧州一度成为岭南地区政治、经济、文化的中心，发展成为珠江流域著名的商埠，成就了"百年商埠"之美称。

骑楼是一种商住两用建筑，多为三四层，临街店铺二楼以上部分凸出来，二楼以下罩着的空间成为人行道，远远看去像"骑"在人行道上一样，故名"骑楼"。作为一种典型的外廊式建筑物，骑楼的渊源可追溯到古希腊的帕特农神庙，而现代意义上的骑楼则起源于英国殖民统治者在印度建造的"廊房"，18世纪后期骑楼经南亚、东南亚、东北亚传至中国。这种与欧亚地域特点相结合的建筑既可遮挡风雨侵袭，又能挡避骄阳照射，为商家住户营造出清凉通透的经营、居住环境，因而成为我国海南、福建、广东、广西等沿海侨乡特有的南洋风情建筑。

在梧州约1平方千米的河东老城区，现存骑楼街道22条，总长 7 千米,最长的骑楼街道达 2530 米,全区汇聚有 560 栋中西经典骑楼建筑,面积之大、绵延之长、范围之集中、保存之完整,在岭南各城市中实属罕见,成为昔日商贸繁华的标志。梧州的骑楼建筑多为前铺后宅、下铺上宅、住商合一,骑楼的背后是内街,成为居民交往的"公共大厅"。由于三面环水,且地势偏低,河东老城区常年遭遇水患;因此,这里的骑楼多采用坚固的砖木结构,楼层大多不低于三层,骑楼的立柱外通常设一高一低两个铁环,涨水没过一楼时用来系船泊舟。此外,骑楼二层每家住宅临街之处大多专设一水门,当遭遇水患时,可用作逃生通道,弃楼乘船而去。与水共生的梧州人巧妙地将骑楼这种舶来品建筑本土化,形成了与自然环境和谐共生的鲜明建筑特色。

我从没去过梧州,我的同事——中国科技馆副馆长欧建成是梧州人,从他那里我对梧州这个美丽的城市有了更多的了解。"食在梧州",纸包鸡、龟苓膏、神仙钵、梧州腊肠、上汤河粉、艇仔粥等特色小吃,让人垂涎;藤县乞巧节、石桥花炮节、岑溪抢花炮等民俗节日,热闹非凡;藤县舞狮、下俚歌、采茶歌、梧州粤剧等特色文化活动,令人神往。

2021 年 5 月 11 日,梧州市委领导与自治区科协领导一行,就兴建梧州科技馆一事,专程来中国科技馆商谈、考察。宾主会晤,相谈甚欢,感慨之余,遂填《定风波》词一首,以表对梧州倾慕、向往、神游之情。

浔桂西江汇梧州,一城建筑半骑楼。文化岭南彰魅力,宝地,百年商埠竞风流。

满目琳琅繁富秀。怀旧,腊肠河粉艇仔粥。花炮舞狮歌粤剧,欢聚,水都古郡乐神游。

阅读《梧州科技馆建筑方案设计图》,让人眼睛一亮。规划中的梧州科技馆坐落在该市苍海新区半岛核心区,面向苍海湖,建筑面积近 3 万平方米,共设科普展览区、科技培训区、青少年科技创新与实践活动区、学术交流区、球幕影院、科技中心等 6 大部分,极具超前意识。

梧州科技馆建筑方案由清华大学建筑设计研究院设计,外形犹如苍海湖边一只静卧的贝母,贝母外形与苍海湖山水融为一体,面朝湖面的球幕影院宛如贝母中的一颗珍珠。贝母对进入体内的细微沙粒,会用分泌出的珍珠质不断包裹,长此以往就形成了璀璨耀眼的珍珠。科技成果乃是人类智慧的结晶,珍珠孕育的过程宛如科学探索的过程,尽管充满艰辛,但收获却极为宝贵。梧州科技馆的设计很好地体现了科技攻关、玉汝于成的理念。

梧州科技馆的外形又像浩瀚宇宙一隅,漂浮的圆顶宛若一颗恒星,屋顶上一圈圈环绕的线条好似宇宙中行星运行的轨道,预示着科学研究对象可无限到整个宇宙,没有穷尽,永无止境,充满奥秘,令人神往。

梧州科技馆还像一只来自外星、降落在苍海湖边、前来拜访地球的飞碟,激发起人们对外来文明探索的渴望和勇气,充满迷人的神秘感、现代感,彰显强烈的科技感、震撼感。

衷心期待梧州科技馆早日建成,为此,特填《浣溪沙》词一首,以赞梧州科技馆绝美之建筑设计,以表美好祝愿之赤诚情怀。

贝母凝沙育珍珠,穷究宇宙限制无,飞碟惊艳落苍湖。

科技普及增智慧,知识传授愚昧除。强国建设号角呼。

流口河丰杨柳青

杨柳青青翰墨香,精工年画意悠长。

文昌阁眺苏杭近,流口疑为俏江南。

杨柳青的年画闻名遐迩,到杨柳青这个享有"北国小江南""沽上小扬州"美誉的津门小镇一游,是我由来已久的心愿。2021年6月11日,借开车送妻子到天津参会之际,顺道驱车闪游了一番杨柳青古镇。

杨柳青乃天津市西青区政府所在地,距市中心约16千米,离滨海国际机场仅30千米,到天津港50千米左右,南运河、子牙河、大清河3条河流在此交汇,环镇而过,经津入海,可谓水陆空交通便利,是天津市与环渤海经济区最大的乡镇。

杨柳青镇历史悠久,文化底蕴深厚,初名"流口",后更名为"柳口",元末明初定名杨柳青,明代始建杨柳青镇。明清时期,这里是运河漕运重要枢纽,京杭大运河进京要冲,一度成为中国北方商贸流通集散地。《西游记》作者吴承恩从淮安乘船北上,曾路过杨柳青,写下了《泊杨柳青》一诗。

村旗夸酒莲花白,津鼓开帆杨柳青。

壮岁惊心频客路,故乡回首几长亭。

春深水涨嘉鱼味,海近风多健鹤翎。

谁向高楼横玉笛,落梅愁绝醉中听。

走进杨柳青古镇,首先映入眼帘的是成片的仿古建筑。戏楼、牌坊、文昌阁被称为杨柳青三宗宝,而始建于明万历四年(公元1576年)的文昌阁,据称为国内目前保存最完好的明代楼阁式建筑。石家大院、安家大院、董家大院乃镇上最有名的三家豪华民宅,而其中又以号称"华北第一民宅"的石家大院最具盛名。

石家大院始建于光绪初年(1875年),原为清末天津八大家之一石元仕的住宅,占地近一万平米。整个建筑群为典型的四合连套,内含18个院落,院中有院,功能明确,布局合理,典雅华贵,砖木石雕尤其精美、最具特色。新中国成立初期,石家大院曾是天津地委所在地,时任地委书记刘青山和天津专区专员张子善曾在此办公。如今,这里已被列为天津市反腐倡廉教育基地,长年举办"新中国反腐败第一大案"展览,详细展示刘青山、张子善两位曾经的革命功臣在短短两年时间里堕落为贪腐巨蠹、历史罪人并被严厉惩治的过程。蛀虫恶行触目惊心,大案查处令人警醒,反腐倡廉任重道远。

石家大院最耀眼的当属戏楼,它处在大院中心位置,也是整个大院的最高建筑,建筑面积近500平米,共设120个雅座,是我国目前发现的保存最为完好、规模最大的民宅封闭式戏楼。我进大院正是正午时分,院外骄阳高照、炎热难当,戏楼内却清凉如水、爽静俨然。细究方知,奥妙全在戏楼建筑结构设计,使得冬暖、夏凉、音质好。戏楼墙壁均是磨砖对缝建成,密闭性能好,且建有地炉,冬天可取暖,确保楼内温暖如春。到了夏天,地炉可带动方砖青石的凉气流通,加上东西两侧开窗空气对流,层高通透,阳光不能直射入内,自然凉爽无比。戏楼建筑用砖均为特殊烧制,墙壁干摆叠砌混为一体,且北高南低回声不撞,加上二层回廊具有拢音效果,各个角落的客人均能清楚地听到戏台上演员说唱做打的声音。

杨柳青镇以木版年画驰名,其年画民间艺术源于宋代、兴于明代、盛于清代,乾隆年间曾出现"家家会点染,户户善丹青"之兴旺景象,被推崇为中国木版年画之首,剪纸、风筝、砖雕、石刻和民间花会也都是杨柳青的民间艺术瑰宝。据说,旧时镇上几乎每家门前正上方都悬挂有一块刻砖,且各家刻砖图案均不相同,人们只要看上门前刻砖一眼,就能马上说出这家主人的姓氏。如今,杨柳青镇上还有几户居民真正传承了这些独特的民间艺术?不得而知。

2014年,杨柳青镇政府启动了创建国家5A级旅游景区工程,近期又全面提升改造了古镇核心区域的基础设施。如今,杨柳青古镇风情街占地12亩多,青砖灰瓦、磨砖对缝的仿清代商贸建筑群连绵成片、雕梁画栋、气势恢宏。我到的这天,古镇正举行端午美食节,香河、蓟州、大厂等附近县市的个体商贩应邀在食品一条街摆摊吆喝,我随意买的香河肉饼、鸡蛋炒面、核桃酥都不是当地特色小吃。古镇人烟稀少,商铺生意萧条,石家大院鲜见游客,杨柳青民俗文化馆更是冷冷清清,不知平日是否也是这般光景?徜徉杨柳青古镇,见众多商铺关门歇业、门可罗雀,令人唏嘘不已。

近些年来,全国许多地方纷纷打造古镇、水城、美食街……但建筑风格如出一辙,商品花样千篇一律,经营模式大同小异,因而大都只能喧闹一时,随后便日渐凋零落败,当值得认真反思。有感于斯,填《浣溪沙》词一首,以表情怀。

流口河丰杨柳青,风筝年画绘乡情,民俗文化盛繁兴?

古镇翻新乏样式,商街重建寡鲜明。喧腾过后冷颓清。

瞌睡不忙狠批评

世事纷繁起因多,起因未明慎评说。

明眼看似荒唐事,真相常冤人背锅。

写这首诗,是由以下两个违纪处理案例而引发起的联想和感慨。

2019年10月28日,天津市委组织部企业干部处微信公众号刊发了一则关于违反会风会纪问题的情况通报:一位市管集团聘任制副总经理在市委领导集体谈话时长时间瞌睡,被责令当场起立;市委组织部要求该集团党委给出情况说明,当事人写出深刻检查,听候组织处理。无独有偶,之后的11月11日,湖南省永州市中级人民法院根据网友头一天发帖反映,该法院一名法官在庭审时睡觉并附庭审视频截图,马上发布"情况说明",声称"对此事件高度重视,纪检监察部门将立即开展调查。目前,该名法官已被停职检查,并责令其做出深刻检讨。"同时还表示,将严格按照相关纪律规定予以严肃处理。

这两则新闻讲的都是官员在重要公干时间打瞌睡甚至睡着,性质十分恶劣,难怪网民愤怒声讨,领导雷霆震怒,纪监立马处理。遗憾的是,处理结果都没有讲明这两人打瞌睡甚至睡着的原因,让人感到难以真正服人。当然,如果这两位官员是因为头天晚上胡搞鬼混、熬夜缺乏睡眠所致,那纯属咎由自取,不值得任何同情。但是,从新闻所披露的细节来看,一人竟敢当着主宰自己命运的市领导面打瞌睡,另一人竟然能在网络直播庭审时睡着,我认为,极有可能是患有睡眠呼吸暂停综合征所致。

睡眠呼吸暂停综合征是一种常见但又容易被人忽视的睡眠障碍性疾病。它是指在连续 7 小时的睡眠中发生 30 次以上的呼吸暂停,每次气流中止 10 秒以上,或平均每小时低通气次数超过 5 次,而引起慢性低氧血症及高碳酸血症的临床综合征。患者通常是因喉咙附近的软组织松弛,使得上呼吸道阻塞导致睡眠时呼吸暂停;有的则是因呼吸中枢神经受损不能正常传达呼吸指令,导致睡眠呼吸机能失调;还有的则是由前两种原因混合引起睡眠呼吸暂停。

这种疾病的患者睡觉时伴有打鼾、憋气、惊醒,睡眠结构紊乱,频繁发生血氧饱和度下降等现象;白天则表现为注意力不集中,全身乏力,经常打瞌睡,嗜睡。据新闻报道,那位副总经理开会时就"精神状态不佳",在集体谈话时"长时间瞌睡";那位法官庭审时,更是"连连打呵欠""不停揉眼""最后歪头睡到审判椅上"。新闻还披露,该法官"在 2019 年 10 月 30 日下午的一起庭审直播中,也存在不停揉眼、发困等现象"。可见,两人的情况完全符合睡眠呼吸暂停综合征的临床表现。

我本人就是睡眠呼吸暂停综合征的受害者,曾一度白天严重嗜睡,即使头一天晚上早睡,仍然避免不了白天经常打瞌睡、想睡觉的毛病。睡意一上来,并非意志所能控制,常常不知不觉中就睡着了,当然,很快就会惊醒。后经朋友提醒,我先后到空军总医院和北大医院睡眠科求医,经多导睡眠图监测仪诊断,属重度阻塞性睡眠呼吸暂停低通气综合征,伴重度睡眠低氧血症。监测显示,我当晚呼吸暂停和低通气次数最高达 44 次,最长呼吸暂停时间为 79 秒,此时最低血氧饱和度仅 69%。

　　大夫介绍,这种疾病的后果非常严重,呼吸暂停引起反复发作的夜间低氧和高碳酸血症,可导致高血压、冠心病、糖尿病和脑血管疾病等并发症,甚至出现夜间猝死,是一种有潜在致死性的睡眠呼吸疾病。她还告诉我,有研究表明,许多车祸其中不少是因为司机患有这种疾病导致驾驶时打瞌睡甚至睡着所致,并非全是疲劳驾驶;因此,一些国家在判定车祸事故原因时,除了排除酒驾、毒驾等因素外,还要检测司机是否患有睡眠呼吸暂停综合征。

　　幸运的是,确诊后,我通过睡觉时佩戴呼吸机,睡眠质量已大大改善,疾病症状也得到缓解,白天已很少出现打瞌睡现象。由此联想到,纪检监察是一项重要且严肃的工作,查处任何反映问题、举报线索和移交案件都必须十分审慎,上述两个案例的处理决定如果是在排除了当事人患有睡眠呼吸暂停综合征疾病因素外做出的,无疑更有说服力,也更具人性化。这真是:

　　　　瞌睡不忙狠批评,先把情况调查清。

　　　　若非荒唐熬通夜,或许正经有它因。

　　　　呼吸暂停综合征,大脑缺氧总惊醒。

　　　　白天嗜睡难自控,根子还在有疾病。

平民自由胜总理

2009年3月13日,十一届全国人大二次会议闭幕,温家宝总理在会后的记者招待会上针对台湾记者的提问回答说:"我想到阿里山,想到日月潭,想到台湾各地去走,去接触台湾同胞。虽然我今年已经67岁了,走不动就是爬我也愿意去。"电视看到这,我的心为之一动。好一个"爬"字,它凸显了温总理对宝岛台湾的诚心向往,彰显了老人家为了国家统一"鞠躬尽瘁死而后已"的决心和信心。

一个月后,李新彦老师诗句中的"平民自由胜总理,不等不爬游台湾",让我又有了另一番感慨。这是新彦老师"台湾观光诗九首"之一——"直飞台北"中的一个佳句。整组诗发表在2009年4月17日的人民网上,同时还配发有李老师游览台湾时所拍的风景照。

"一飞冲天抵桃园,三时跨越六十年。"(组诗之一·直飞台北)。从北京直飞台北桃园机场只需约3个小时,从1949年国民党撤至台湾至2009年,海峡两岸人为隔离已60个春秋了。这期间,"神州万里山和水,两岸几多悲与欢。"(组诗之一·直飞台北)。然而,李老师却是幸运的,他刚从《人民日报》教科文部主任位置上退下来没几年,又恰逢大陆赴台旅游年初解禁,如今的他既无公务之繁劳,也不受要职之牵累,平民自由之身胜过温总理,尽管年龄比温总理小几岁,却不必等到走不动时再"爬"到台湾了却心愿。

长期从事新闻出版工作,李老师养成了笔勤、眼勤、脑勤的好习惯。在随和平国旅组织的老干部观光团赴台湾环岛旅游的8天里,他每天将所见、所闻、所感、所思以诗歌形式记录下来,为我们描绘了宝岛台湾一幅幅美丽动人的图画。这些诗或对仗工整,声情并茂;或行云流水,明白晓畅;或感物吟志,给人启迪。

我们歌词里熟悉的阿里山,在新彦老师的诗里却是那样的真切,更加令人神往。

高山青青涧水蓝,姑娘如水仔如山。

高大威猛兄弟树,纤小温柔姊妹潭。

十人合抱千岁桧,三代神木万年繁。

宾客喜品高山茶,云岭深处雾飘然。

(组诗之六·阿里山揽胜)

游览野柳地质公园,满眼所见:

岬如海龟步蹒跚,蜂窝豆腐蕈状岩。

蜡烛摇曳女王头,河马象石成景观。

海蚀风蚀乃鬼斧,造化神奇众惊叹。

(组诗之二·游野柳地质公园)。

在"春山滴翠碧悠悠,湖光舫影泛中流"的日月潭里荡舟,感受到的是"东域形日西若月,双潭春色涤烦忧"(组诗之五·日月潭纪游);无怪乎李老师要感叹,"踏破铁鞋无觅处,幸游宝岛开慧眼。"(组诗之二·游野柳地质公园)。

由于工作的关系,我和新彦老师这两年交往甚密,每个月我们都要聚一两次,为科技期刊与媒体见面会审核学术论文新闻稿。李老师思维缜密、文理俱通、博学多才、情感丰富。"台湾观光诗九首"中,我最喜欢的还是那些观美景感而慨之的那几首,其中不乏如新彦老师在评点科技新闻时常常冒出的美词佳句。

参观台北故宫博物院，尽管馆藏"国宝文物七十万，价值连城数以千"（组诗之三·参观台北故宫博物院），但看到台北、北京两岸的故宫博物院所藏精品互为残缺，如晋代书圣王羲之手书《快雪时晴帖》，台北故宫博物院保存了其中一帖，而北京故宫博物院则保存了另外两帖，禁不住感慨道"金石书画有残缺"，遂祝愿"两院携手堪圆满"（组诗之三·参观台北故宫博物院）。

游览两蒋文化园区时，适逢蒋介石先生逝世 34 周年忌日。蒋统治台湾时期，岛内为其广铸铜像；陈水扁上台后，将铜像尽数拆除，乱置于陵园之内；真可谓，"不见陵园铜像乱，身后荣华俱凋零。"（组诗之四·游览两蒋文化园区）。阿扁的"台独"和"去蒋"所为固然令人不齿，"好了歌"中"古今将相在何方？荒冢一堆草没了"在这里同样让人感慨。

两岸分隔得越久，大陆的人们对宝岛的向往就越深。我想，每一个去台湾旅游的人，恐怕都不只是为了观光，更多的是怀着一个梦想。新彦老师应该也不例外。花莲至台东的公路边有一座北回归线标志塔，李老师给这组"台湾观光诗九首"配发的第一张照片就是这座标志塔。在组诗的最后一首"台岛拾零"里，新彦老师站在北回归线上，道出了他心中的梦想和企盼："回归线上祈回归，中华一统举国盼。"

如今，海峡两岸已结束敌对状态，两岸交流日益频繁，诚如新彦老师诗中所言"海天一线放眼望，巨轮出港笛长鸣"（组诗之七·高雄观光），祖国的统一还会是一个遥不可及的梦想吗？

注 此文写于 2009 年 4 月 20 日。

后　记

　　《携诗远行畅情怀》能由家乡出版社出版，实在是一件幸事，何况还是赫赫有名的湖南科学技术出版社。20世纪90年代，这家出版社以卓越的见识、超凡的胆魄、敏锐的慧眼，策划出版了国内最早、影响最大的引进版科普丛书"第一推动"。这套由当代世界一流科学家撰写、倡导科学精神和科学思想的科普佳作，一经面世，就受到读者欢迎、方家好评，跻身中国最著名三大科普图书品牌之首，被誉为"科学爱好者的精神家园"。

　　为此，我首先要感谢潘晓山社长和胡艳红总编辑的青睐和厚爱。尤其是胡艳红总编辑，这是一位令我钦佩、有情怀、有魄力、有水平、有亲和力的优秀出版人。作为曾经的同行，我们一见如故，胡总编充分尊重我的意见，图书的签约出版因而格外顺利。在出版经营日益维艰的情形下，出版这样一本不太可能有经济效益的科学文化作品，出版社是要承担很大压力的。两位老总的担当和情怀，令我感动，让我敬佩。

　　感谢责任编辑邹莉、刘羽洁女士以及美术编辑刘文武先生、责任美编殷健女士，她（他）们为拙作的编辑、设计付出了创造性的辛勤劳动。这是一个充满青春活力的优秀团队，他们敬业、认真、严谨的工作作风，谦逊、好学、礼貌的处事态度，让我如沐春风，倍感愉悦。

《携诗远行畅情怀》是我上一本科学文化作品《岁月如歌话人生》的续集,基本延续了原有的写作、编排风格,因而要感谢上海科技教育出版社予以的支持和配合。当然,还要感谢《科普时报》提供的创作平台,本书收录的93篇文章绝大多数在这份影响重大的科普报纸上发表过,还有一些则零散在《中国科学报》《中华读书报》《科技导报》刊载。

感谢挚友徐伟峰先生倾情写序。他曾是我在北京理工大学工作时的同事,北塔是他的笔名,我们相识相交近三十年。他现任中国现代文学馆研究员,兼任世界诗人大会常务副秘书长、执行委员兼中国办事处主任,中国外国文学研究会莎士比亚研究分会秘书长等职,著有《巨蟒紧抱街衢》《正在锈蚀的时针》《石头里的琼浆》《滚石有苔》《双铧犁》(与仕宏合著)等诗集、《茅盾书信研究》《照亮自身的深渊》《一个诗人的考辨——中国现当代文学论集》《吴宓传》《戴望舒传》等学术专著,以及《八堂课》《哈姆雷特》《菊与刀》等大量翻译作品。有这样一位学者兼诗人、翻译家、文学评论家、作家于一体的好友,为我这个文学爱好者写序,我深感荣幸,倍受鞭策。

感谢饶子和院士、朱进研究员、吴岩教授、安若水女士拨冗撰写推荐语。四位名家都和我的工作、创作有过交集,给予过指导和帮助。饶子和院士曾长期兼任我就职过的《科技导报》编委,十多年前他多次谬奖我在这份学术刊物上写的科技评论文章,对我鼓舞极大。朱进研究员曾长期担任北京天文馆馆长,是我在中国科学技术馆工作时的同行,也是我初入这个领域的学习榜样。我和吴岩教授曾先后在中国科普作家协会科学文艺委员会兼职,近几年他先后荣获美国科幻研究协会颁发的托马斯·D. 克拉里森奖和中国作家协会颁发的全国优秀儿童文学奖,是我敬仰的科幻作家、科幻理论研究学者。安若水女士和我一样都曾在出版社工作过,现专事儿童文学和剧本创作以及图书策划,对两部拙著的宣传推广都给予了无私的帮助。我虽然未曾和她谋过面,但已真切地感受到了她待人的真诚和热情。

感谢书法家金克瑜芳邻题写书名,拙著由此增姿添色。金先生不仅多才多艺、动手能力超强,两口子还热心公益、乐于助人,我们家就经常得到他俩的热情相助。老大哥所赐墨宝,就是我们两家友谊的见证。

书中收录的文章都是以事件发生时的情景、状态及心境写的,时过境迁,难免会有突兀之处。责任编辑和笔者都做了努力,力图消弭阅读时的不适;效果如何,敬请读者评论、反馈。

我是学理工科出身的,写作既是一桩爱好,也是一种追求,更是一份寄托。才疏学浅,班门弄斧,书中谬误在所难免,恭请方家斧正、赐教。

要感谢的人很多,借此机会,一并谢了。

图书在版编目（CIP）数据

携诗远行畅情怀 / 苏青著. — 长沙 : 湖南科学技术出版社，2021.12
ISBN 978-7-5710-1296-0

Ⅰ．①携… Ⅱ．①苏… Ⅲ．①科学知识—普及读物Ⅳ．①Z228

中国版本图书馆 CIP 数据核字 (2021) 第 236024 号

携诗远行畅情怀
XIE SHI YUANXING CHANG QINGHUAI

著　者：苏　青
出 版 人：潘晓山
责任编辑：邹　莉　刘羽洁
插图绘制：苏　靓
出版发行：湖南科学技术出版社
社　　址：长沙市芙蓉中路一段 416 号泊富国际金融中心
网　　址：http://www.hnstp.com
邮购联系：0731-84375808
印　　刷：长沙超峰印刷有限公司
　　　　　（印装质量问题请直接与本厂联系）
厂　　址：宁乡市金洲新区泉洲北路 100 号
邮　　编：410600
版　　次：2021 年 12 月第 1 版
印　　次：2021 年 12 月第 1 次印刷
开　　本：710mm×1000mm　1/16
印　　张：20.5
字　　数：230 千字
书　　号：ISBN 978-7-5710-1296-0
定　　价：58.00 元